Kein Dad wie jeder andere

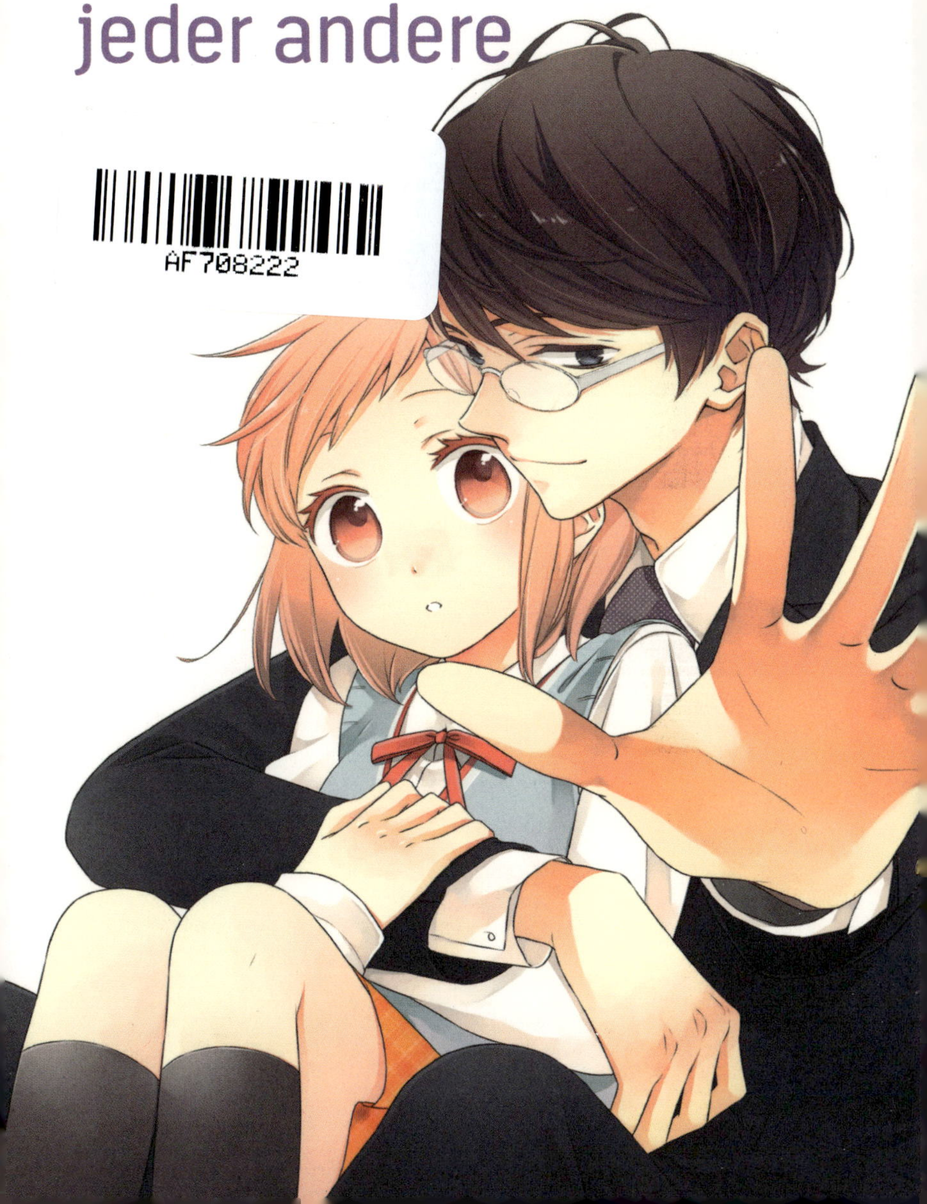

Inhaltsverzeichnis

Kapitel 8 005

Kapitel 9 051

Kapitel 10 091

Kapitel 11 119

Bonusmanga 156

Nachwort 159

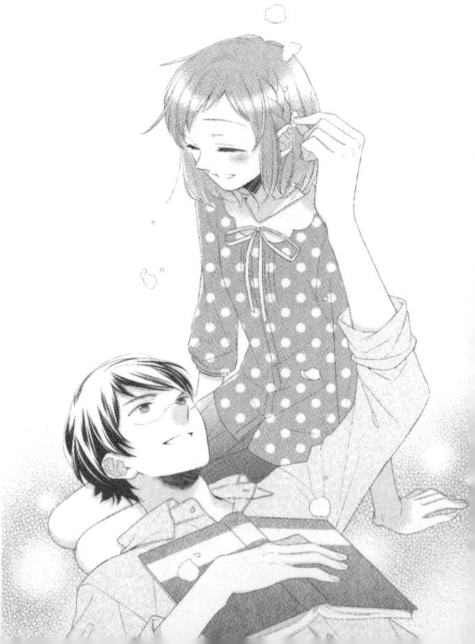

Kein Dad wie jeder andere

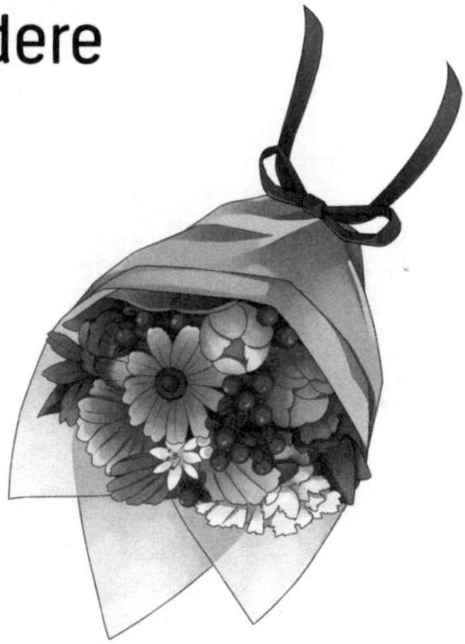

Was bisher geschah

Obwohl Kaoru und Nae in Herkunft und Erziehung nicht unterschiedlicher sein könnten, sind sie durch Adoption Vater und Tochter geworden. Nach einem sehr holprigen Start haben die beiden inzwischen einander ihre Herzen geöffnet. Doch unmerklich scheinen sie sich fast zu nahe gekommen zu sein ... Als Kaoru beschließt, aus politischen Gründen zu heiraten, um die in Schwierigkeiten steckende Kiryu-Group und auch das Leben von Nae zu beschützen, bricht es Nae das Herz, denn ihr wird bewusst, dass durch diese Hochzeit Kaoru immer nur ihr Adoptivvater bleiben wird. Und auch Kaoru leidet, denn er empfindet genau wie Nae ... Beide quält der Zweifel, dass sie etwas verpassen, wenn sie sich nur als Vater und Tochter weiter annähern ...

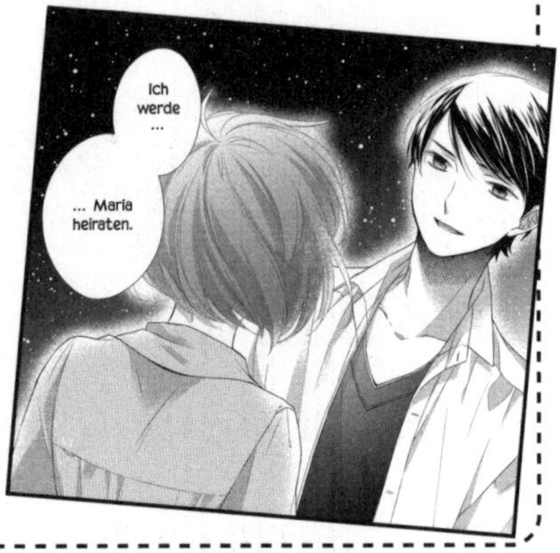

Die Charaktere

Kaoru Kiryu

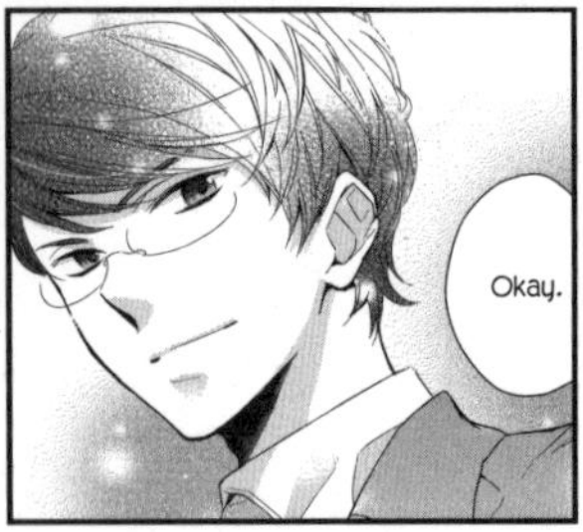

Naes Adoptivvater ist der Enkel des Präsidenten der Kiryu-Group. Er arbeitet als Unternehmensberater und obwohl er kühl und reserviert wirkt, scheint er in Nae vernarrt zu sein.

Nae Kiryu

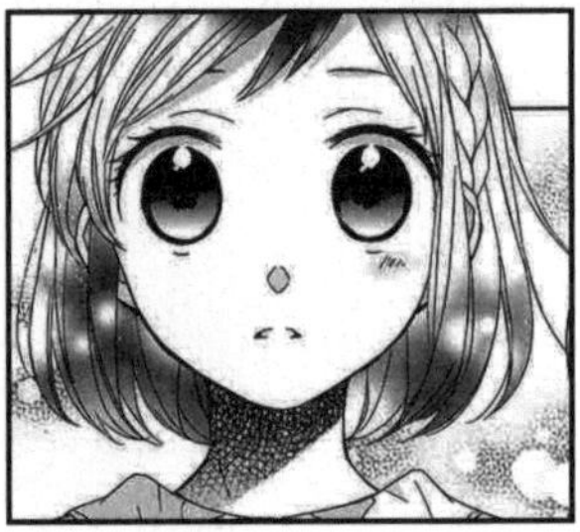

Ein ganz normales Mädchen, das von Kaoru adoptiert wurde. Sie führt ein rechtschaffenes Leben und hängt sehr an ihrem Papa, doch seit Kurzem haben sich ihre Gefühle für ihn verändert ...

Mirai

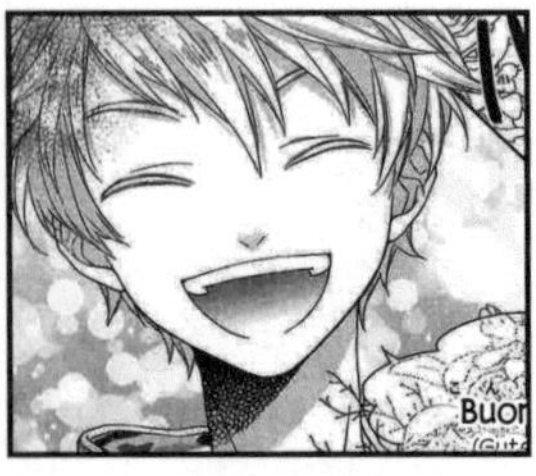

Naes Klassenkamerad ist Halbitaliener und ein Alleskönner. Dank seiner fröhlichen Art versteht er sich auf Anhieb mit jedem gut. In Wahrheit scheint er jedoch ein Mitglied der mit der Kiryu-Group verfeindeten Kuze-Group zu sein ...

Maria Kiryu

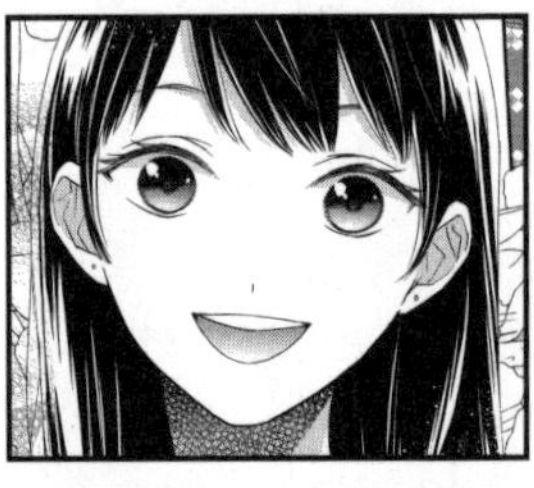

Die Sandkastenfreundin von Kaoru ist seine Verlobte. Sie trägt ihr Herz auf der Zunge und ist sehr aufgeschlossen. Bis vor Kurzem war sie im Ausland für die Kiryu-Group tätig. Sie weiß, dass Nae Gefühle für Kaoru hat.

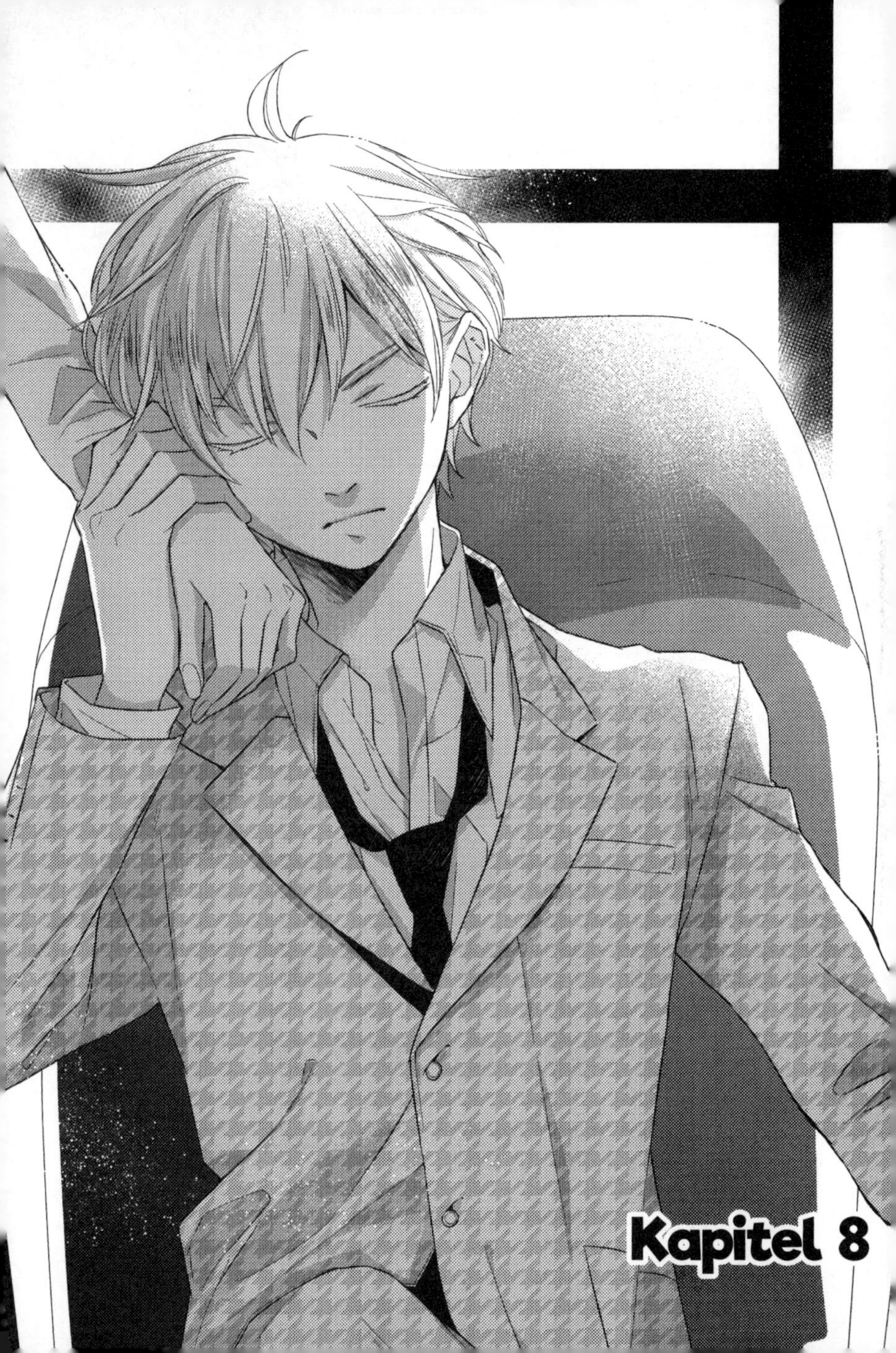
Kapitel 8

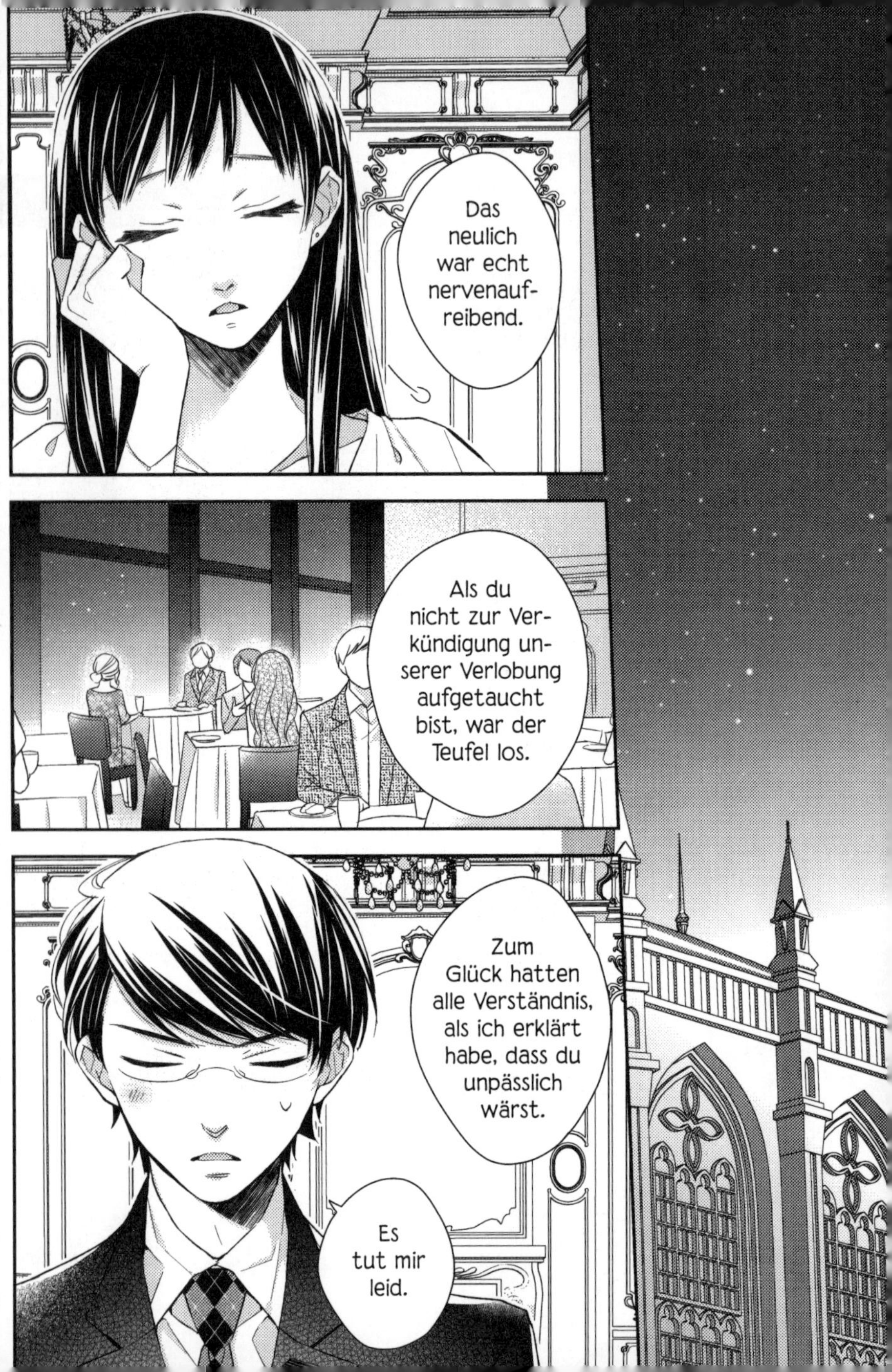
Das neulich war echt nervenaufreibend.
Als du nicht zur Verkündigung unserer Verlobung aufgetaucht bist, war der Teufel los.
Zum Glück hatten alle Verständnis, als ich erklärt habe, dass du unpässlich wärst.
Es tut mir leid.

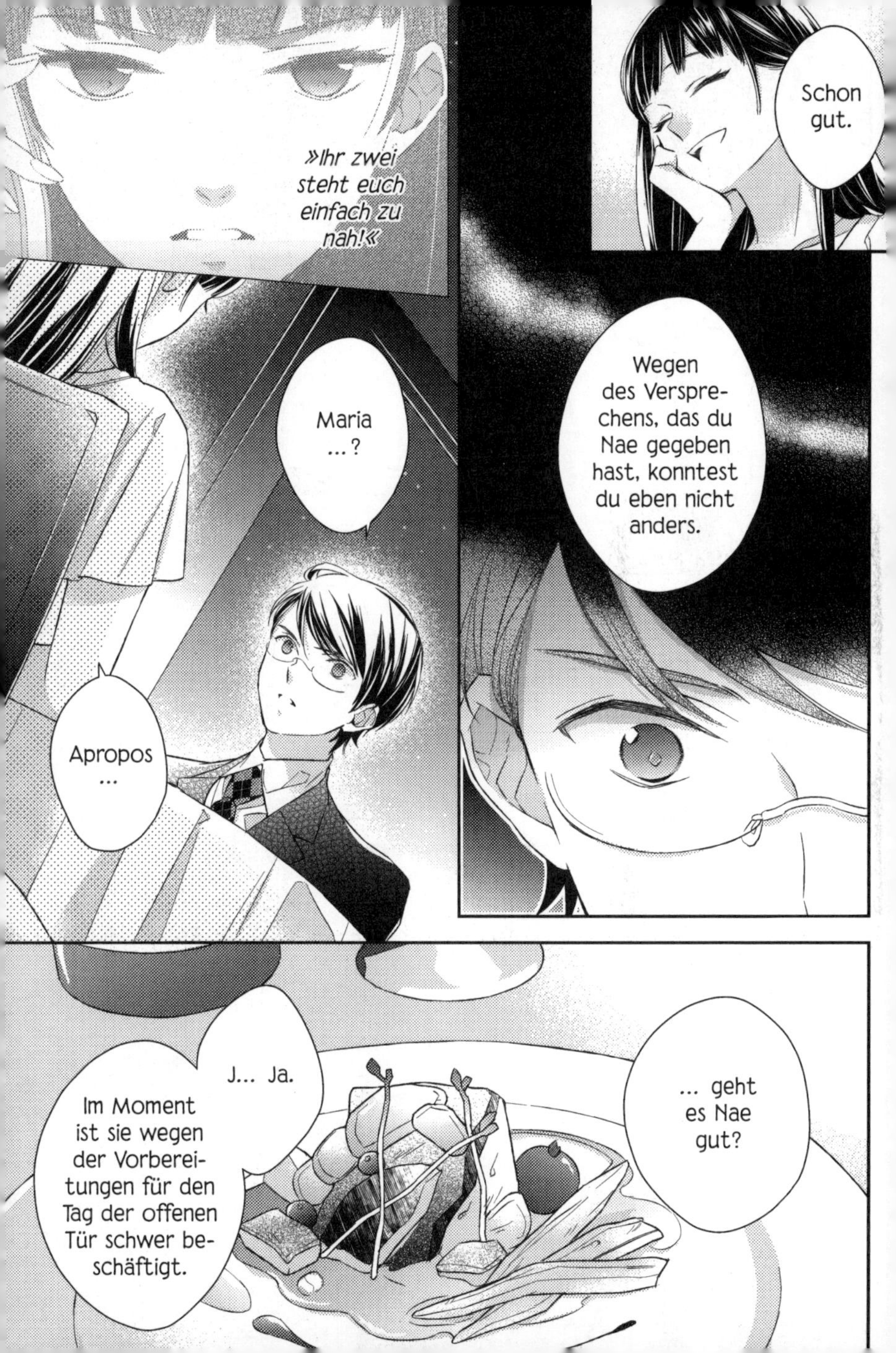
Schon gut.
»Ihr zwei steht euch einfach zu nah!«
Wegen des Versprechens, das du Nae gegeben hast, konntest du eben nicht anders.
Maria ...?
Apropos ...
... geht es Nae gut?
J... Ja.
Im Moment ist sie wegen der Vorbereitungen für den Tag der offenen Tür schwer beschäftigt.

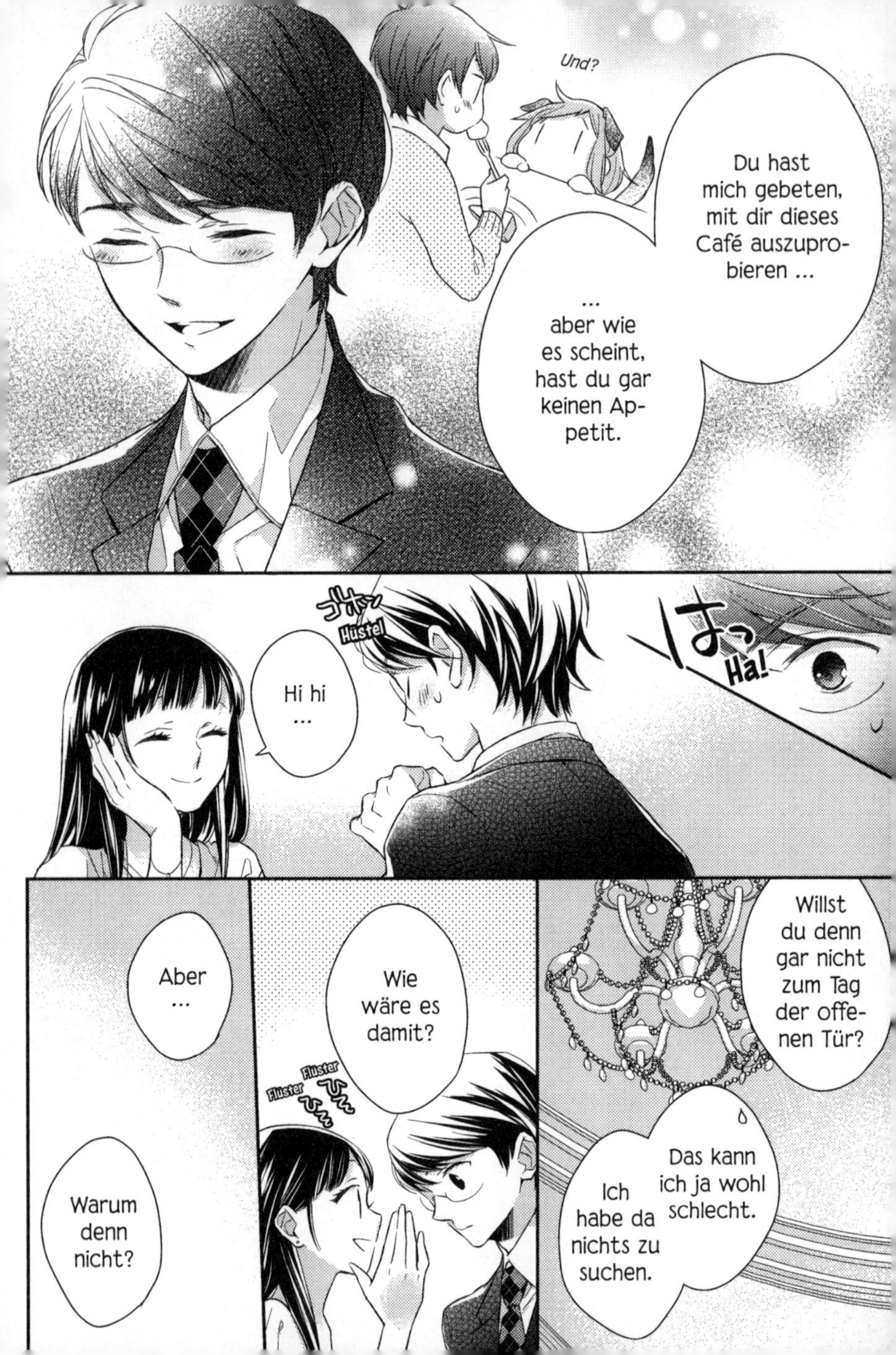
Und?
Du hast mich gebeten, mit dir dieses Café auszupro-bieren ...
... aber wie es scheint, hast du gar keinen Ap-petit.
Ha!
Hüstel
Hi hi ...
Willst du denn gar nicht zum Tag der offe-nen Tür?
Das kann ich ja wohl schlecht.
Ich habe da nichts zu suchen.
Wie wäre es damit?
Flüster
Flüster
Aber ...
Warum denn nicht?

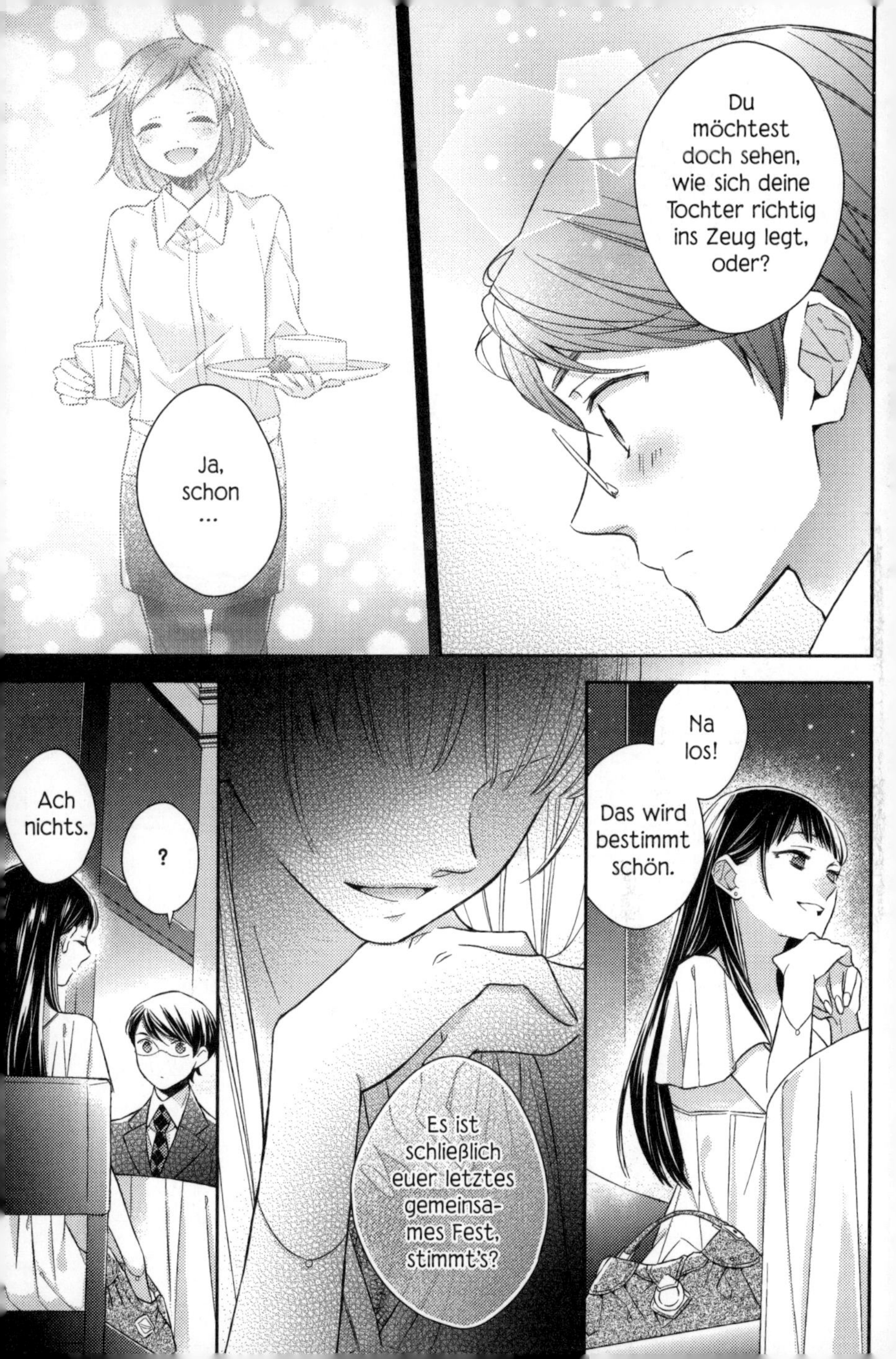
Du möchtest doch sehen, wie sich deine Tochter richtig ins Zeug legt, oder?
Ja, schon ...
Na los!
Das wird bestimmt schön.
Es ist schließlich euer letztes gemeinsames Fest, stimmt's?
?
Ach nichts.

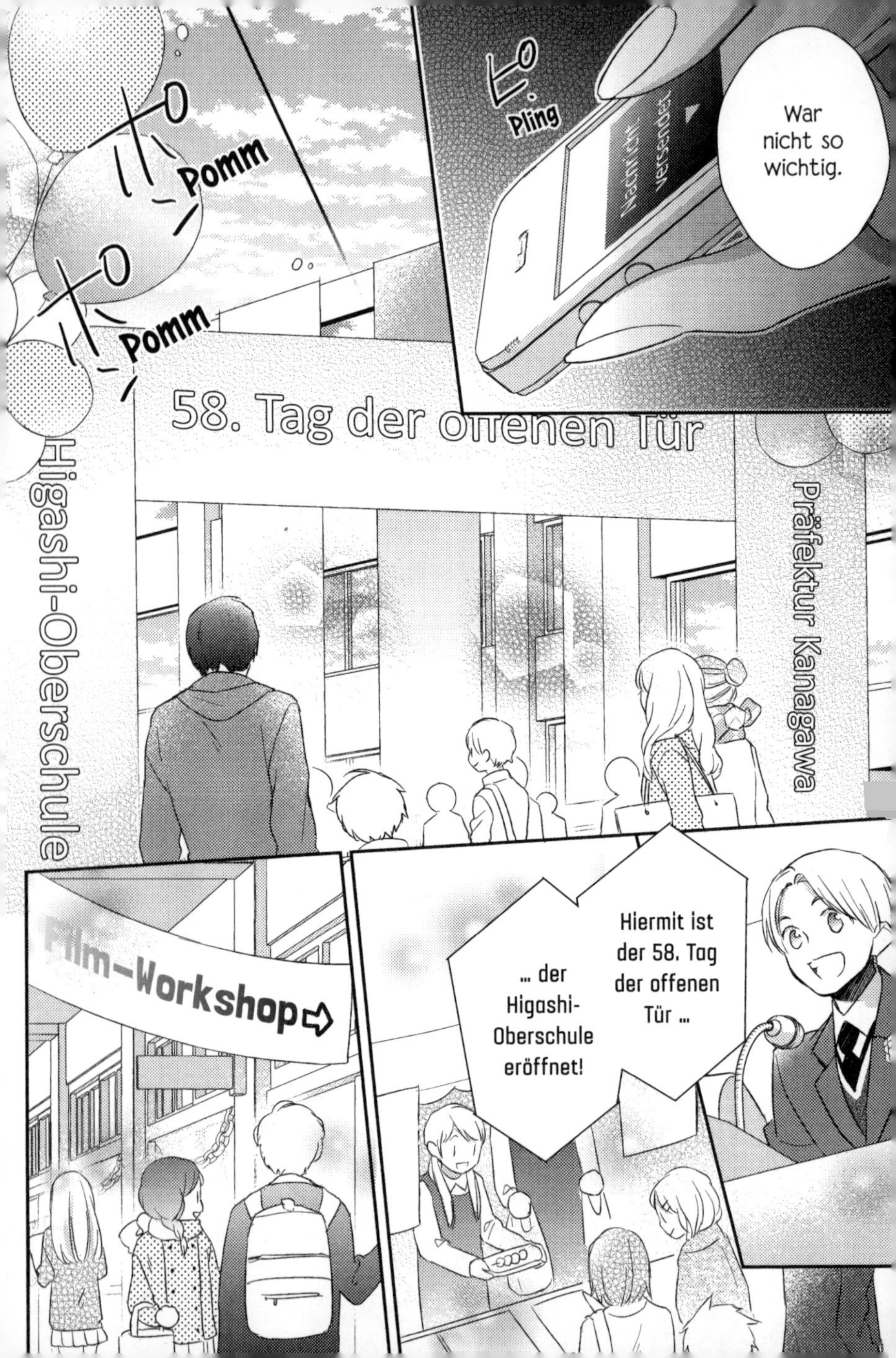
Nachricht versendet
Pling
War nicht so wichtig.
Pomm
Pomm
58. Tag der offenen Tür
Präfektur Kanagawa
Higashi-Oberschule
Hiermit ist der 58. Tag der offenen Tür …
… der Higashi-Oberschule eröffnet!
Film-Workshop

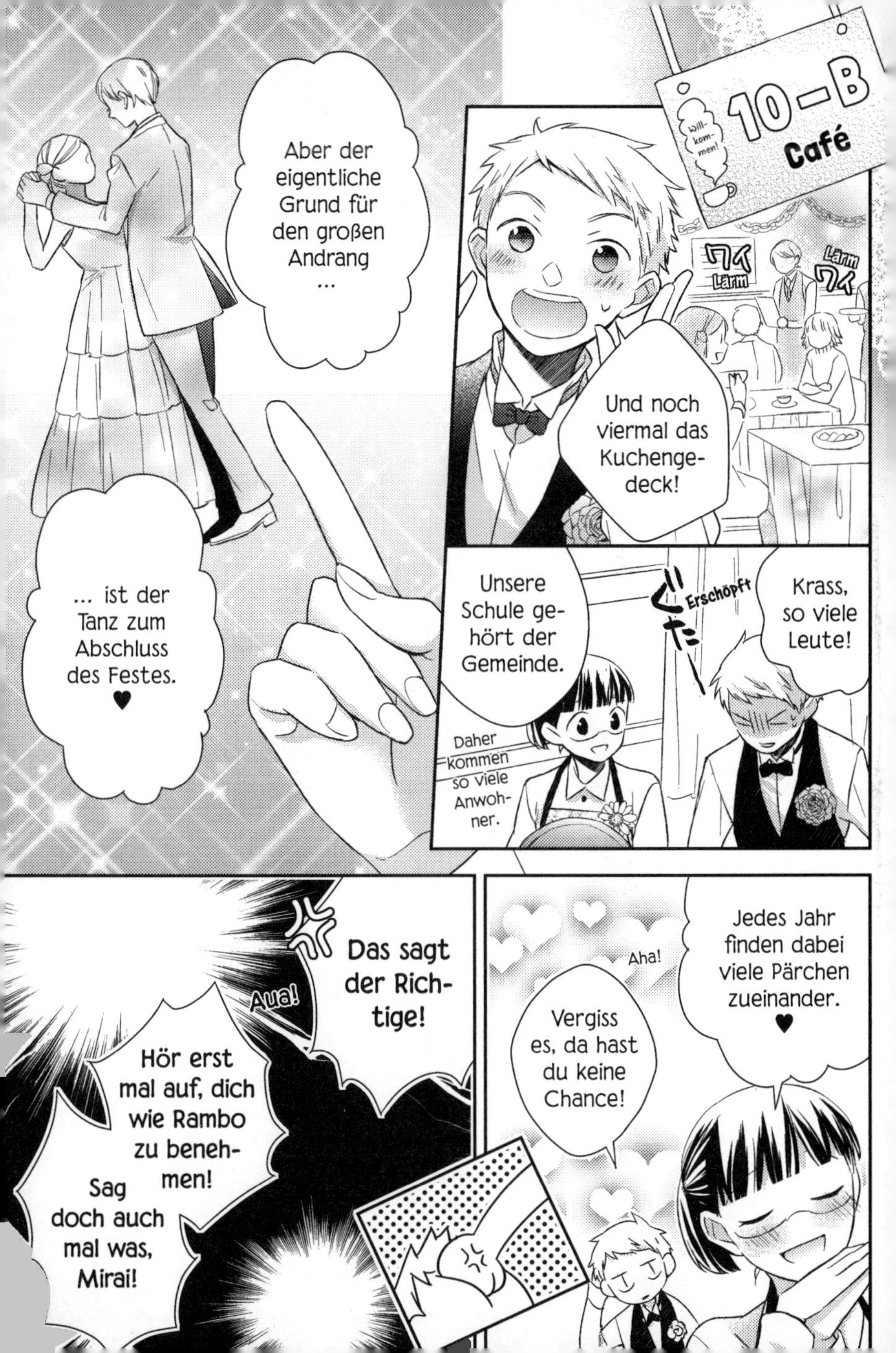

10-B
Café
Willkommen!
Lärm
Lärm
Und noch viermal das Kuchengedeck!
Krass, so viele Leute!
Erschöpft
Unsere Schule gehört der Gemeinde.
Daher kommen so viele Anwohner.
Aber der eigentliche Grund für den großen Andrang ...
... ist der Tanz zum Abschluss des Festes. ♥
Jedes Jahr finden dabei viele Pärchen zueinander. ♥
Aha!
Vergiss es, da hast du keine Chance!
Das sagt der Richtige!
Aua!
Hör erst mal auf, dich wie Rambo zu benehmen!
Sag doch auch mal was, Mirai!

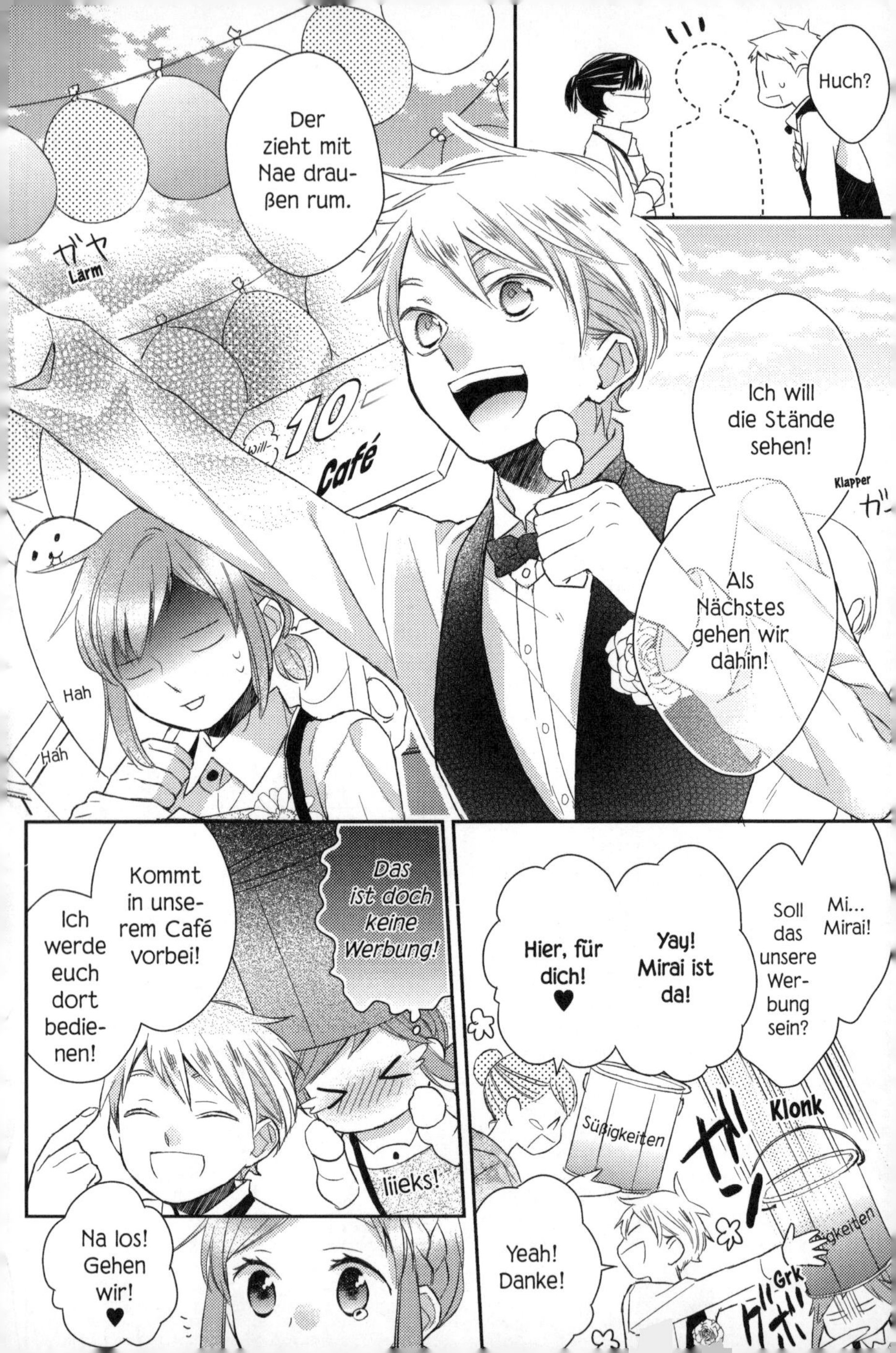
Huch?
Der zieht mit Nae drau-ßen rum.
Lärm
Ich will die Stände sehen!
Klapper
Als Nächstes gehen wir dahin!
Café
Hah
Hah
Mi... Mirai!
Soll das unsere Wer-bung sein?
Yay! Mirai ist da!
Hier, für dich!
Klonk
Süßigkeiten
Grk
Yeah! Danke!
Das ist doch keine Werbung!
Kommt in unse-rem Café vorbei!
Ich werde euch dort bedie-nen!
Iiieks!
Na los! Gehen wir!

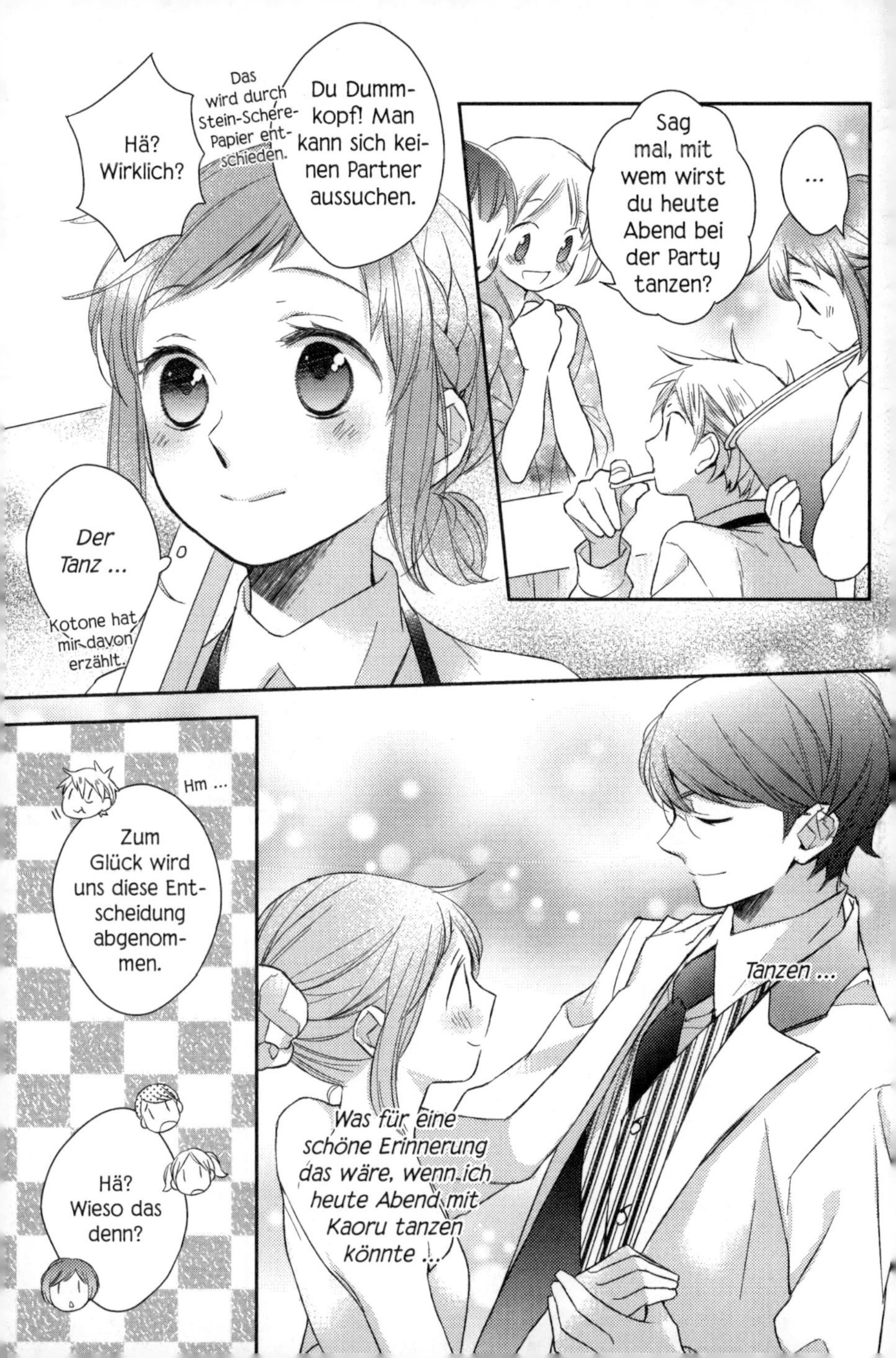
...
Sag mal, mit wem wirst du heute Abend bei der Party tanzen?
Du Dummkopf! Man kann sich keinen Partner aussuchen.
Das wird durch Stein-Schere-Papier entschieden.
Hä? Wirklich?
Der Tanz ...
Kotone hat mir davon erzählt.
Tanzen ...
Was für eine schöne Erinnerung das wäre, wenn ich heute Abend mit Kaoru tanzen könnte ...
Hm ...
Zum Glück wird uns diese Entscheidung abgenommen.
Hä? Wieso das denn?

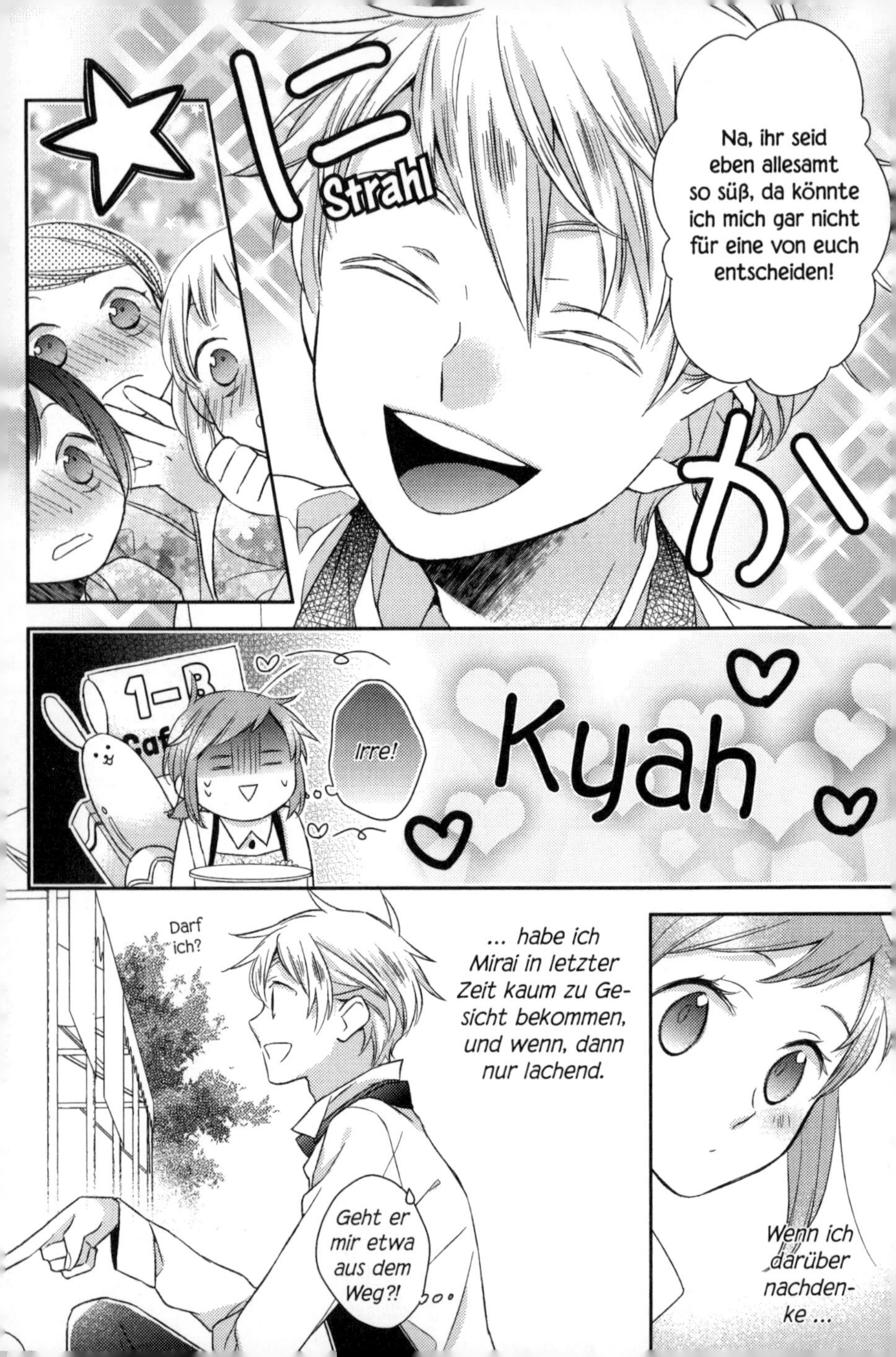
Na, ihr seid eben allesamt so süß, da könnte ich mich gar nicht für eine von euch entscheiden!
Strahl
Kyah
Irre!
Wenn ich darüber nachdenke ...
... habe ich Mirai in letzter Zeit kaum zu Gesicht bekommen, und wenn, dann nur lachend.
Darf ich?
Geht er mir etwa aus dem Weg?!

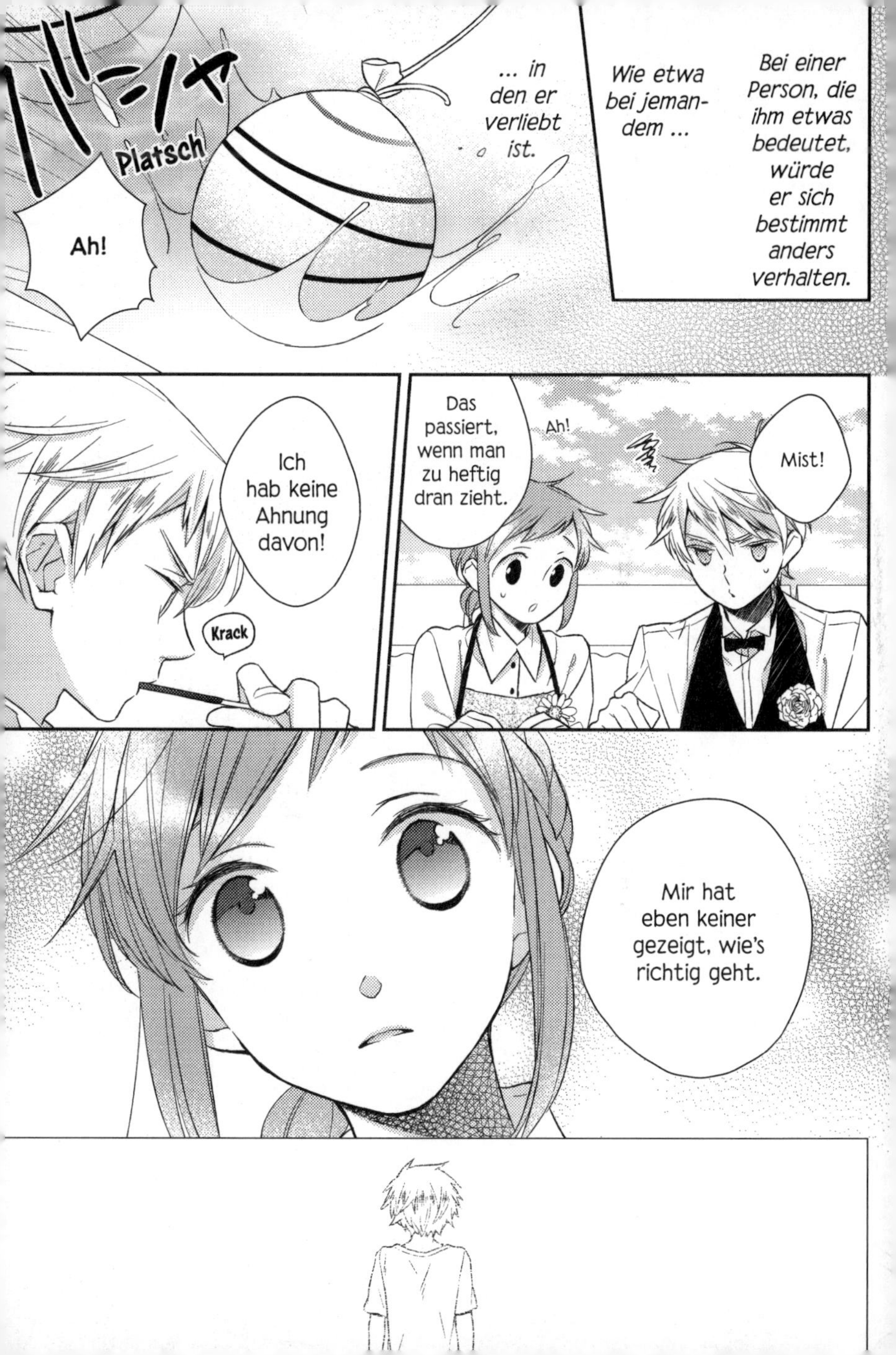
Bei einer Person, die ihm etwas bedeutet, würde er sich bestimmt anders verhalten.
Wie etwa bei jemandem ...
... in den er verliebt ist.
バシャ
Platsch
Ah!
Mist!
Ah!
Das passiert, wenn man zu heftig dran zieht.
Ich hab keine Ahnung davon!
Krack
Mir hat eben keiner gezeigt, wie's richtig geht.

ドシャ
Platsch
Verdammt!
Schon wieder.
Wenn du zu hektisch bist, wird das nix.

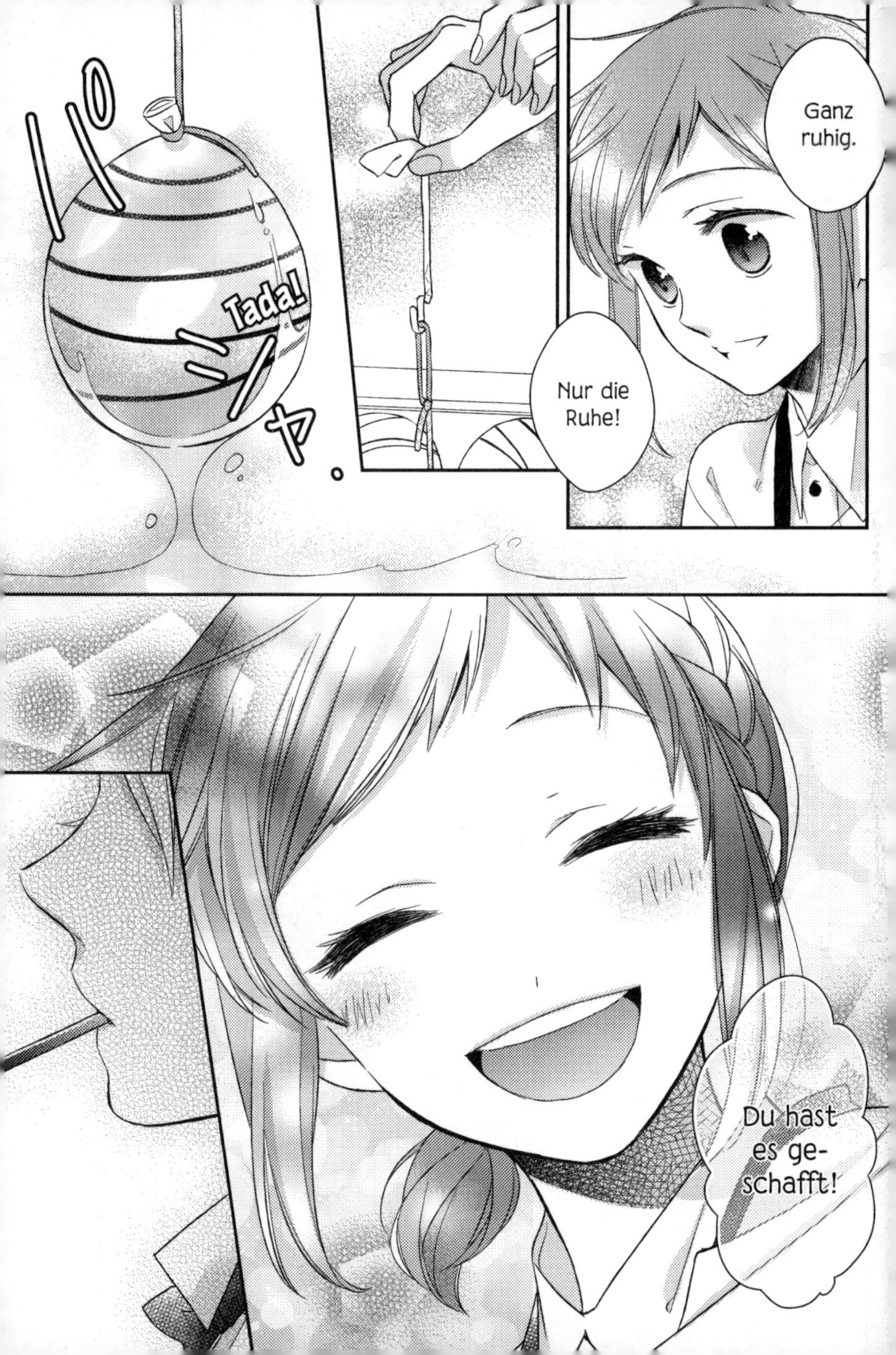

Ganz ruhig.
Nur die Ruhe!
Tada!
Du hast es geschafft!

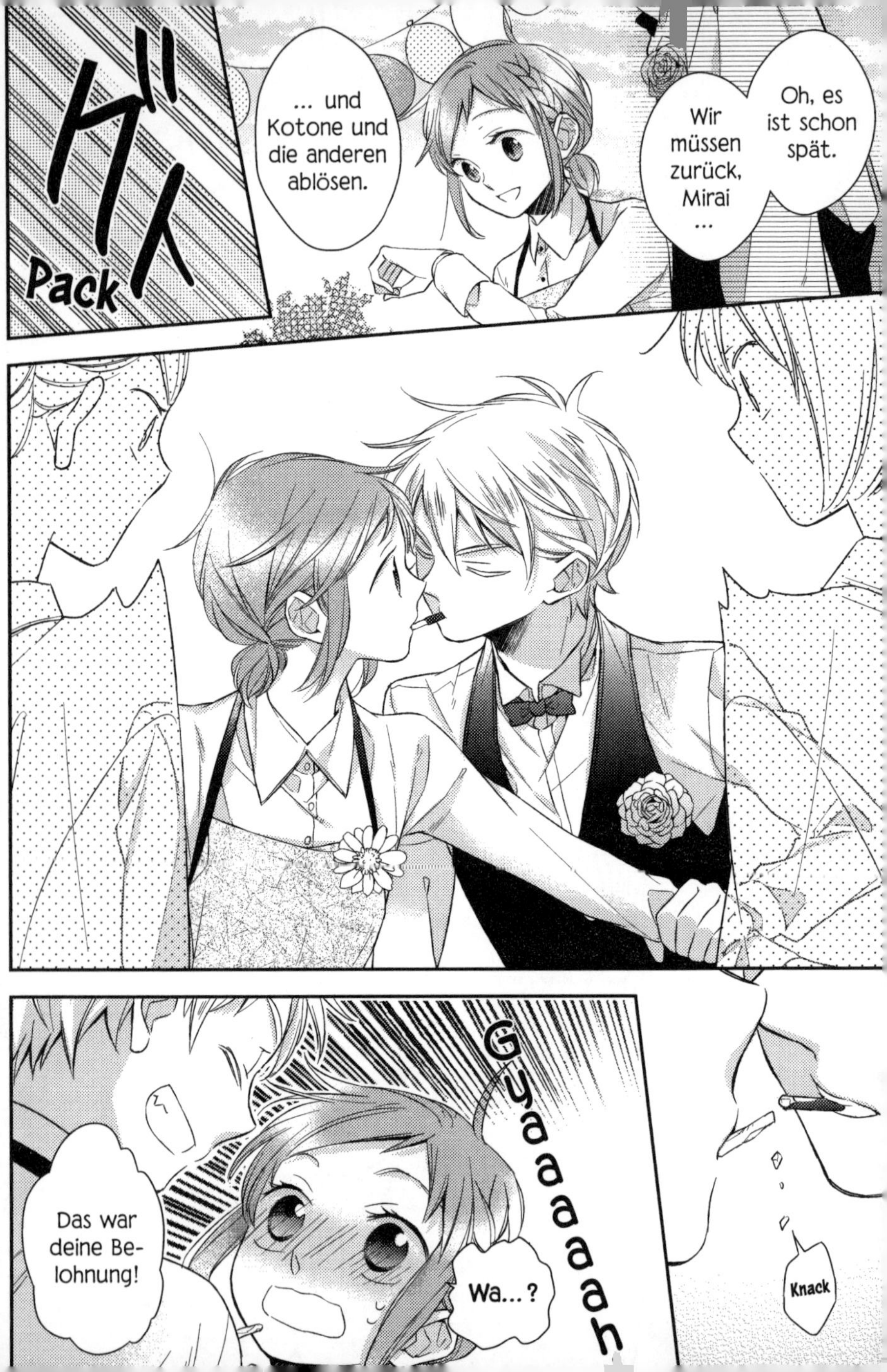
Oh, es ist schon spät.
Wir müssen zurück, Mirai ...
... und Kotone und die anderen ablösen.
Pack
Knack
Gyaaaaaah
Wa...?
Das war deine Belohnung!

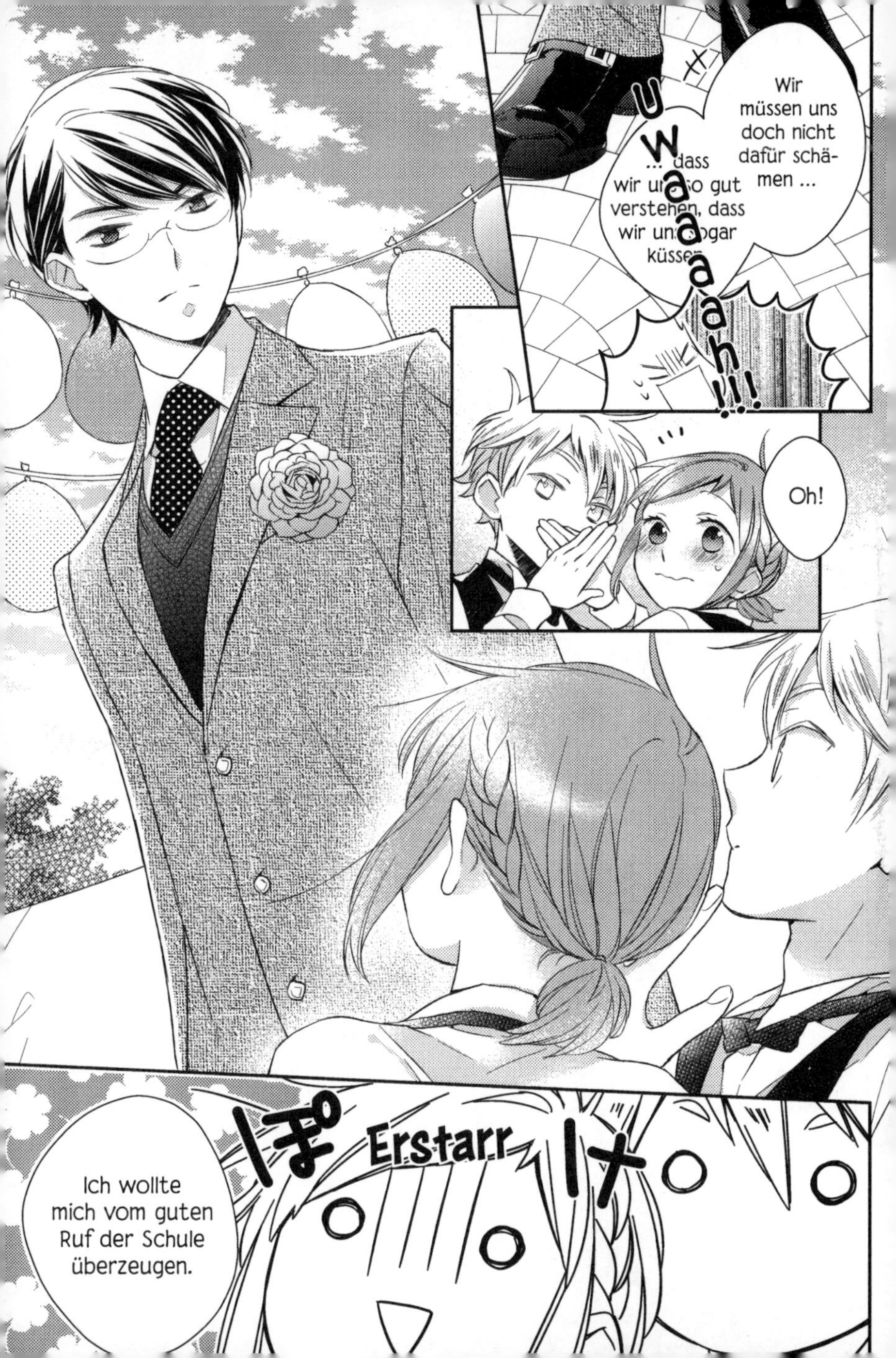
Wir müssen uns doch nicht dafür schämen ...
... dass wir uns so gut verstehen, dass wir uns sogar küssen
Uwaaaah!!!
Oh!
Erstarr
Ich wollte mich vom guten Ruf der Schule überzeugen.

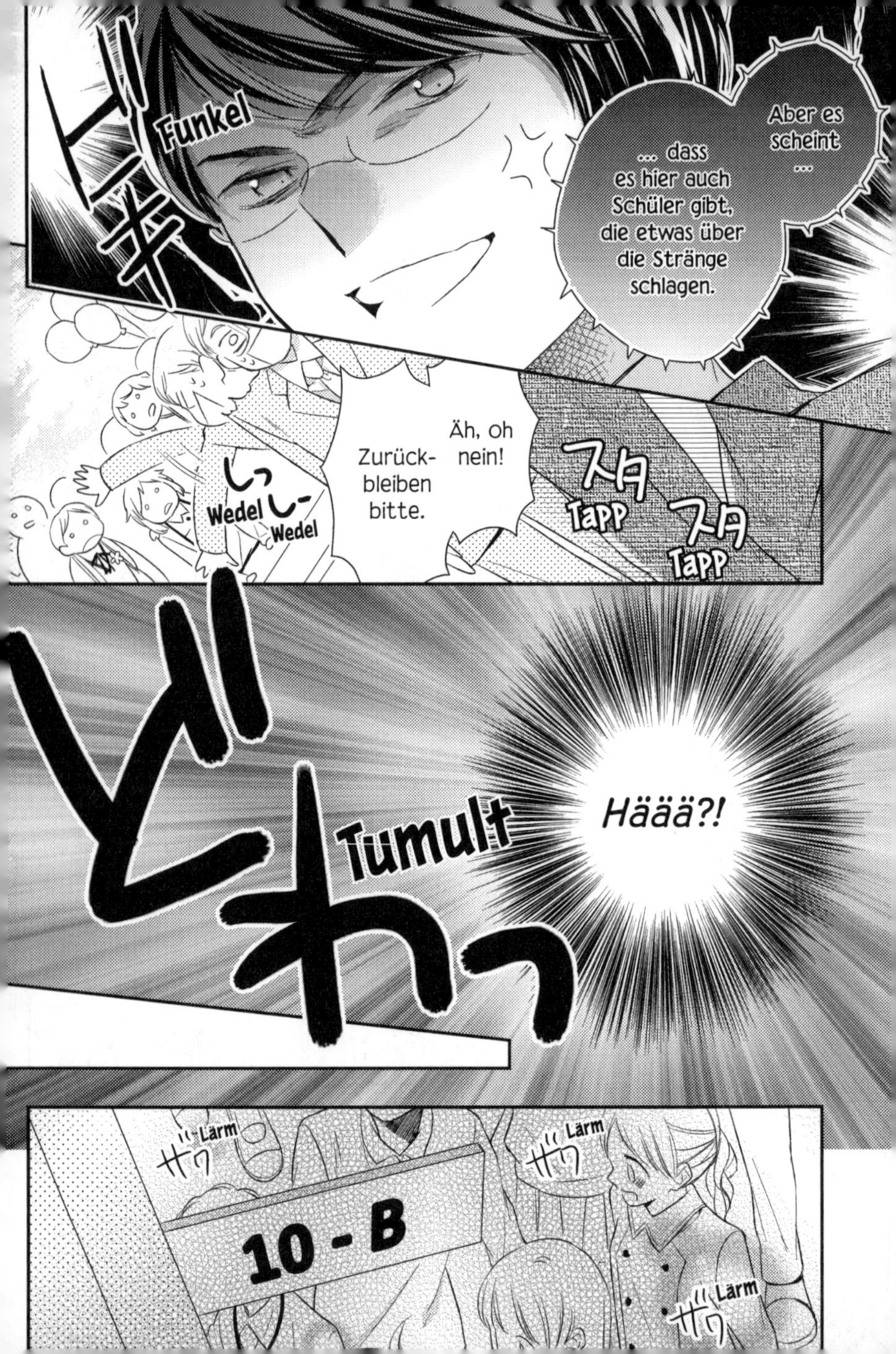

Funkel
Aber es scheint ...
... dass es hier auch Schüler gibt, die etwas über die Stränge schlagen.
Tapp
Tapp
Äh, oh nein!
Zurück- bleiben bitte.
Wedel
Wedel
Häää?!
Tumult
Lärm
Lärm
10 - B
Lärm

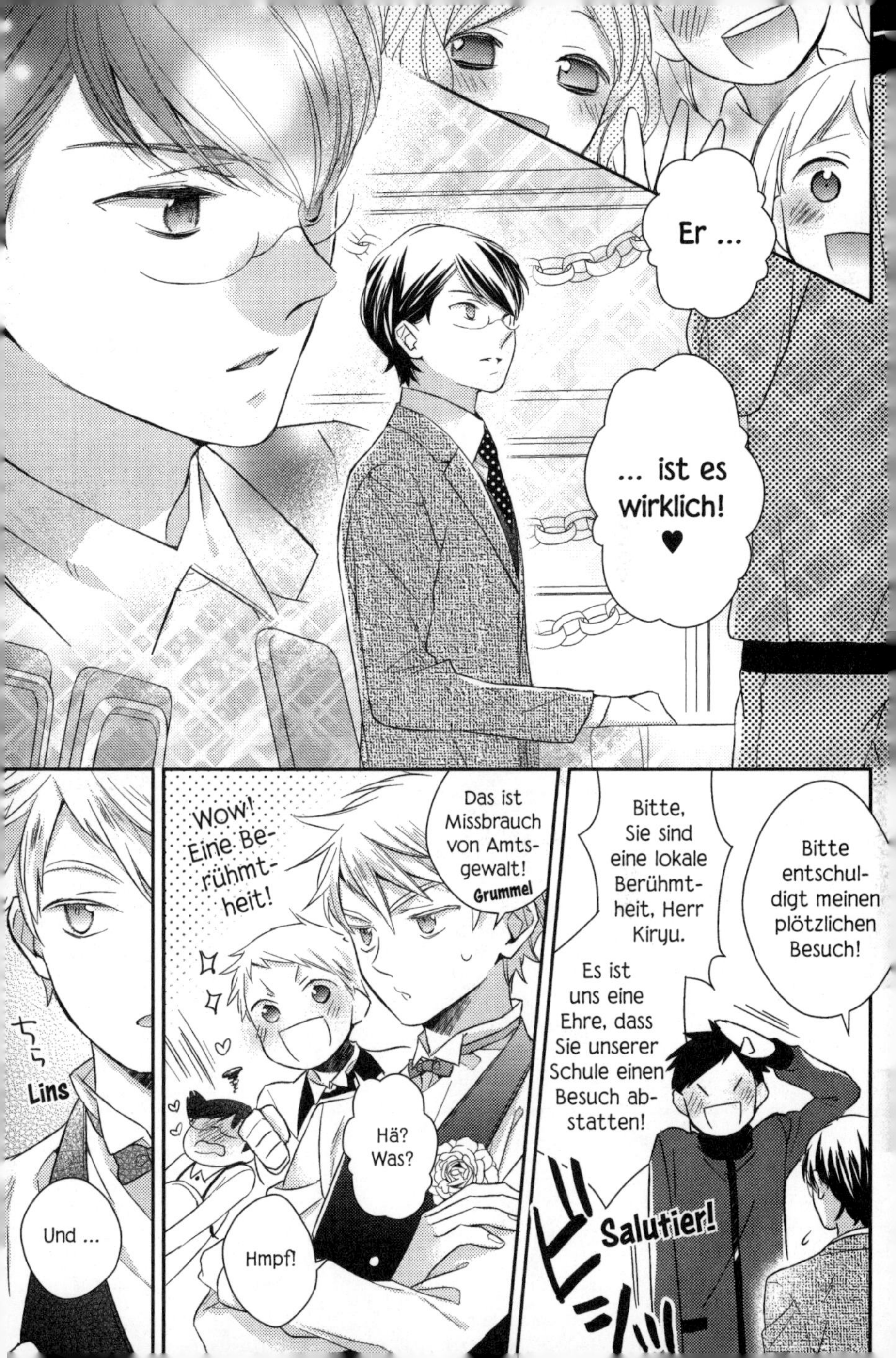
Er ...
... ist es wirklich! ♥
Bitte entschuldigt meinen plötzlichen Besuch!
Bitte, Sie sind eine lokale Berühmtheit, Herr Kiryu.
Es ist uns eine Ehre, dass Sie unserer Schule einen Besuch abstatten!
Salutier!
Das ist Missbrauch von Amtsgewalt!
Grummel
Wow! Eine Berühmtheit!
Hä? Was?
Hmpf!
Lins
Und ...

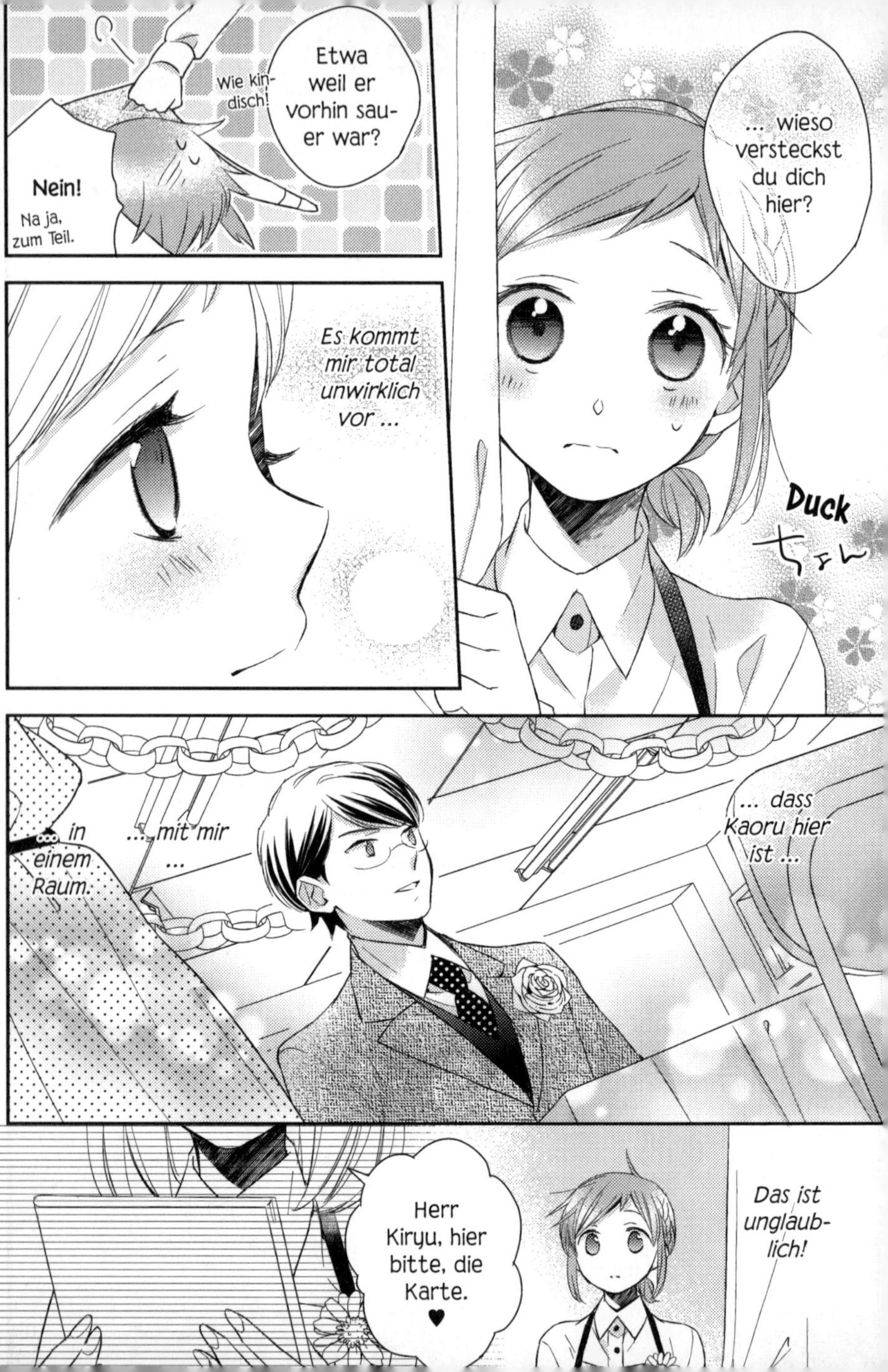
... wieso versteckst du dich hier?
Duck
ちょん
Etwa weil er vorhin sauer war?
Wie kindisch!
Nein!
Na ja, zum Teil.
Es kommt mir total unwirklich vor ...
... dass Kaoru hier ist ...
... mit mir ...
... in einem Raum.
Das ist unglaublich!
Herr Kiryu, hier bitte, die Karte. ♥

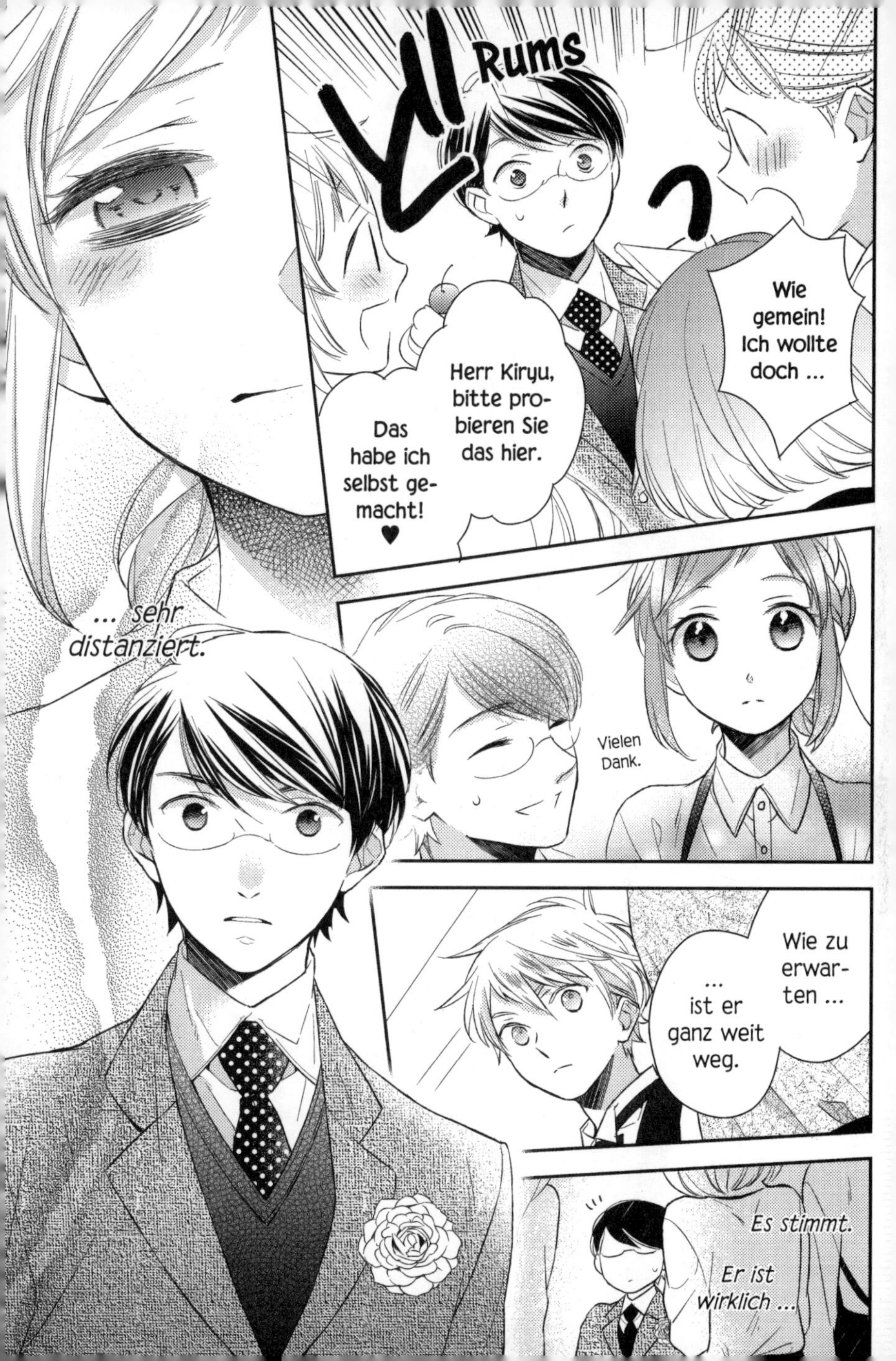
Rums
Wie gemein! Ich wollte doch ...
Herr Kiryu, bitte probieren Sie das hier.
Das habe ich selbst gemacht! ♥
Vielen Dank.
Wie zu erwarten ...
... ist er ganz weit weg.
Es stimmt.
Er ist wirklich ...
... sehr distanziert.

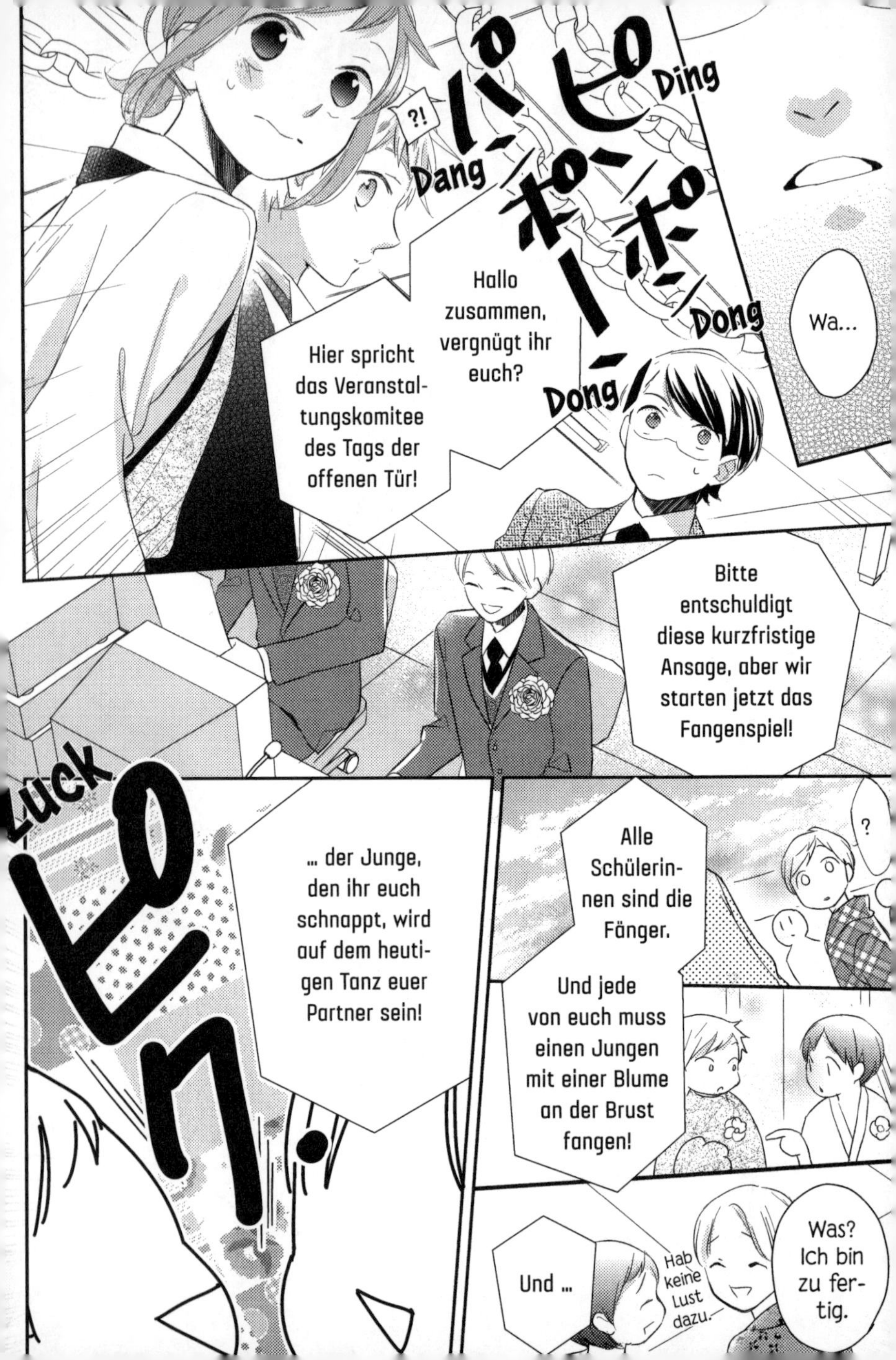

?!
Ding
Dang
Dong
Dong
Wa...
Hallo zusammen, vergnügt ihr euch?
Hier spricht das Veranstaltungskomitee des Tags der offenen Tür!
Bitte entschuldigt diese kurzfristige Ansage, aber wir starten jetzt das Fangenspiel!
?
Alle Schülerinnen sind die Fänger.
Und jede von euch muss einen Jungen mit einer Blume an der Brust fangen!
... der Junge, den ihr euch schnappt, wird auf dem heutigen Tanz euer Partner sein!
Zuck
Was? Ich bin zu fertig.
Hab keine Lust dazu.
Und ...

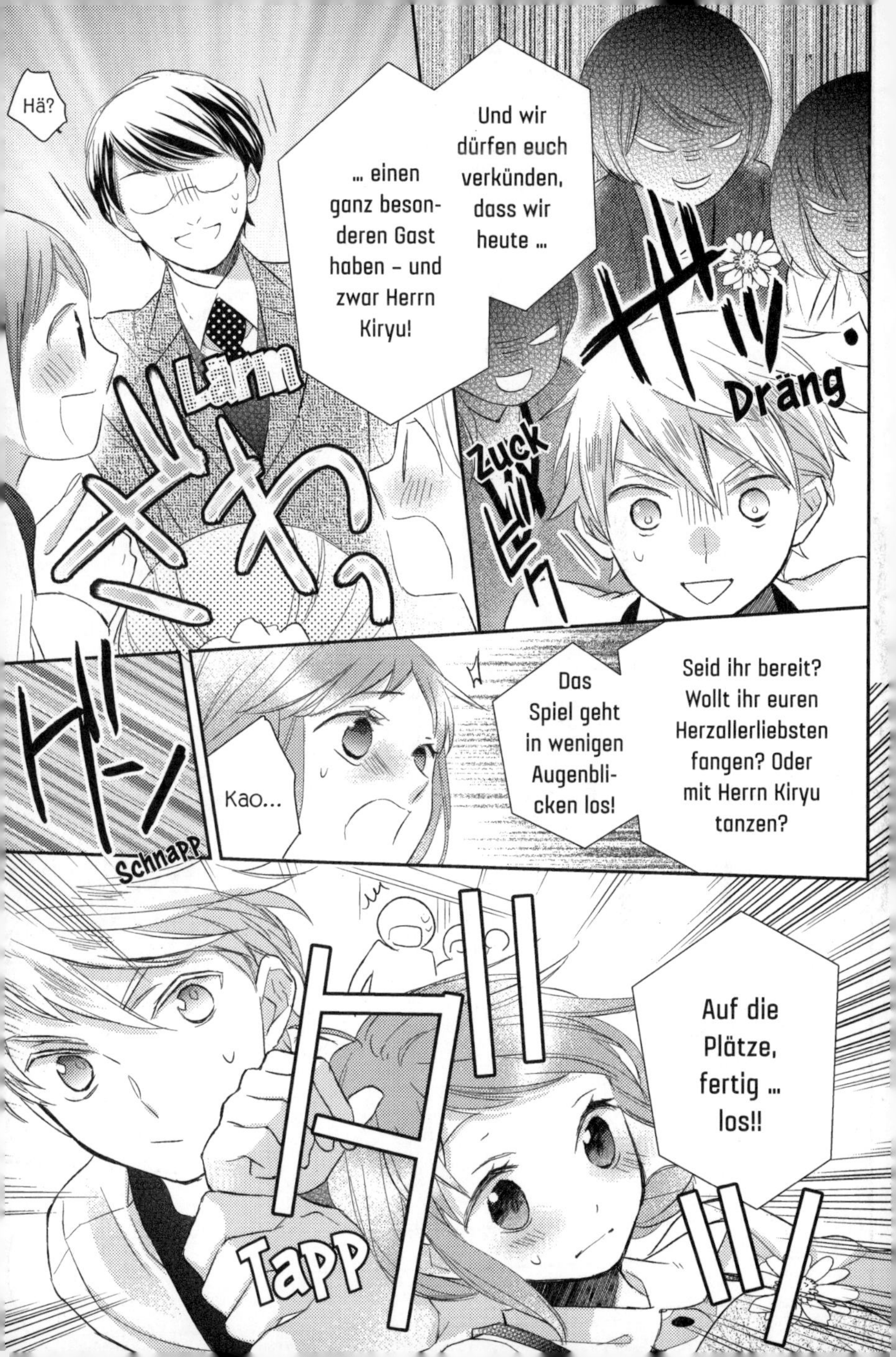

Und wir dürfen euch verkünden, dass wir heute …
… einen ganz besonderen Gast haben – und zwar Herrn Kiryu!
Dräng
Zuck
Lärm
Hä?
Seid ihr bereit? Wollt ihr euren Herzallerliebsten fangen? Oder mit Herrn Kiryu tanzen?
Das Spiel geht in wenigen Augenblicken los!
Kao...
Schnapp
Auf die Plätze, fertig … los!!
Tapp

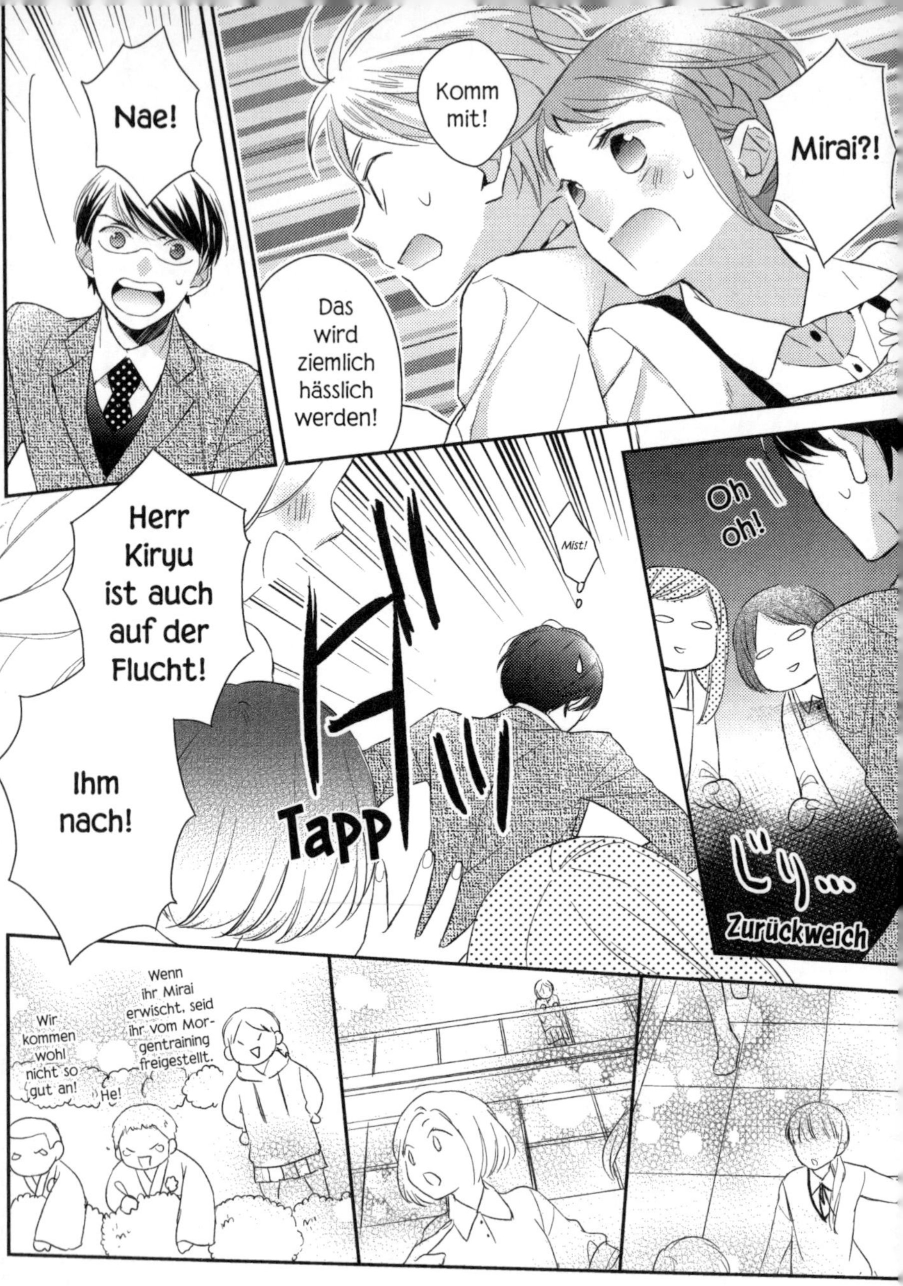

Mirai?!
Komm mit!
Das wird ziemlich hässlich werden!
Nae!
Oh oh!
Mist!
Tapp
Zurückweich
Herr Kiryu ist auch auf der Flucht!
Ihm nach!
Wenn ihr Mirai erwischt, seid ihr vom Morgentraining freigestellt.
He!
Wir kommen wohl nicht so gut an!

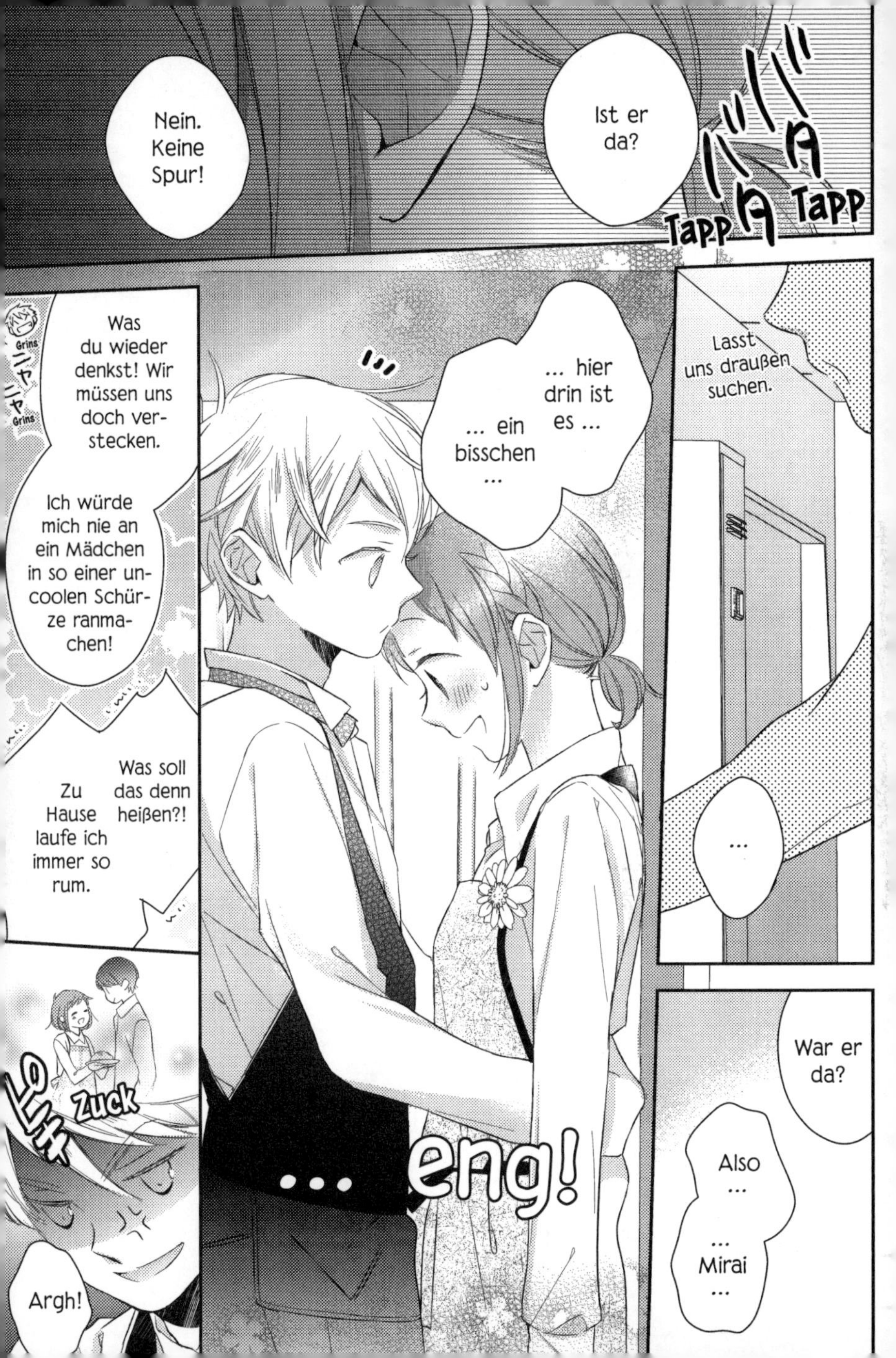

Ist er da?
Tapp Tapp
Nein. Keine Spur!
Lasst uns draußen suchen.
...
... hier drin ist es ...
... ein bisschen ...
... eng!
Grins Grins
Was du wieder denkst! Wir müssen uns doch verstecken.
Ich würde mich nie an ein Mädchen in so einer uncoolen Schürze ranmachen!
Was soll das denn heißen?!
Zu Hause laufe ich immer so rum.
War er da?
Also ...
... Mirai ...
Zuck
Argh!

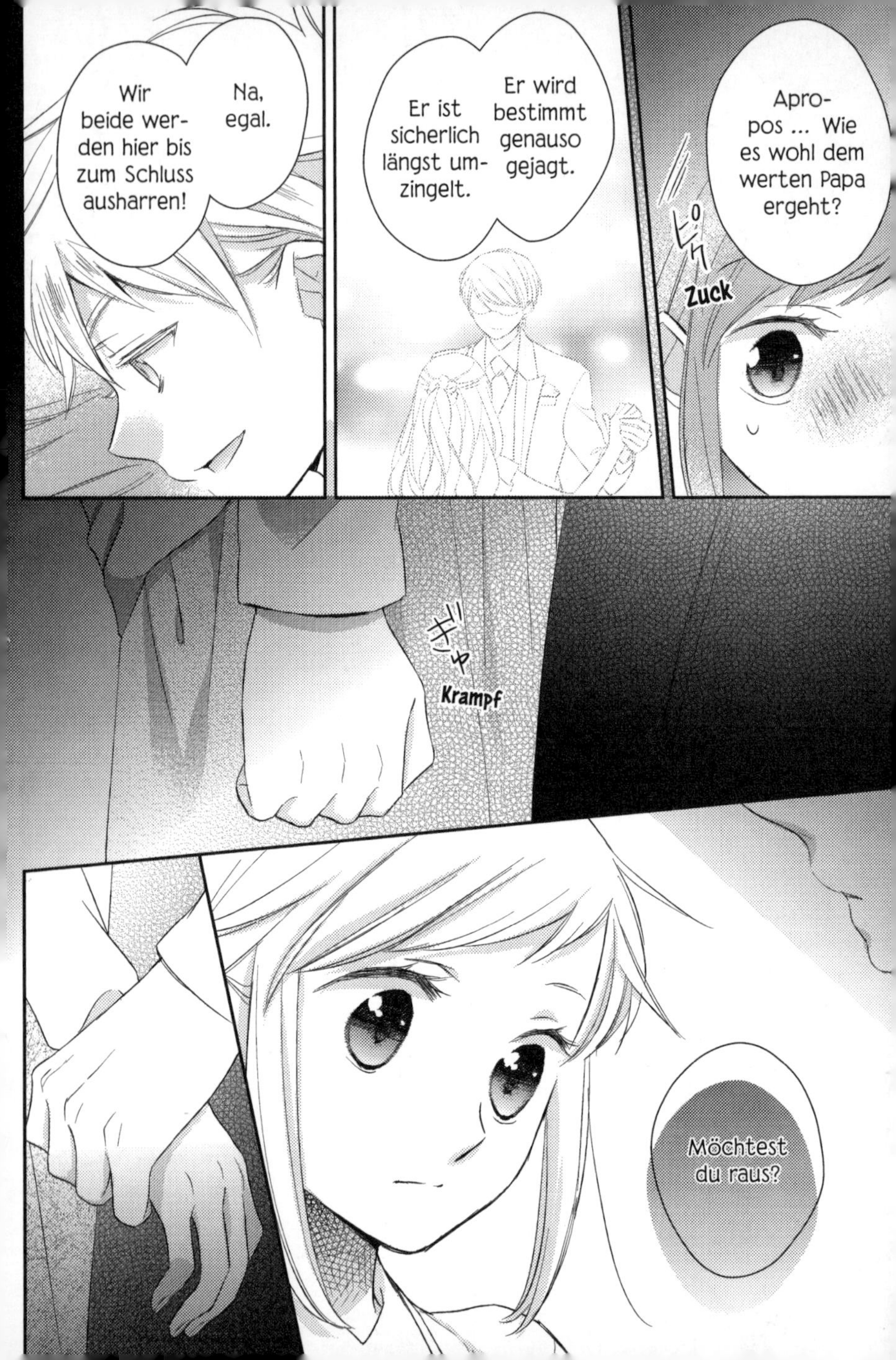
Apro-
pos ... Wie
es wohl dem
werten Papa
ergeht?
ピク
Zuck
Er wird
bestimmt
genauso
gejagt.
Er ist
sicherlich
längst um-
zingelt.
Na,
egal.
Wir
beide wer-
den hier bis
zum Schluss
ausharren!
ぎゅ
Krampf
Möchtest
du raus?

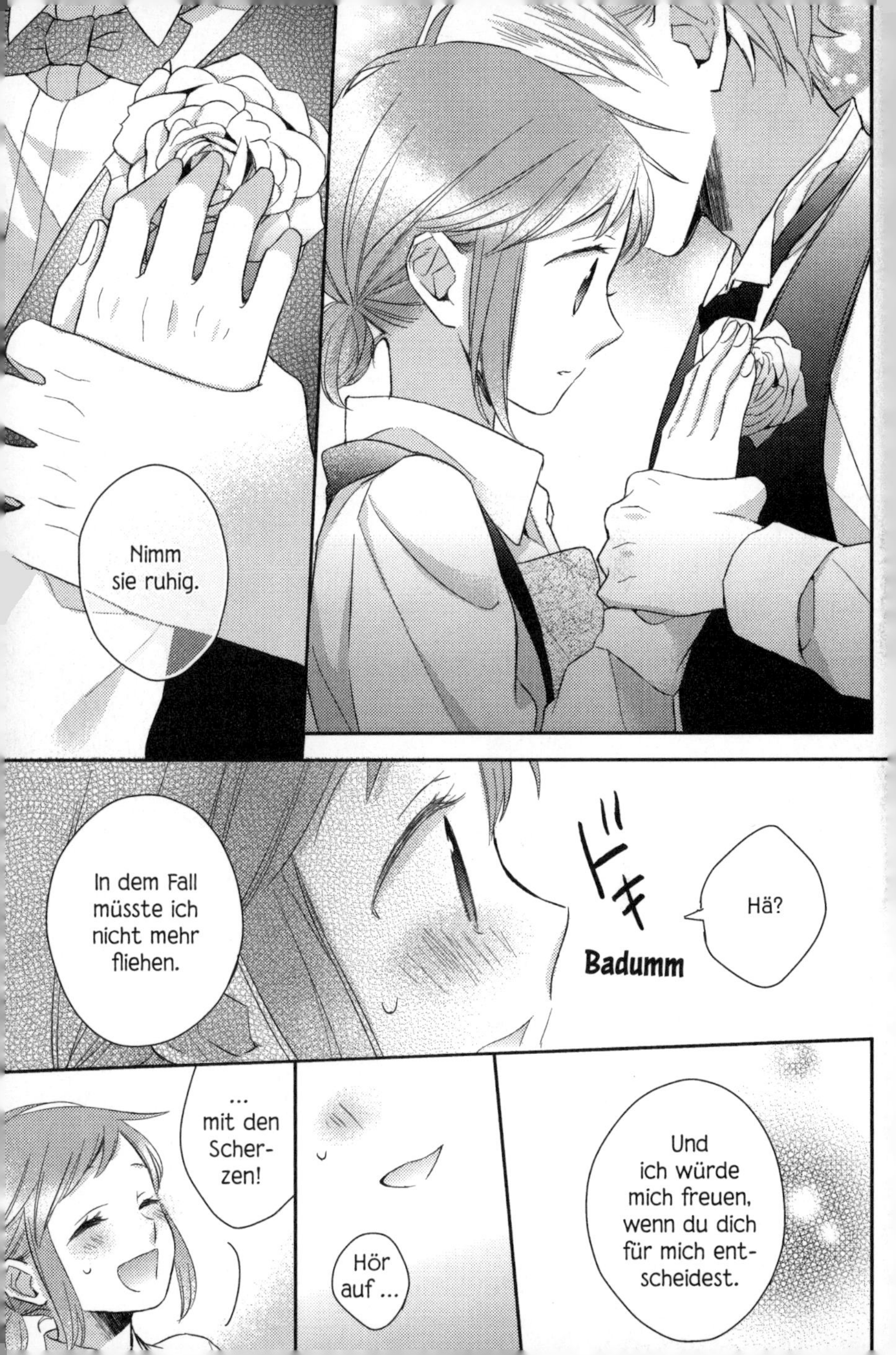

Nimm sie ruhig.
Hä?
ドキ
Badumm
In dem Fall müsste ich nicht mehr fliehen.
Und ich würde mich freuen, wenn du dich für mich entscheidest.
Hör auf ...
... mit den Scherzen!

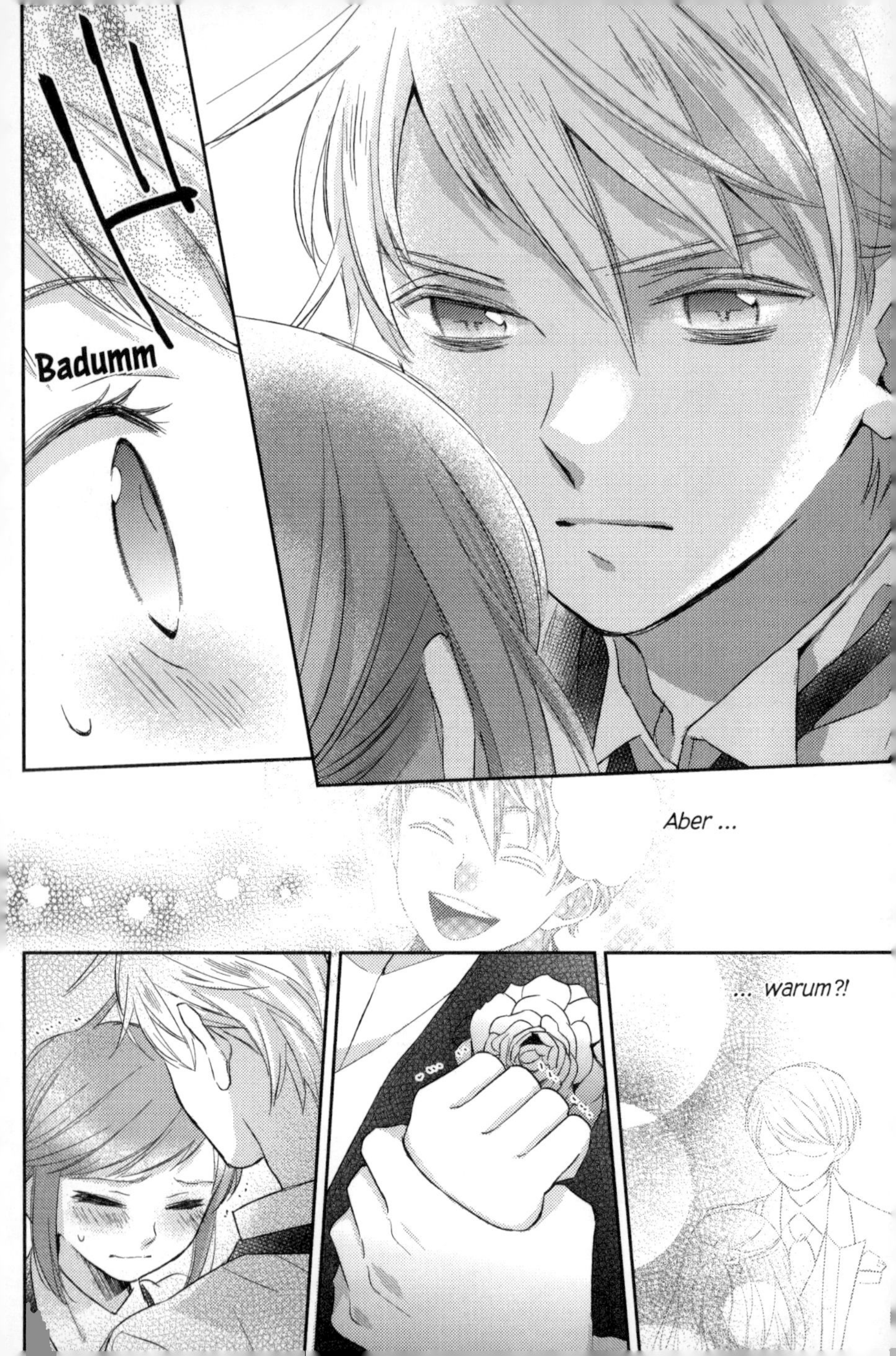
Badumm
Aber ...
... warum?!

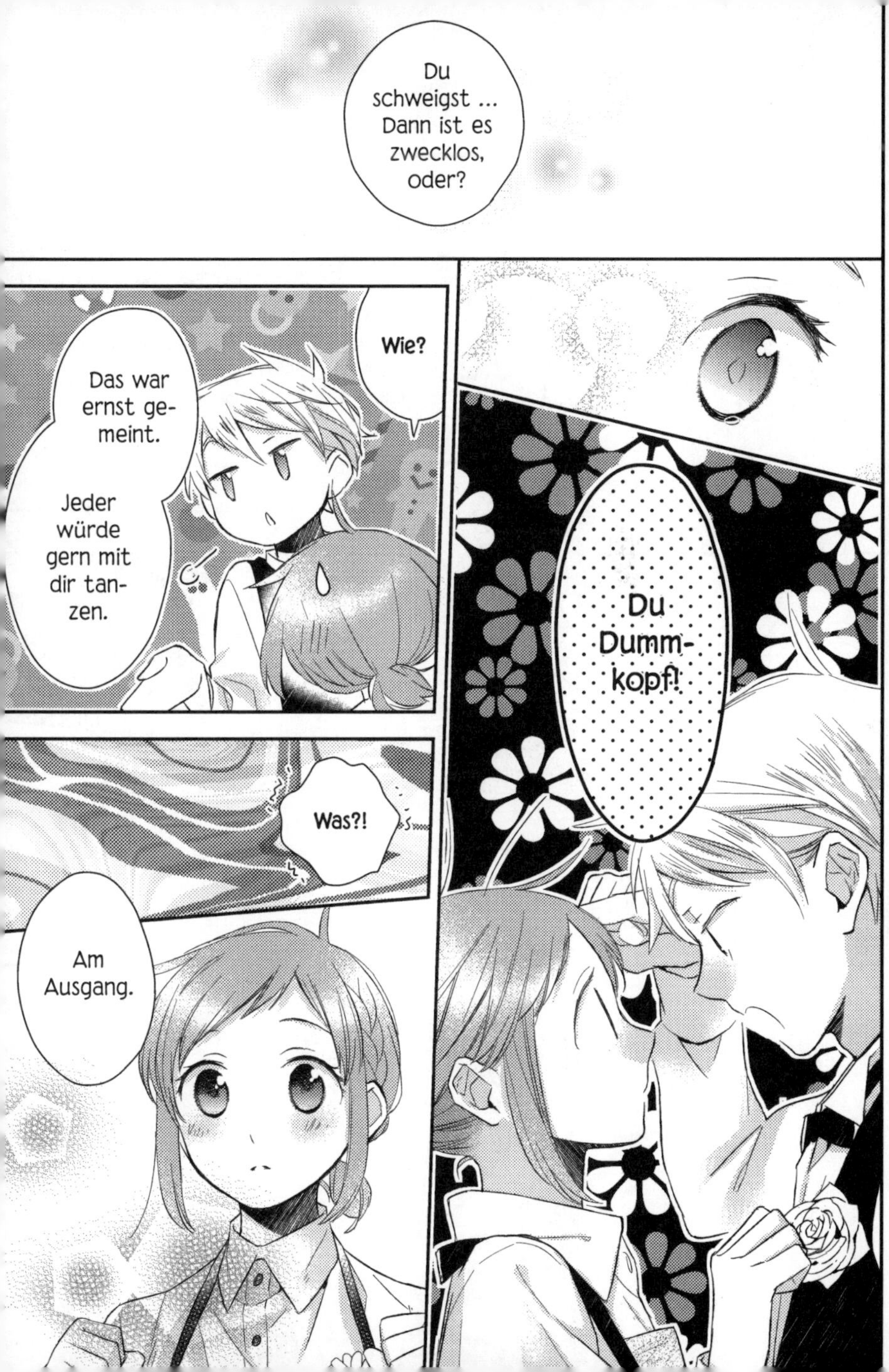
Du schweigst ... Dann ist es zwecklos, oder?
Wie?
Das war ernst gemeint.
Jeder würde gern mit dir tanzen.
Du Dummkopf!
Was?!
Am Ausgang.

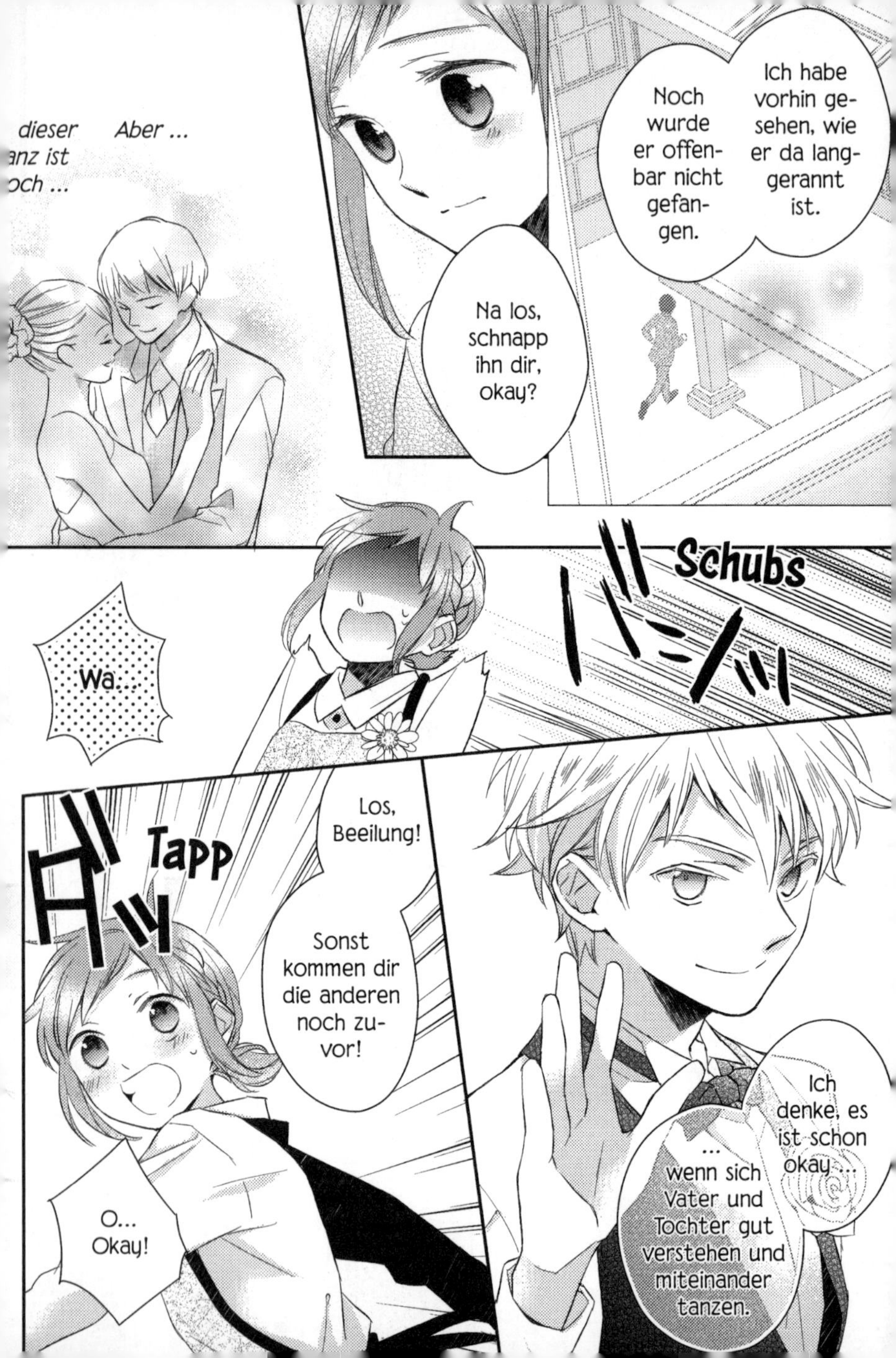

Ich habe vorhin gesehen, wie er da langgerannt ist.
Noch wurde er offenbar nicht gefangen.
Na los, schnapp ihn dir, okay?
Aber ...
dieser
anz ist
och ...
Schubs
Wa...
Ich denke, es ist schon okay ...
... wenn sich Vater und Tochter gut verstehen und miteinander tanzen.
Los, Beeilung!
Sonst kommen dir die anderen noch zuvor!
Tapp
O... Okay!

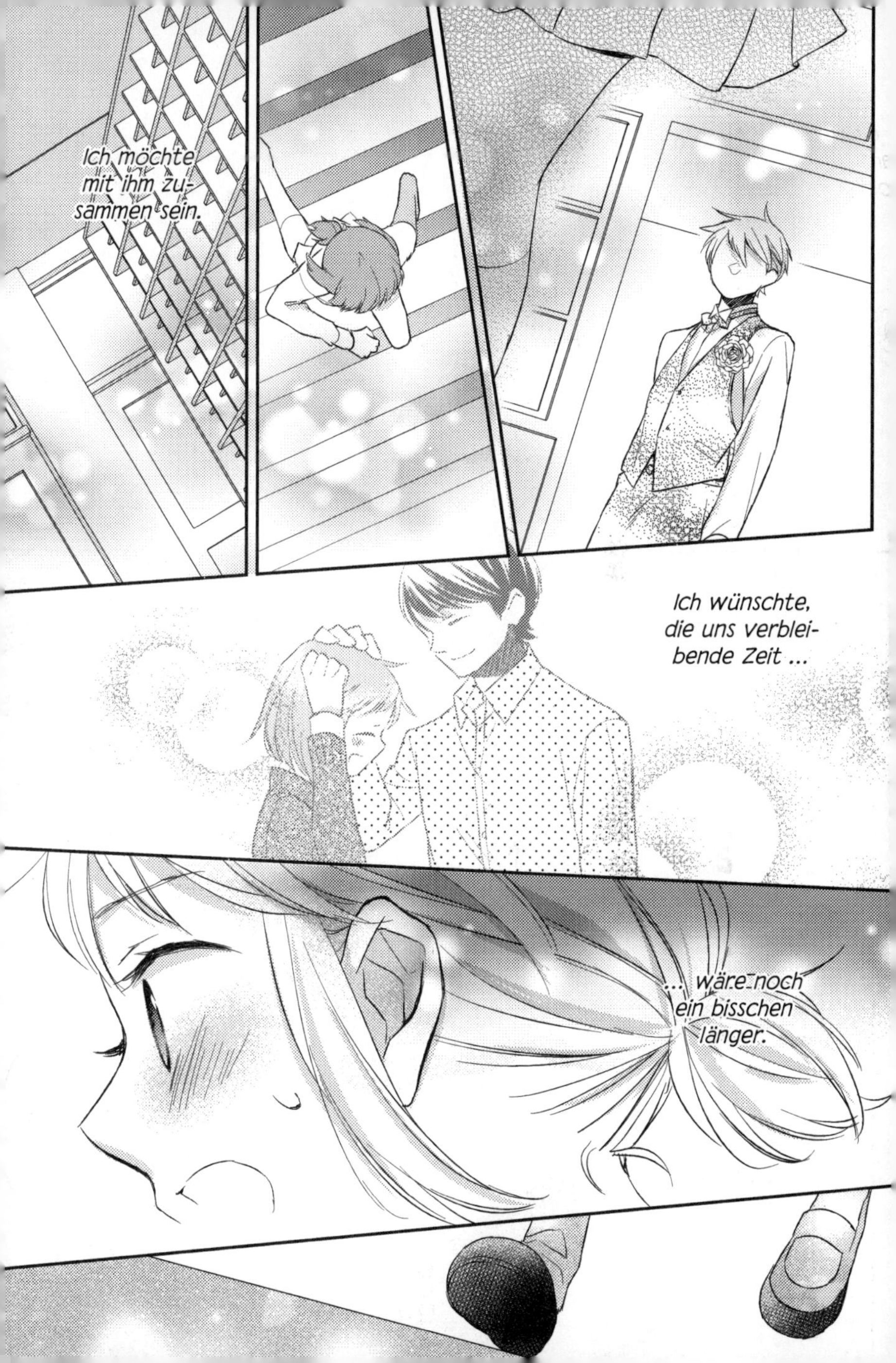
Ich möchte mit ihm zusammen sein.
Ich wünschte, die uns verbleibende Zeit ...
... wäre noch ein bisschen länger.

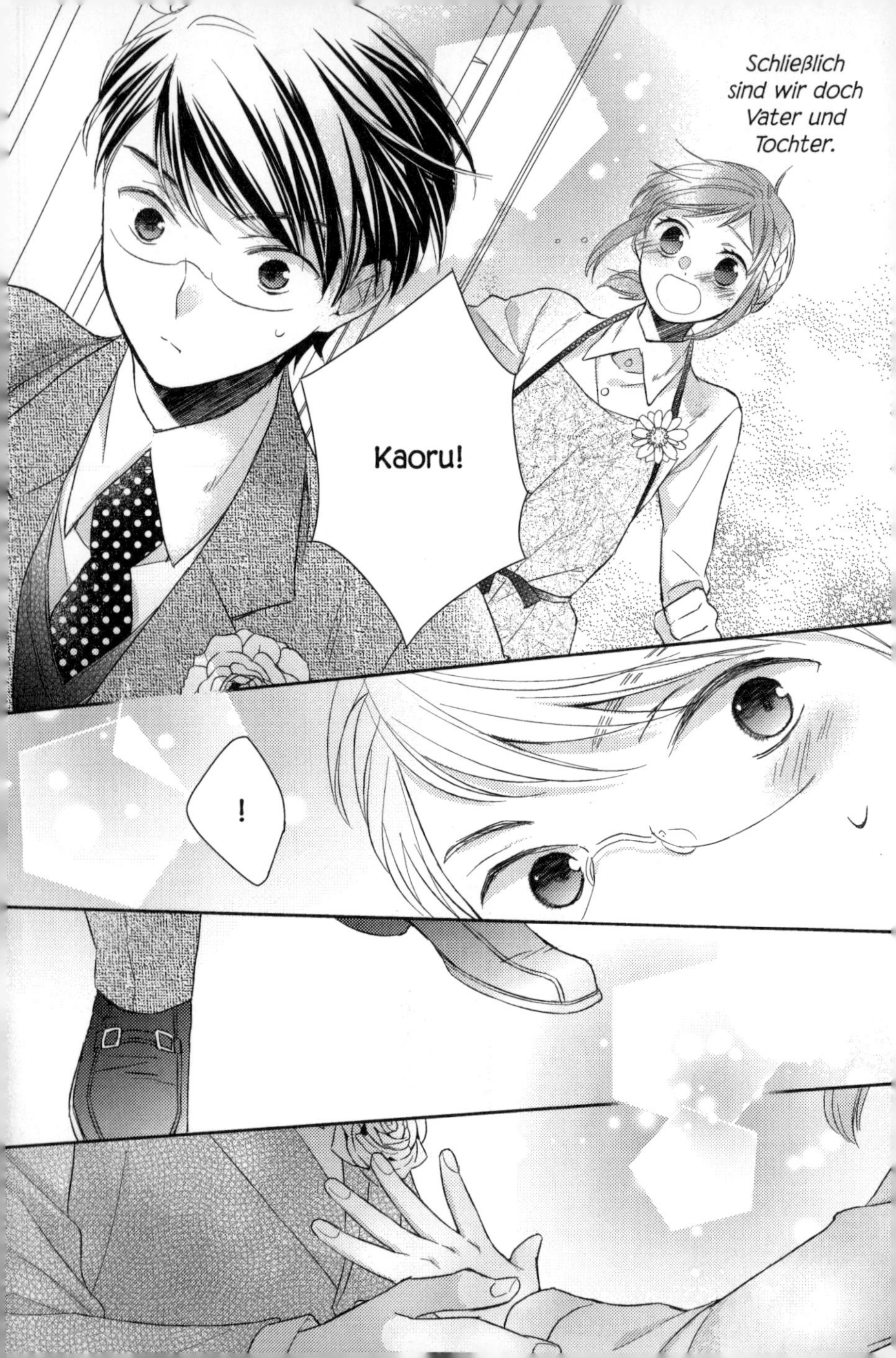
Schließlich sind wir doch Vater und Tochter.
Kaoru!
!

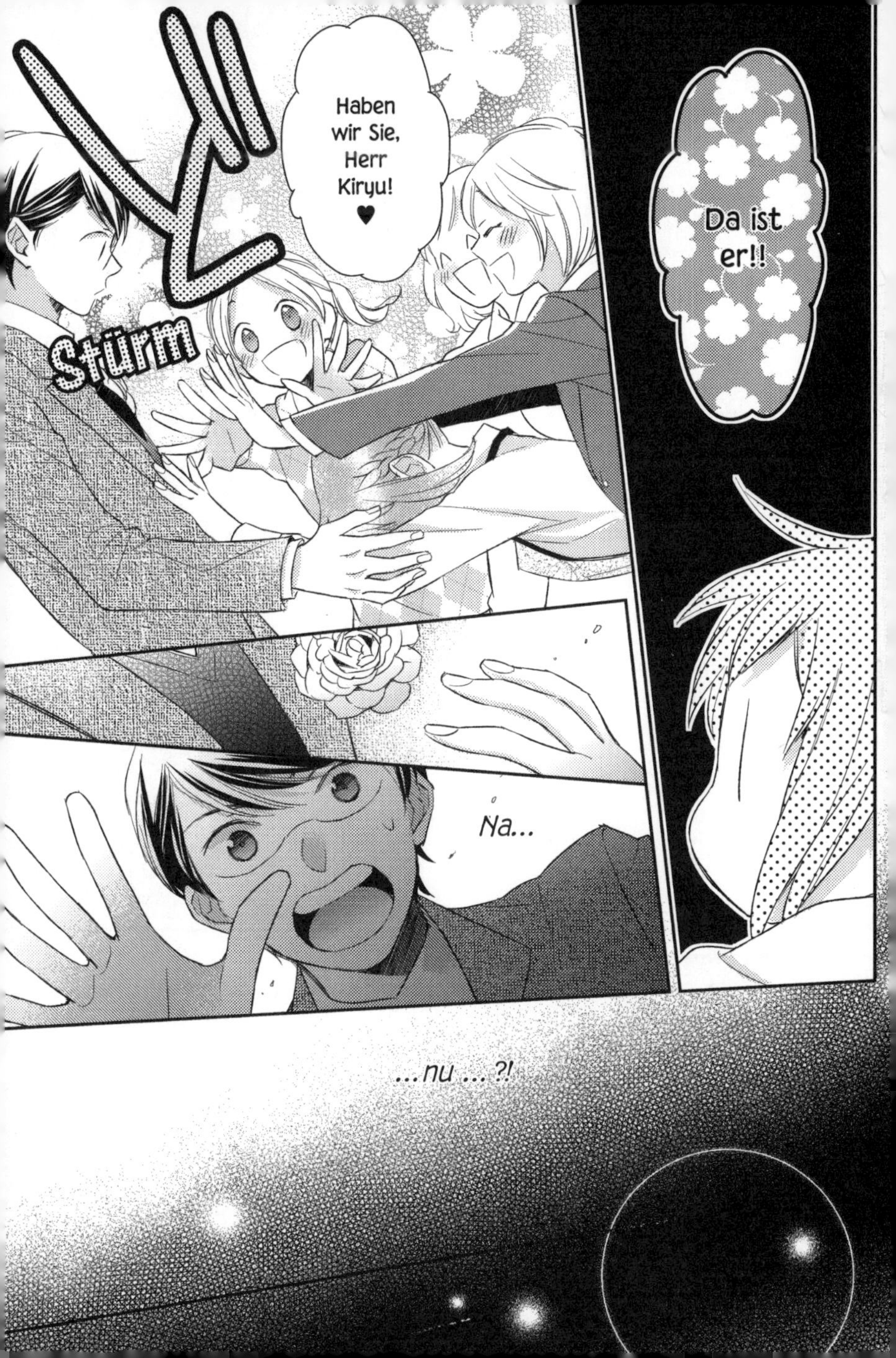
Da ist er!!
Haben wir Sie, Herr Kiryu! ♥
Stürm
Na...
...nu ...?!

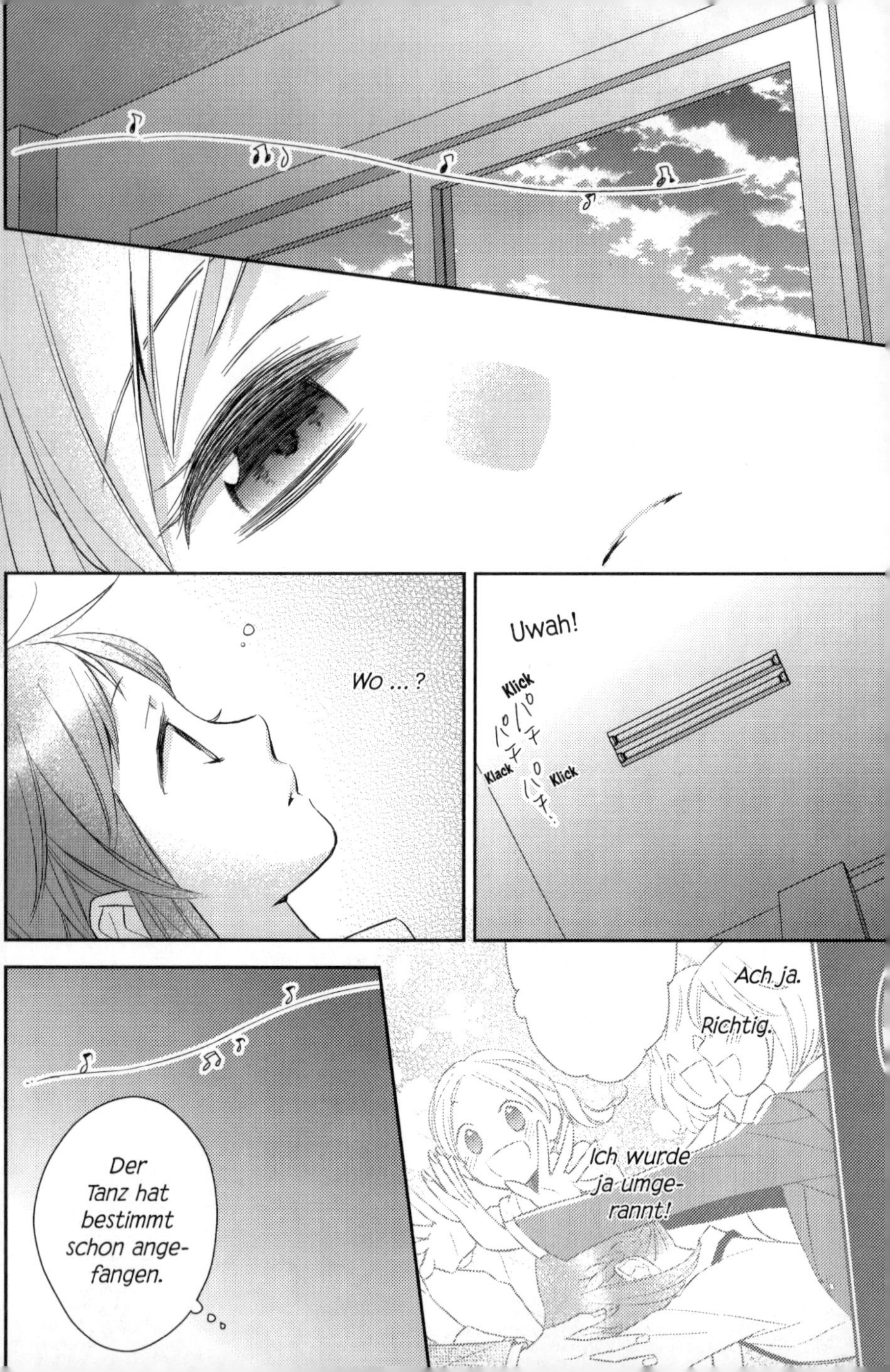
Wo ...?
Uwah!
Klick
Klack
Klick
Ach ja.
Richtig.
Ich wurde ja umgerannt!
Der Tanz hat bestimmt schon angefangen.

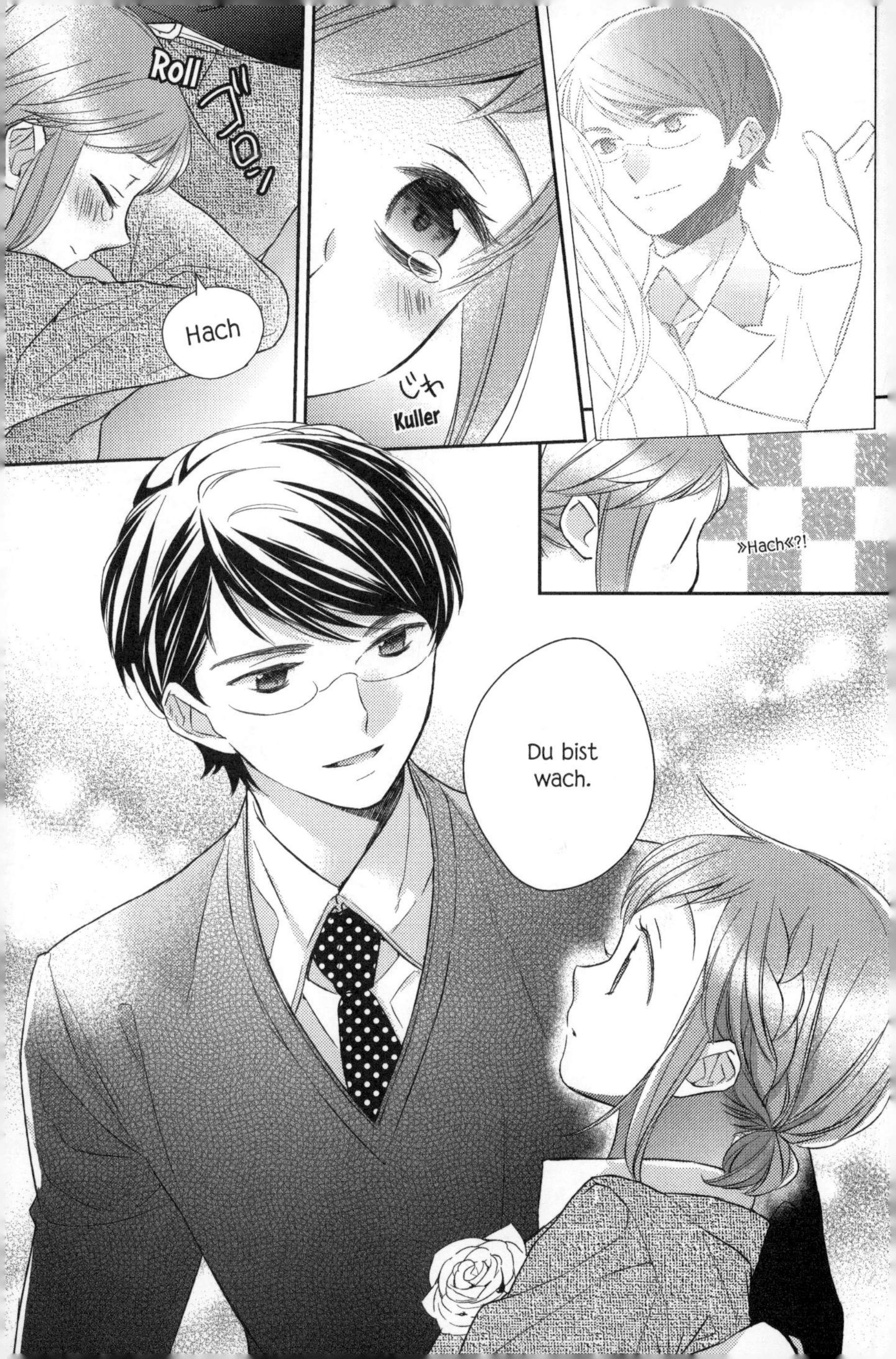

Roll
ゴロッ
Hach
じわ
Kuller
»Hach«?!
Du bist wach.

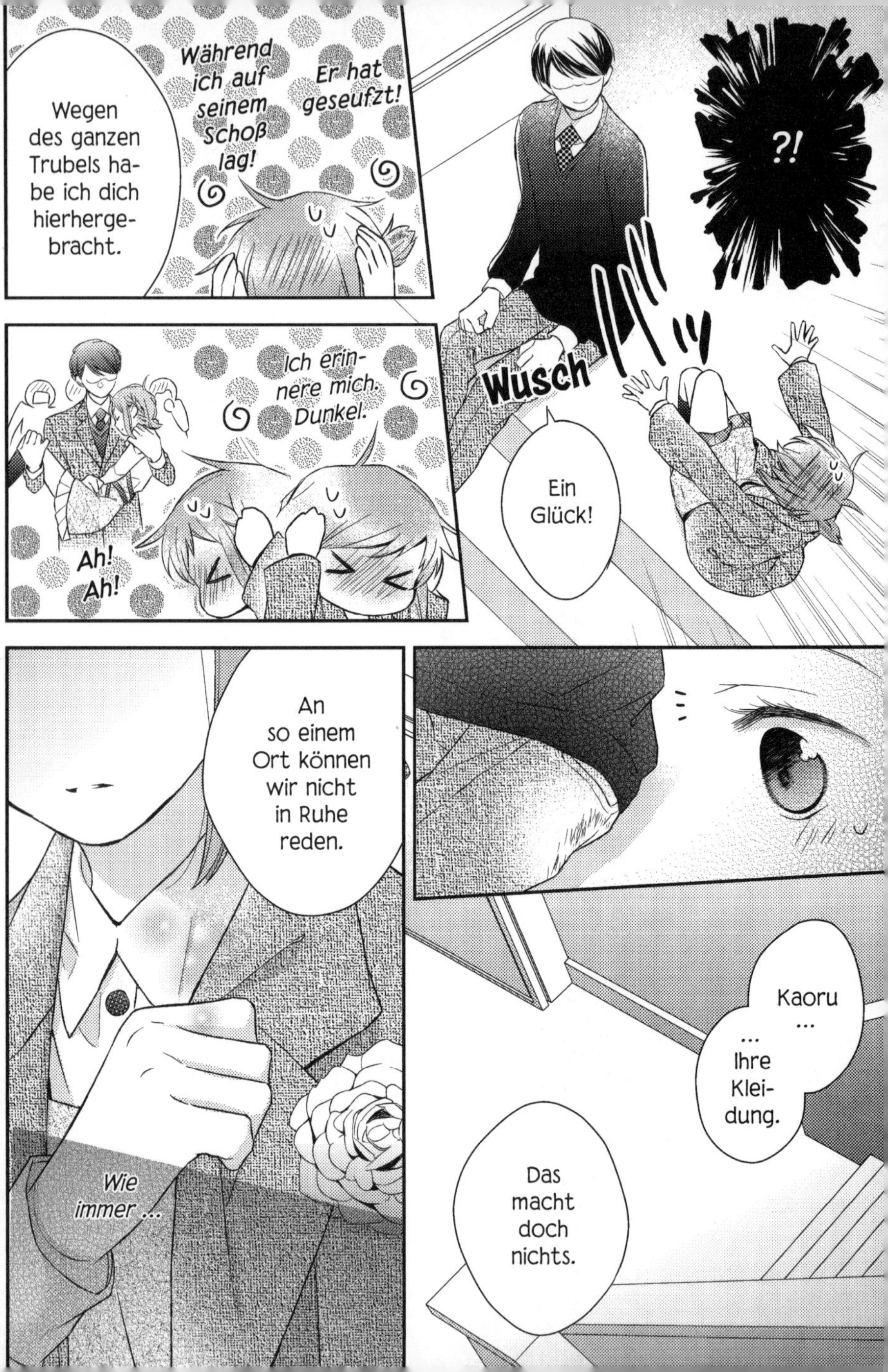
?!
Wusch
Ein Glück!
Wegen des ganzen Trubels habe ich dich hierhergebracht.
Er hat geseufzt!
Während ich auf seinem Schoß lag!
Ich erinnere mich Dunkel.
Ah! Ah!
Kaoru ... ... Ihre Kleidung.
Das macht doch nichts.
An so einem Ort können wir nicht in Ruhe reden.
Wie immer ...

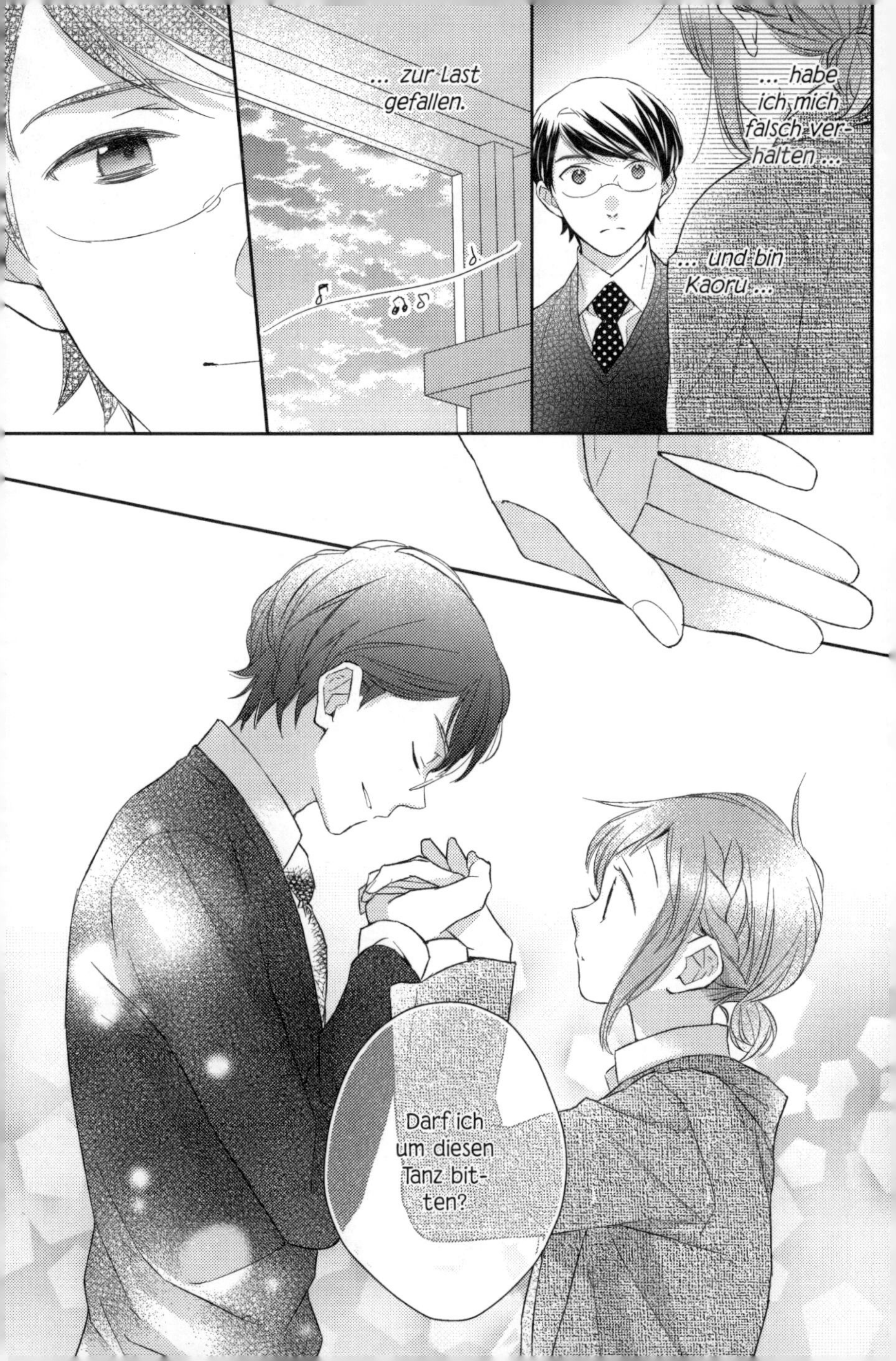
... habe ich mich falsch ver-halten ...
... und bin Kaoru ...
... zur Last gefallen.
Darf ich um diesen Tanz bit-ten?

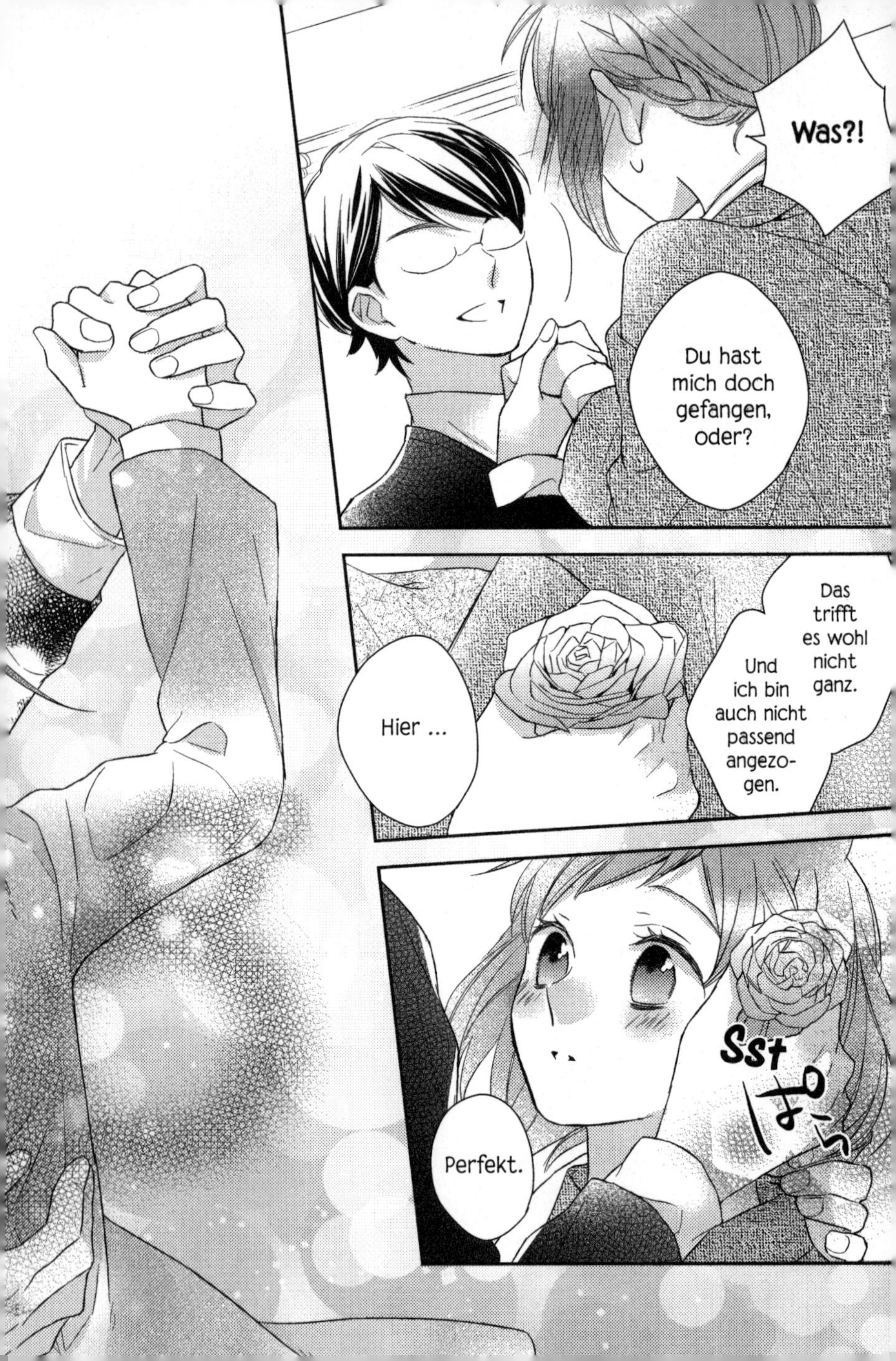
Was?!
Du hast mich doch gefangen, oder?
Das trifft es wohl nicht ganz.
Und ich bin auch nicht passend angezo-gen.
Hier ...
Sst
Perfekt.

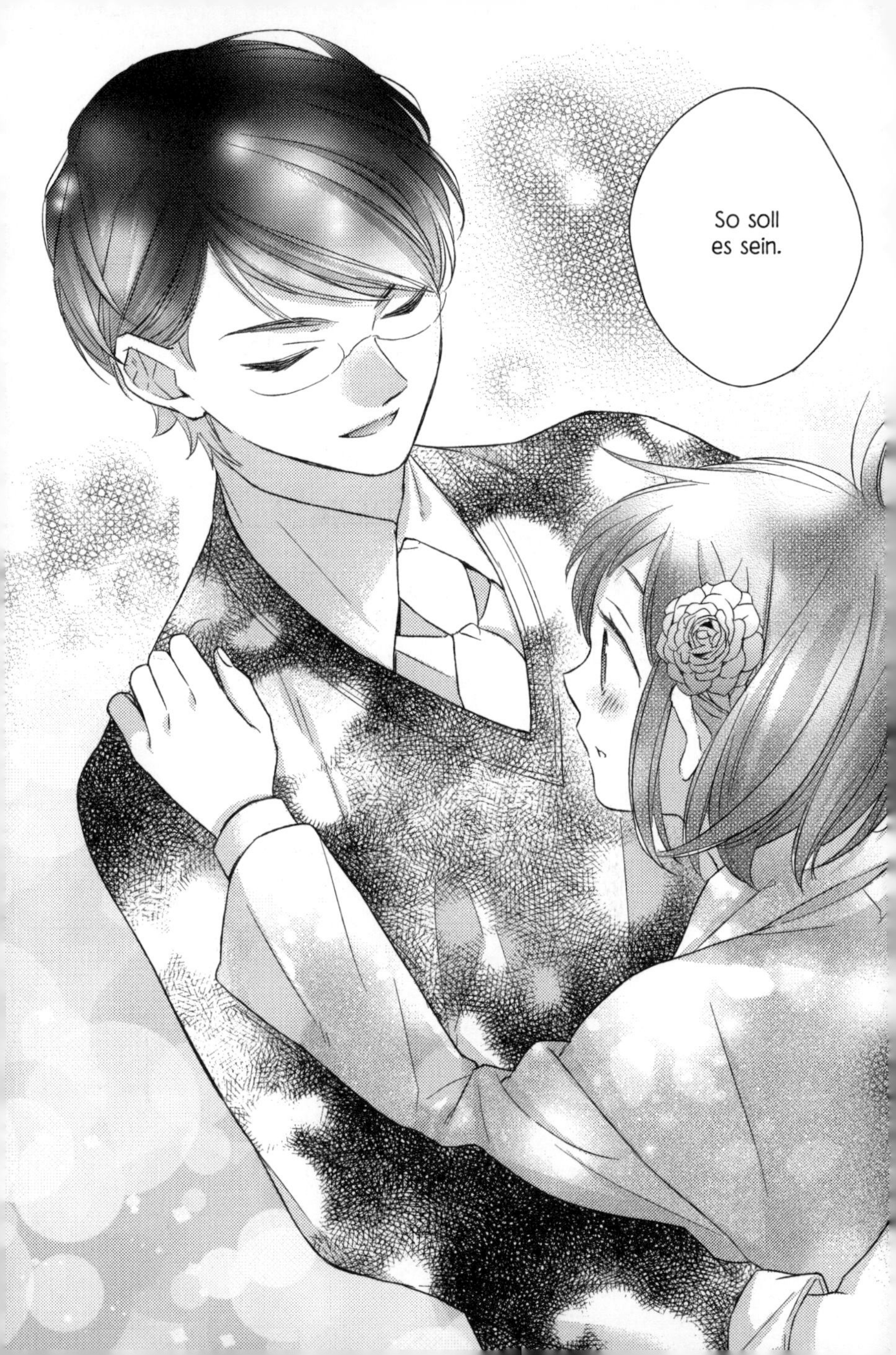
So soll
es sein.

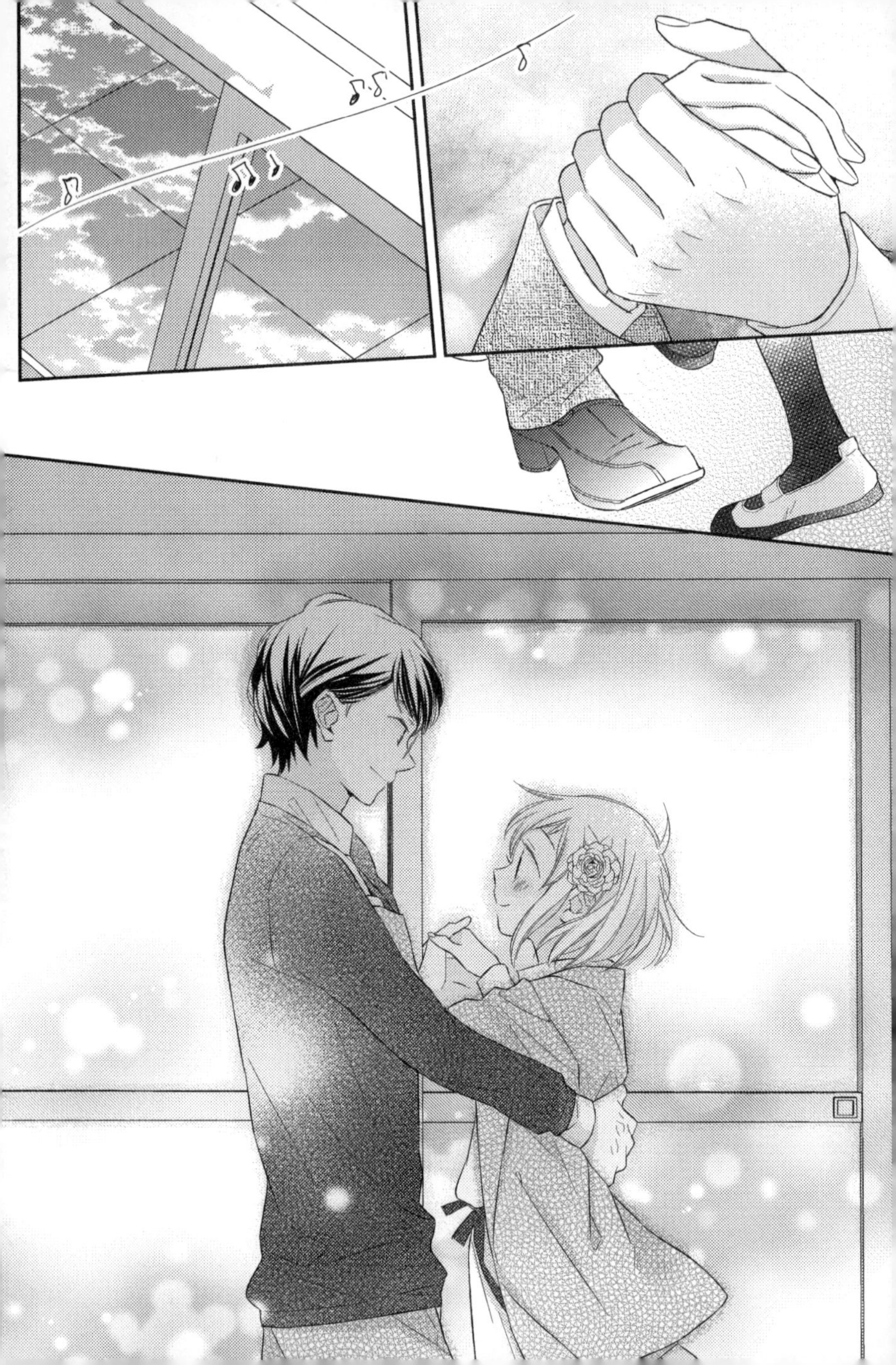

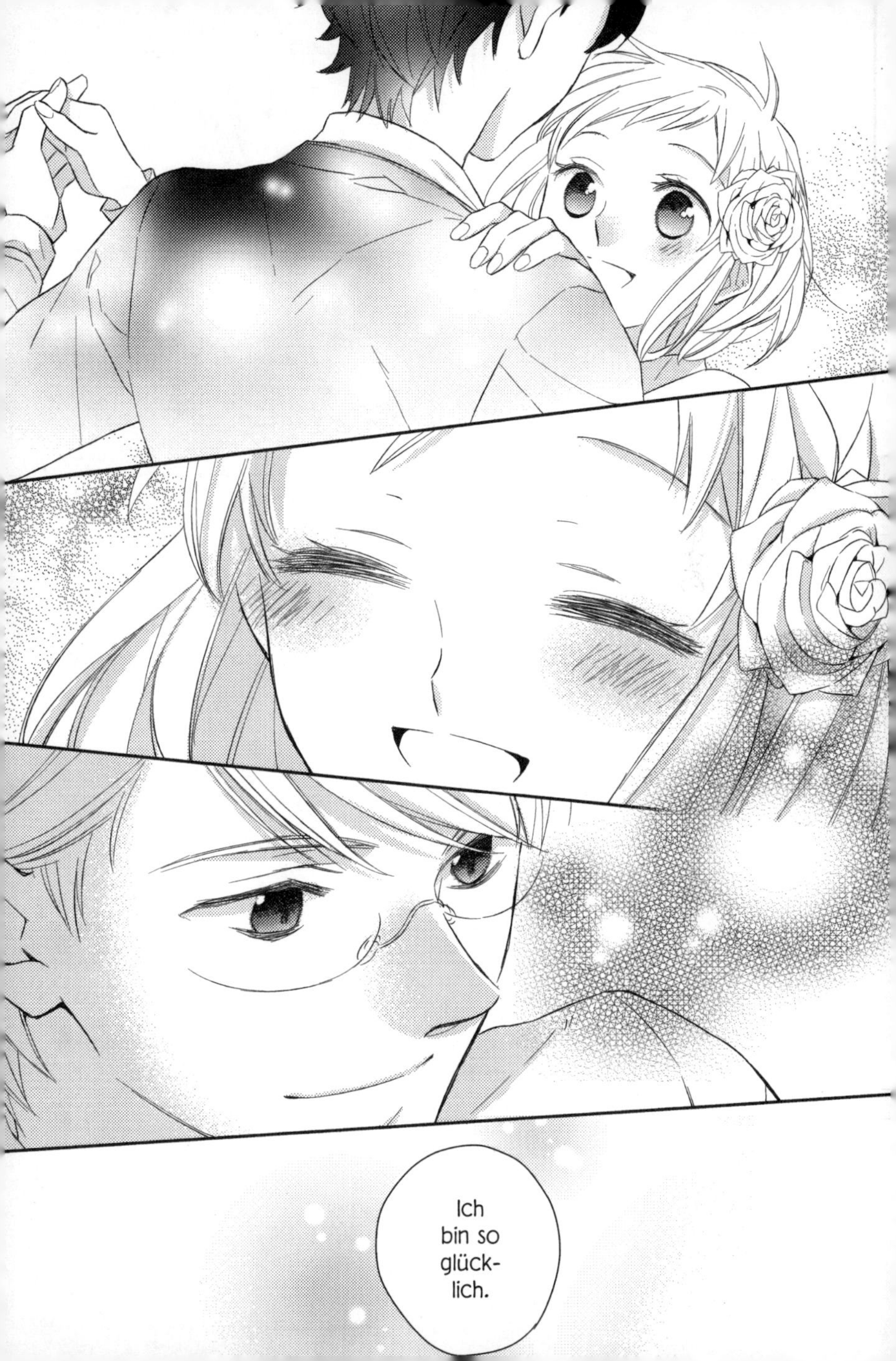
Ich bin so glück-lich.

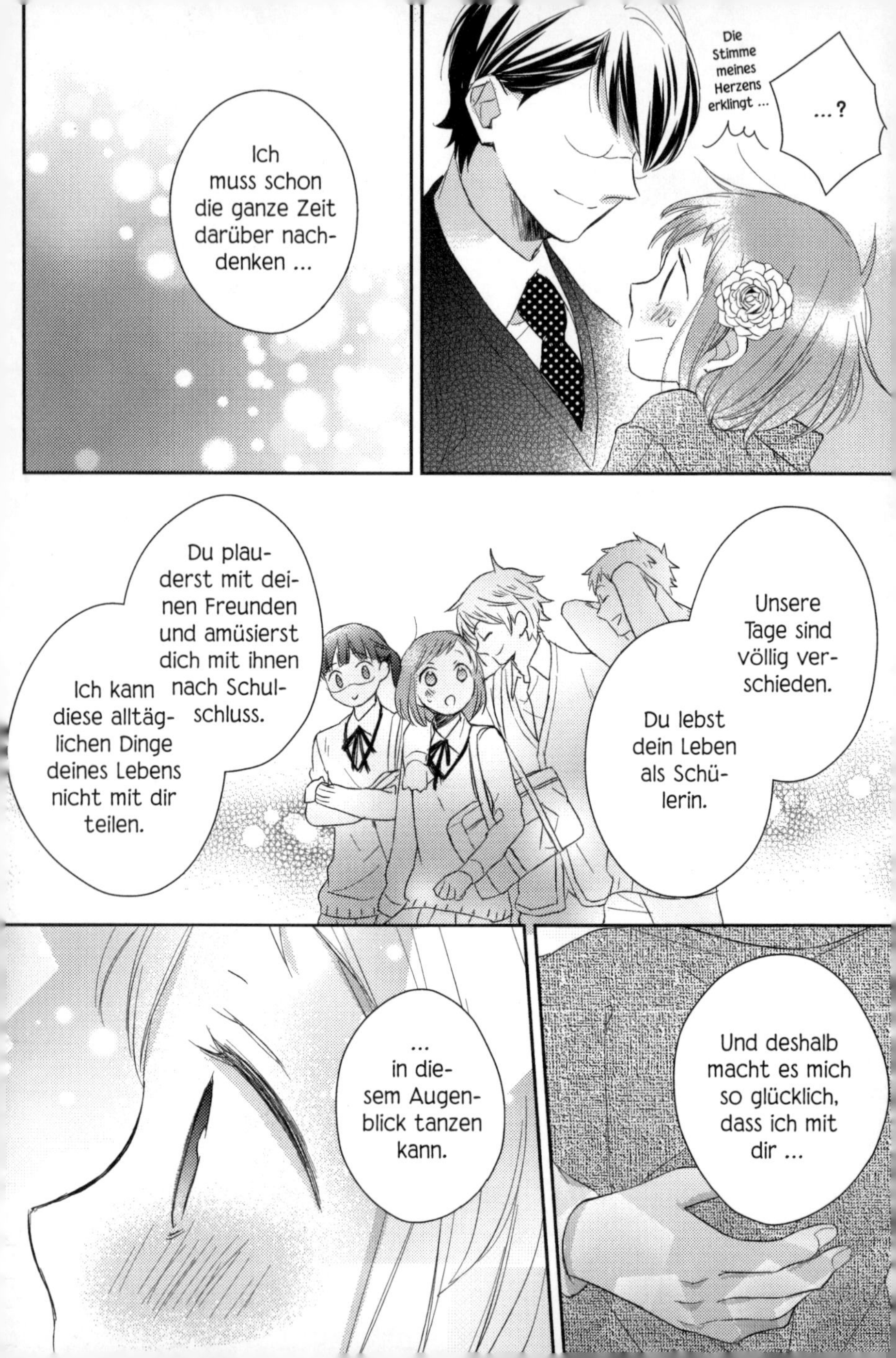
Die Stimme meines Herzens erklingt ...
... ?
Ich muss schon die ganze Zeit darüber nachdenken ...
Unsere Tage sind völlig verschieden.
Du lebst dein Leben als Schülerin.
Du plauderst mit deinen Freunden und amüsierst dich mit ihnen nach Schulschluss.
Ich kann diese alltäglichen Dinge deines Lebens nicht mit dir teilen.
Und deshalb macht es mich so glücklich, dass ich mit dir ...
... in diesem Augenblick tanzen kann.

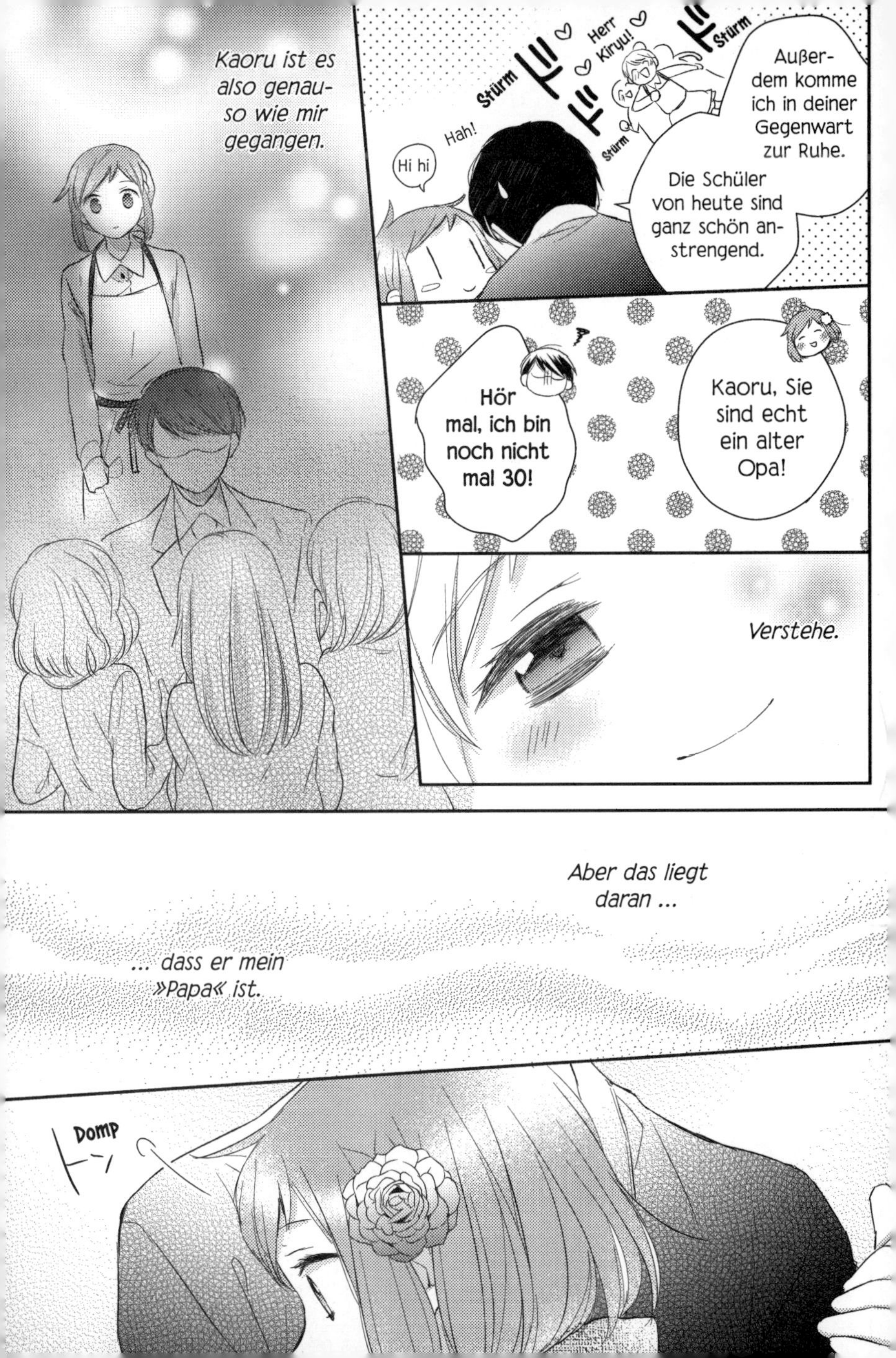
Außer-dem komme ich in deiner Gegenwart zur Ruhe.
Die Schüler von heute sind ganz schön an-strengend.
Stürm
Herr Kiryu!
Stürm
Stürm
Stürm
Hah!
Hi hi
Kaoru ist es also genau-so wie mir gegangen.
Kaoru, Sie sind echt ein alter Opa!
Hör mal, ich bin noch nicht mal 30!
Verstehe.
Aber das liegt daran ...
... dass er mein »Papa« ist.
Domp

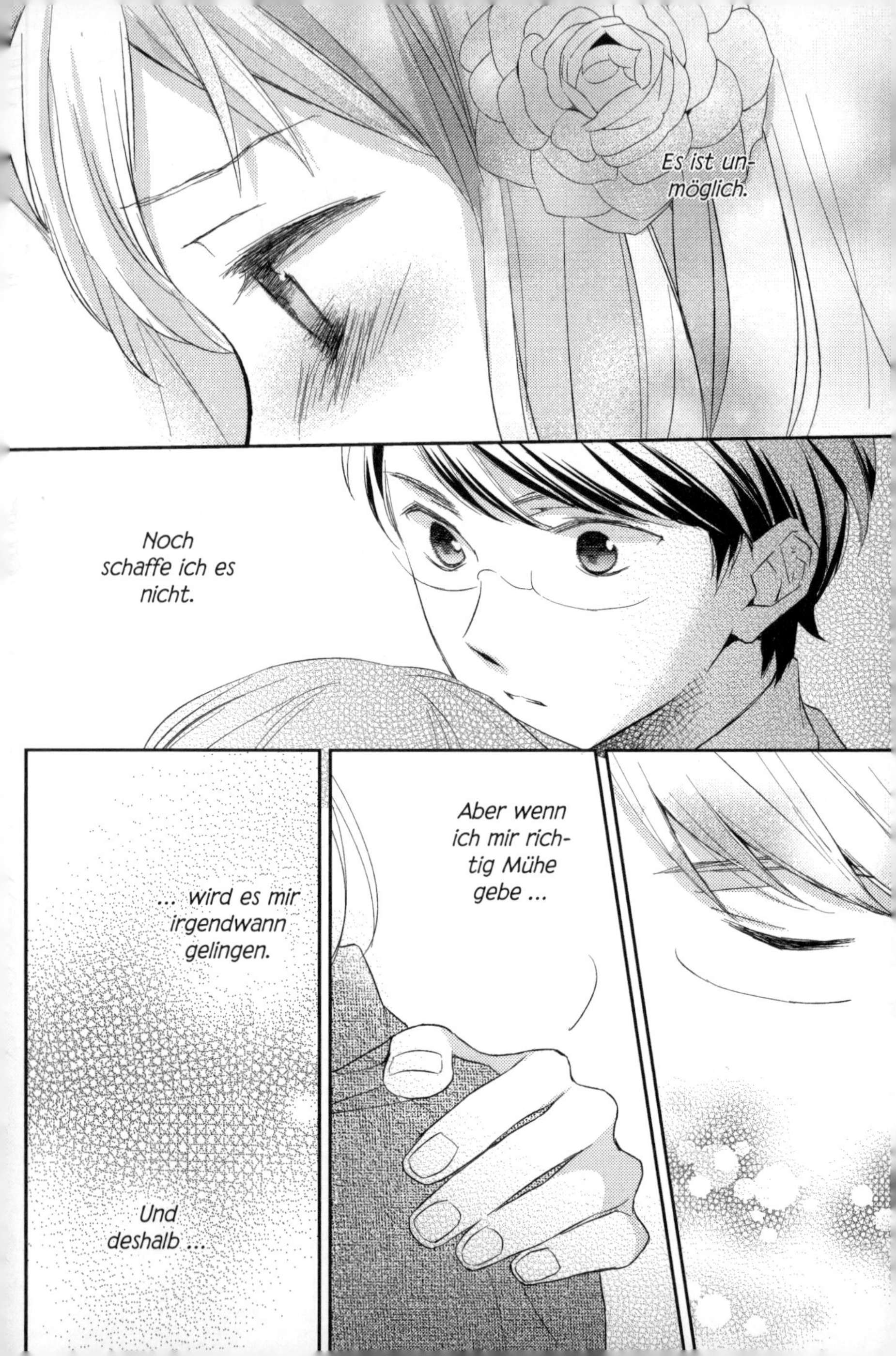
Es ist unmöglich.
Noch schaffe ich es nicht.
Aber wenn ich mir richtig Mühe gebe ...
... wird es mir irgendwann gelingen.
Und deshalb ...

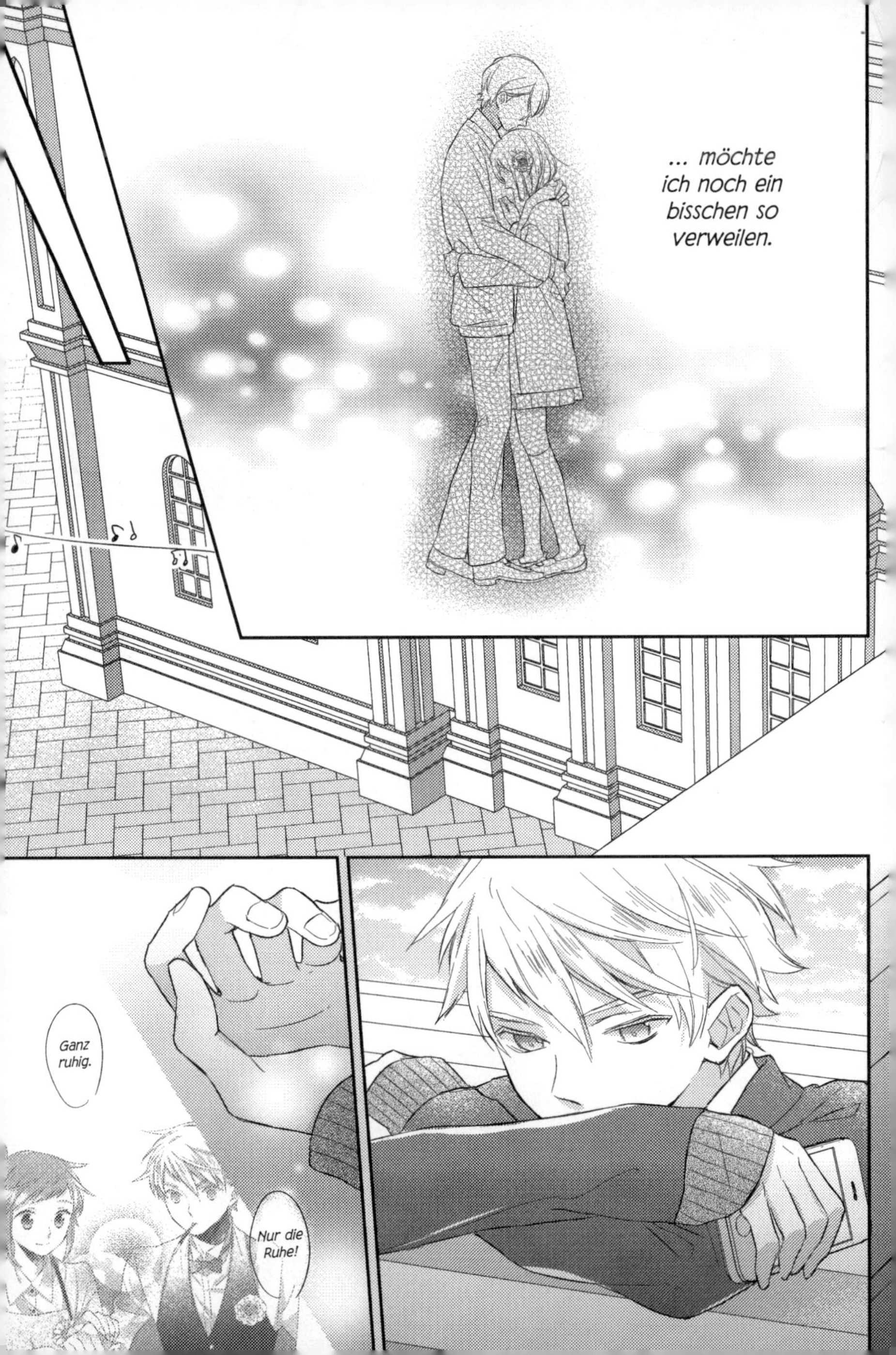
... möchte ich noch ein bisschen so verweilen.
Nur die Ruhe!
Ganz ruhig.

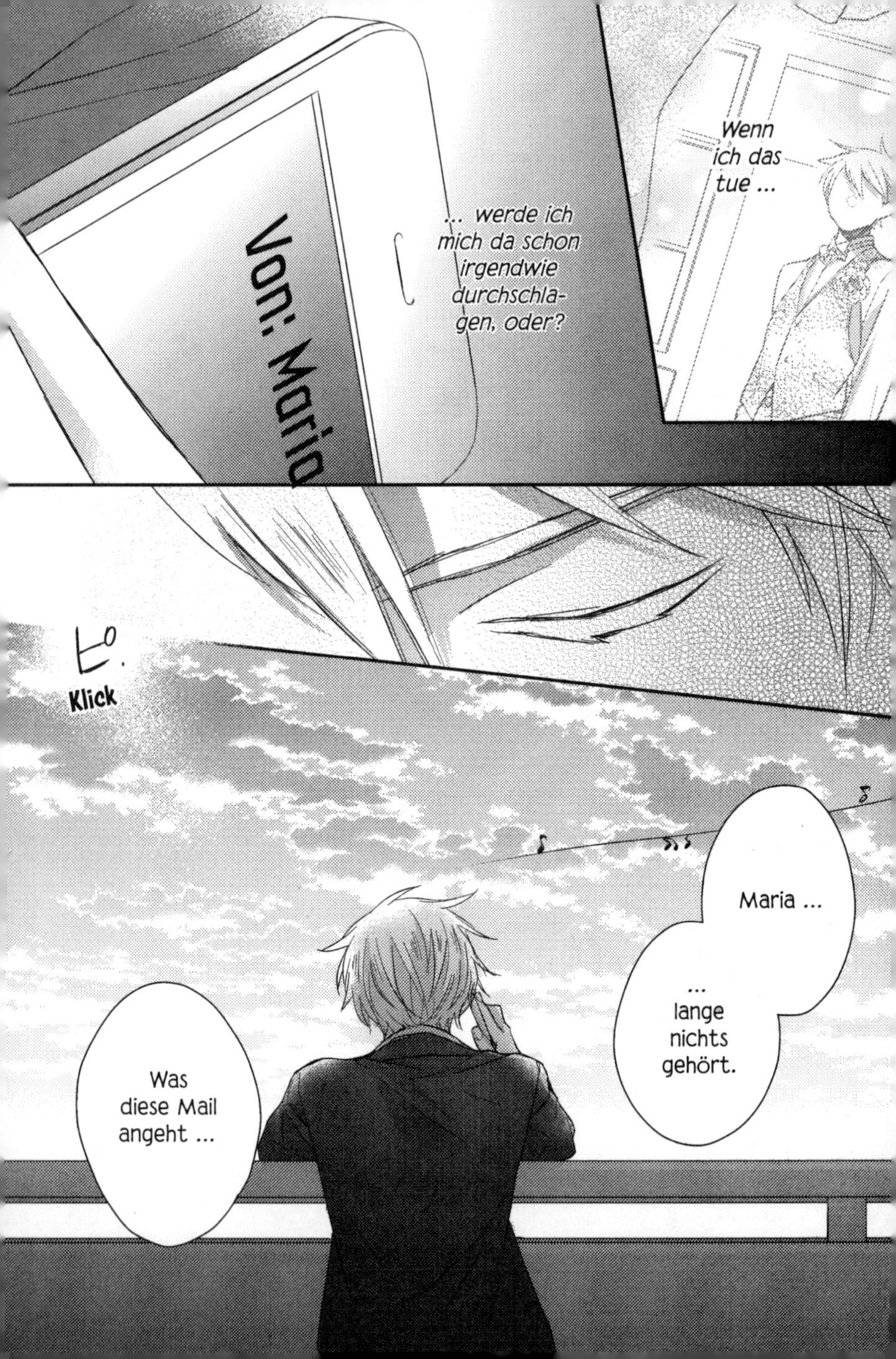
Wenn ich das tue ...
... werde ich mich da schon irgendwie durchschlagen, oder?
Von: Maria
Klick
Maria ...
... lange nichts gehört.
Was diese Mail angeht ...

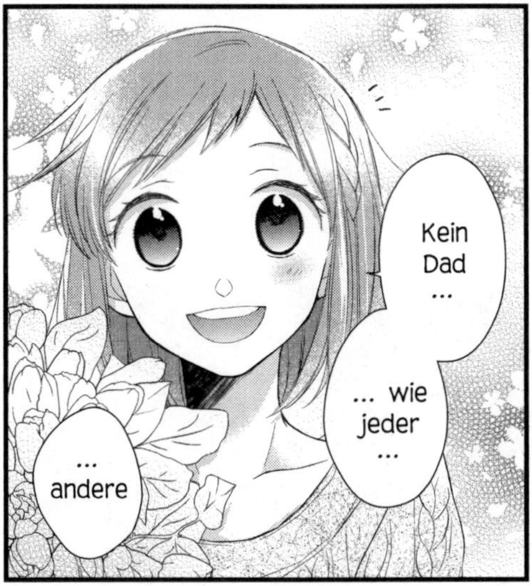
Kein Dad ...
... wie jeder ...
... andere

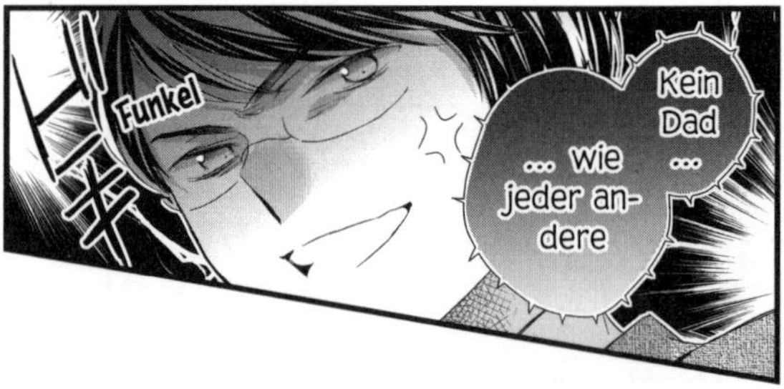
Kein Dad ... ... wie jeder an-dere
Funkel

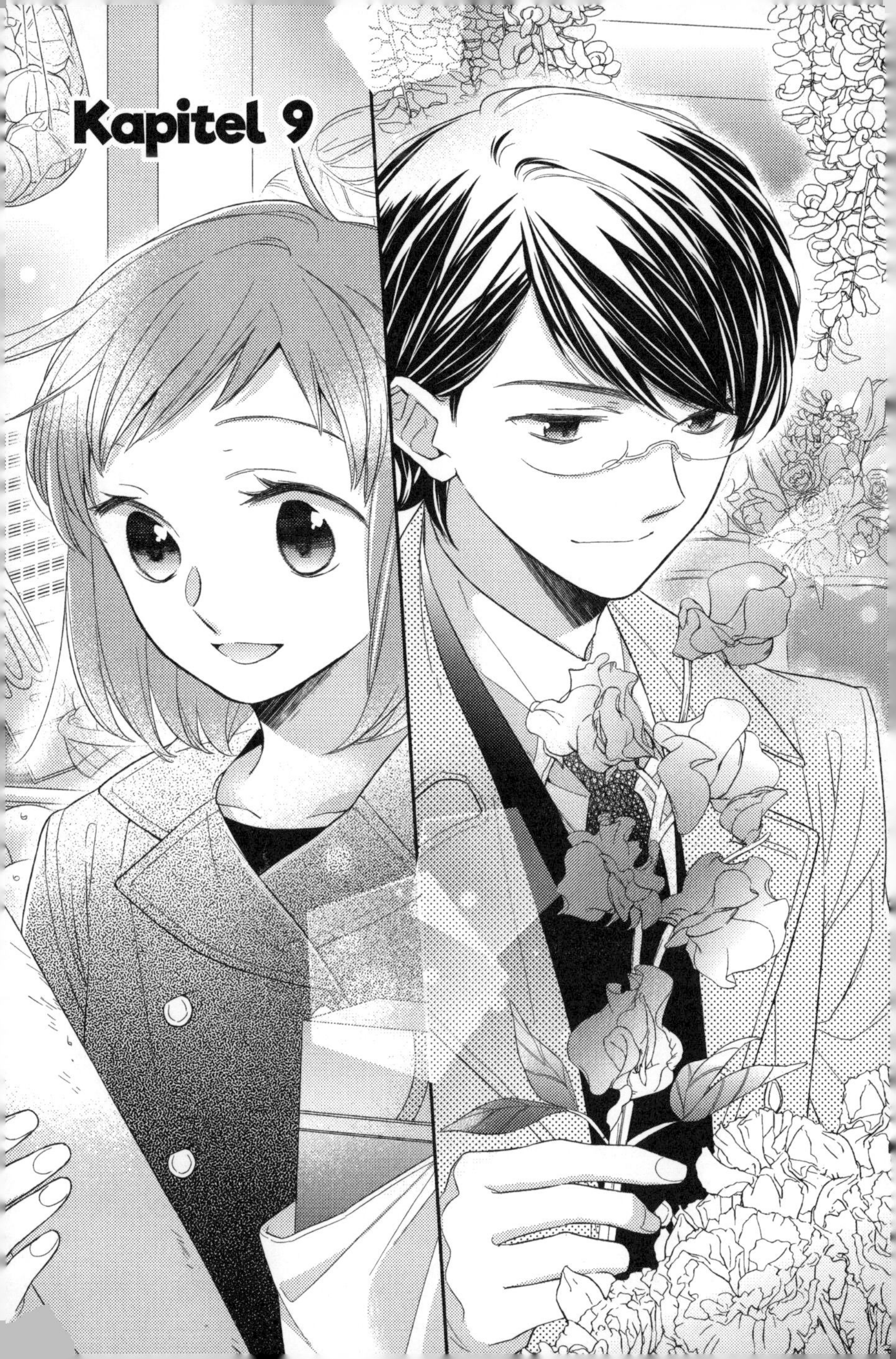
Kapitel 9

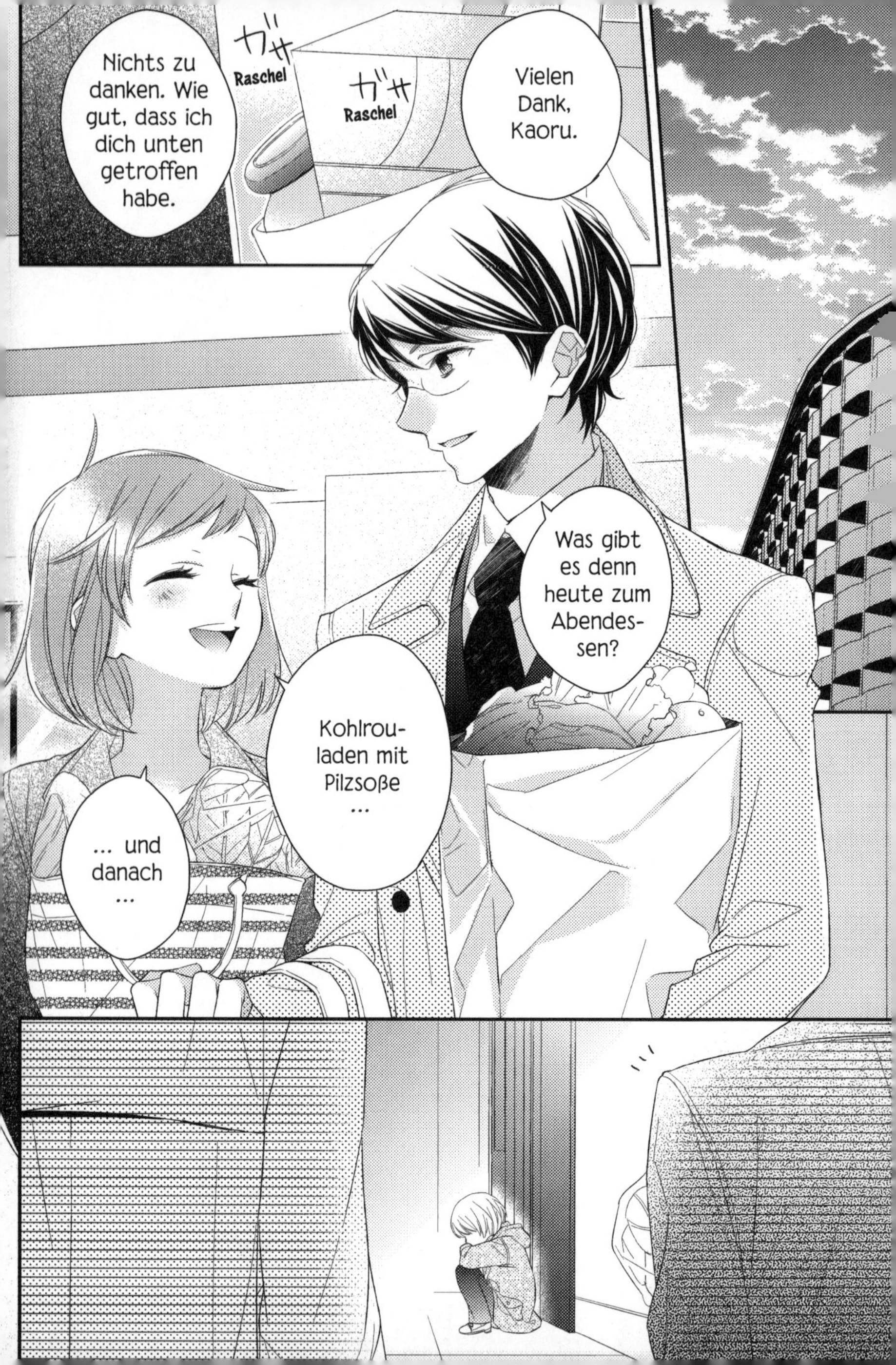
Vielen Dank, Kaoru.
ガサ Raschel
ガサ Raschel
Nichts zu danken. Wie gut, dass ich dich unten getroffen habe.
Was gibt es denn heute zum Abendes-sen?
Kohlrou-laden mit Pilzsoße ...
... und danach ...

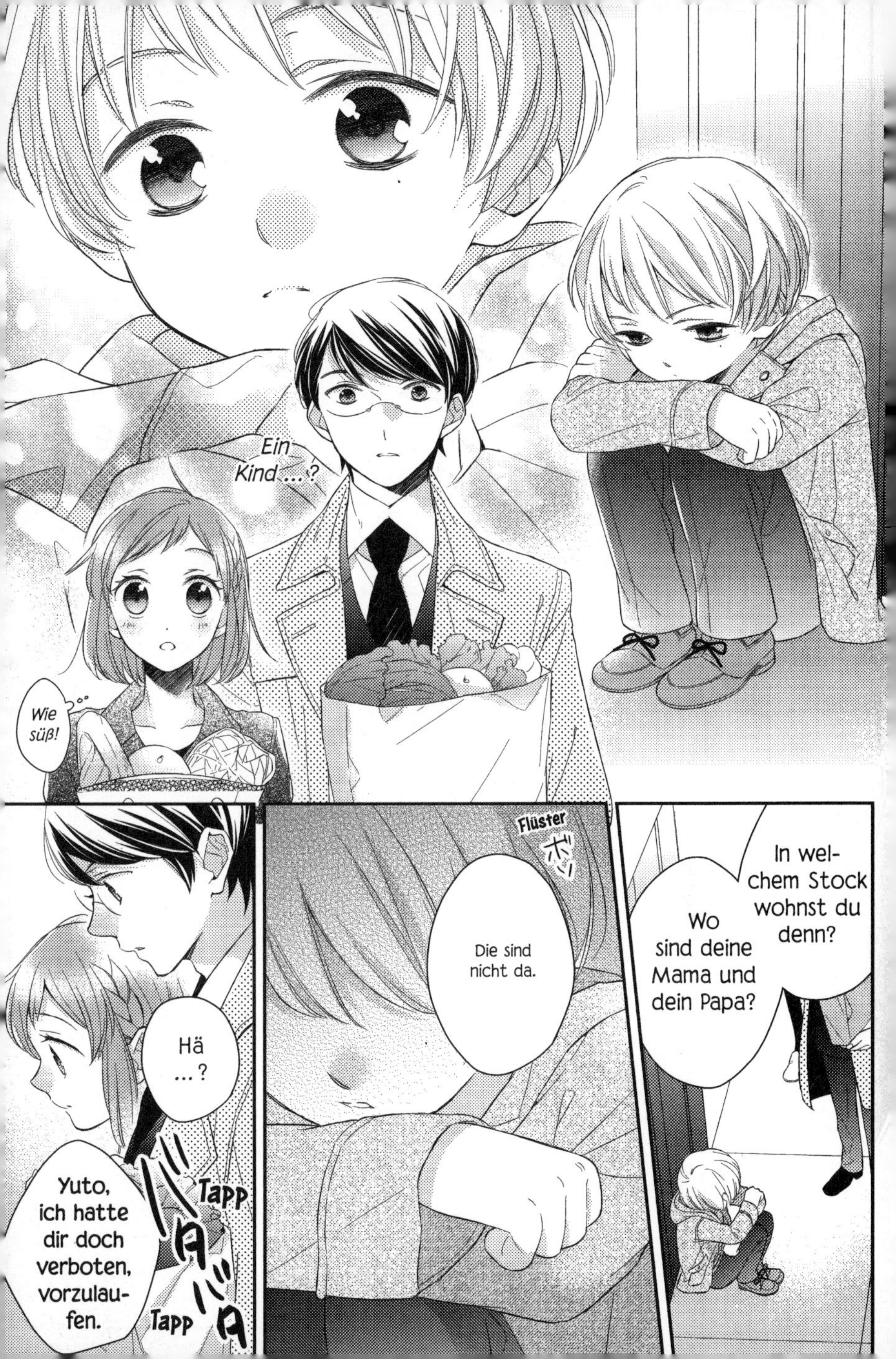
Ein Kind ...?
Wie süß!
In welchem Stock wohnst du denn?
Wo sind deine Mama und dein Papa?
Flüster
Die sind nicht da.
Hä ...?
Tapp
Tapp
Yuto, ich hatte dir doch verboten, vorzulaufen.

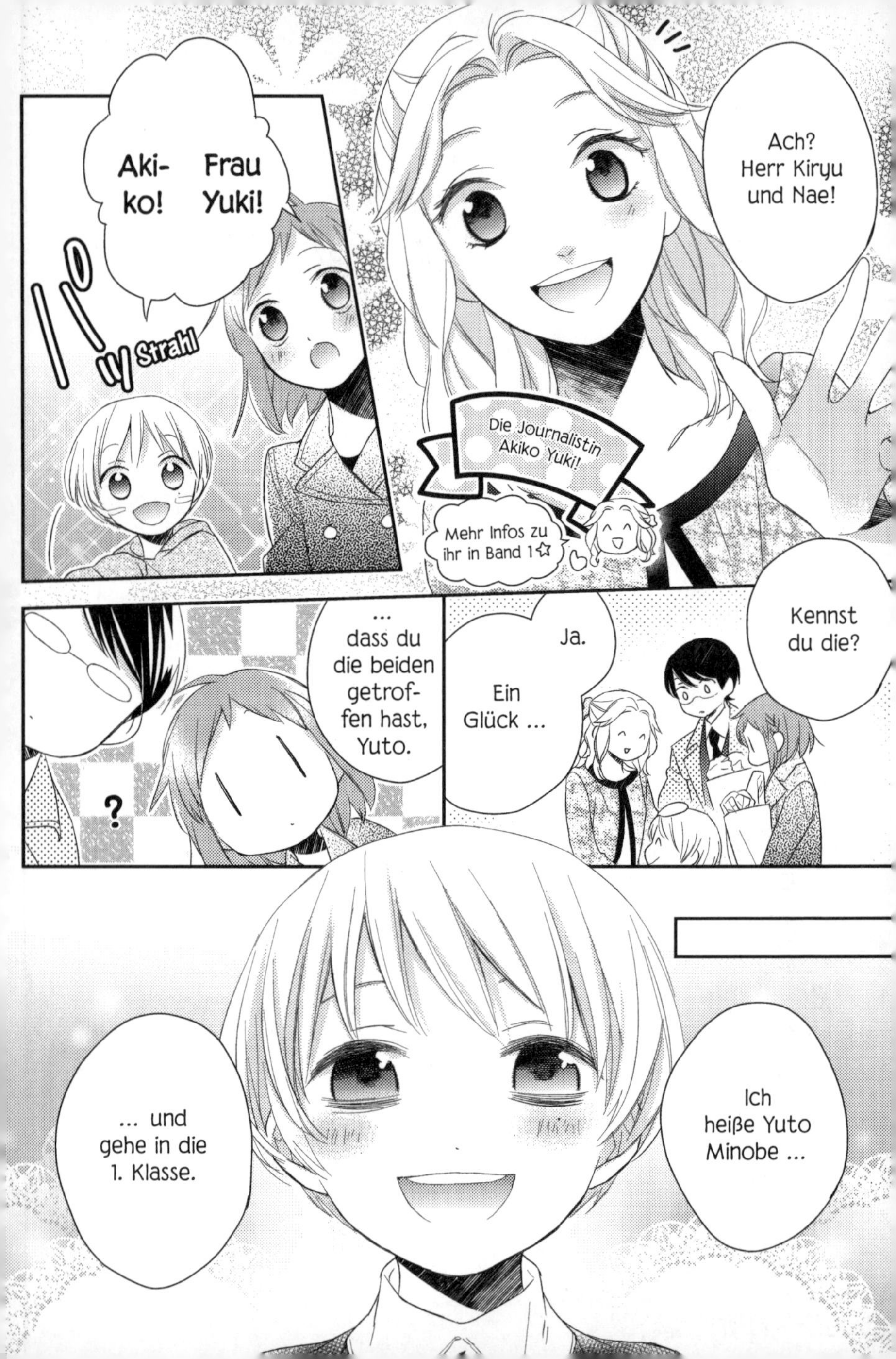
Ach? Herr Kiryu und Nae!
Frau Yuki!
Aki-ko!
Strahl
Die Journalistin Akiko Yuki!
Mehr Infos zu ihr in Band 1☆
Kennst du die?
Ja.
Ein Glück ...
... dass du die beiden getrof-fen hast, Yuto.
?
Ich heiße Yuto Minobe ...
... und gehe in die 1. Klasse.

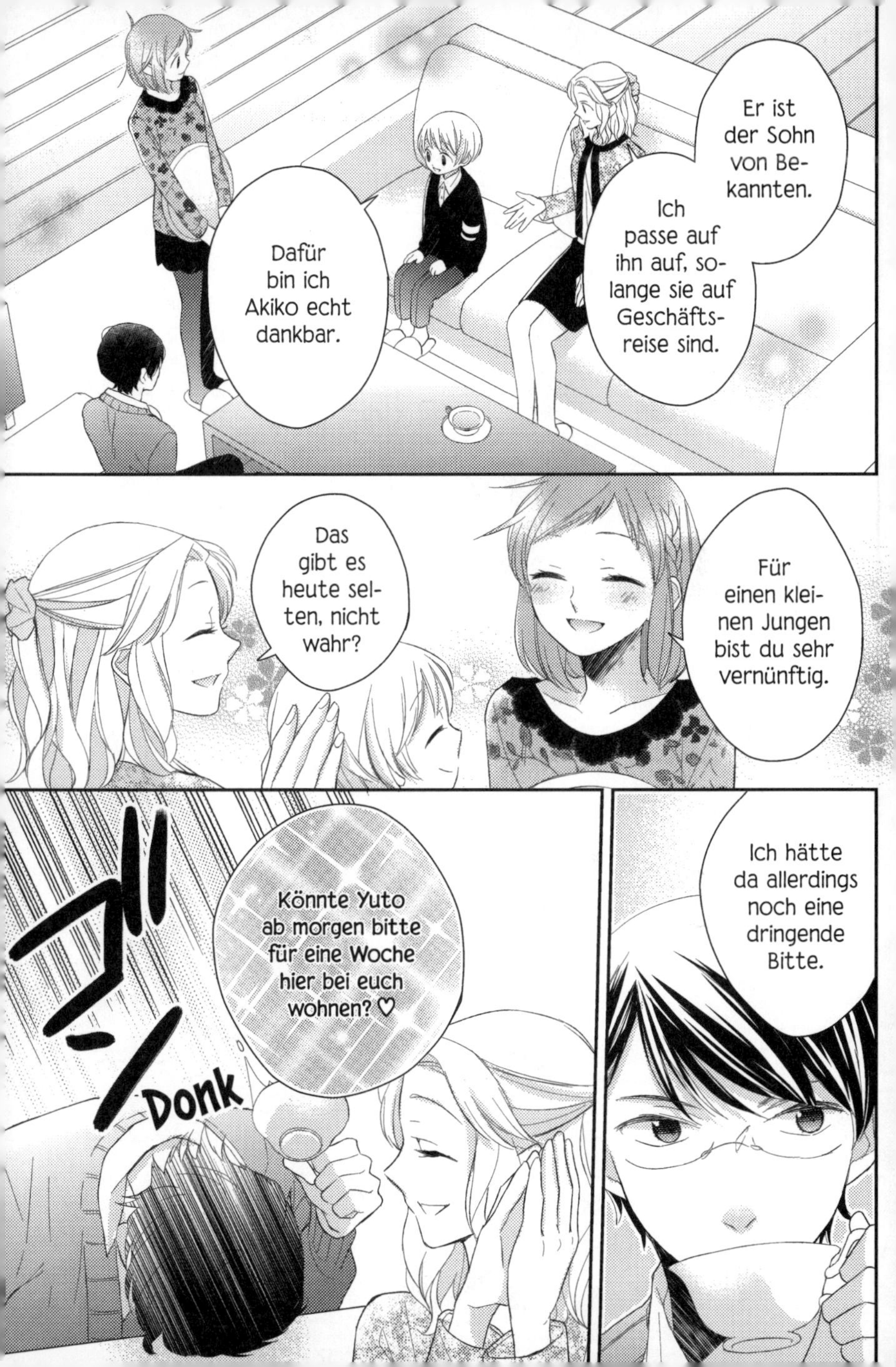
Er ist der Sohn von Bekannten.
Ich passe auf ihn auf, solange sie auf Geschäftsreise sind.
Dafür bin ich Akiko echt dankbar.
Für einen kleinen Jungen bist du sehr vernünftig.
Das gibt es heute selten, nicht wahr?
Ich hätte da allerdings noch eine dringende Bitte.
Könnte Yuto ab morgen bitte für eine Woche hier bei euch wohnen? ♡
Donk

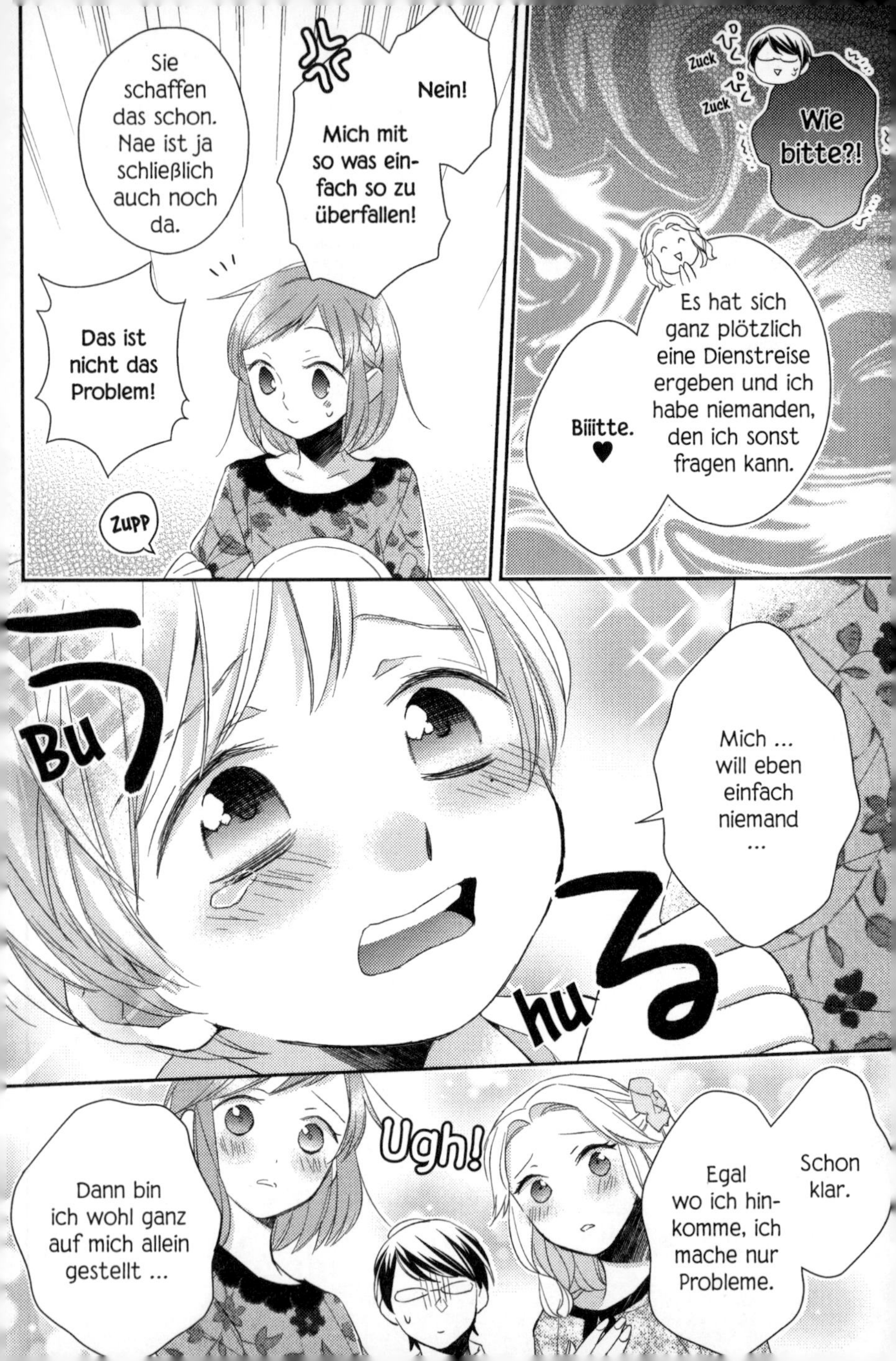
Zuck
Zuck
Wie bitte?!
Es hat sich ganz plötzlich eine Dienstreise ergeben und ich habe niemanden, den ich sonst fragen kann.
Biiitte. ♥
Nein!
Mich mit so was einfach so zu überfallen!
Sie schaffen das schon. Nae ist ja schließlich auch noch da.
Das ist nicht das Problem!
Zupp
Mich … will eben einfach niemand …
Bu
hu
Schon klar.
Egal wo ich hinkomme, ich mache nur Probleme.
Ugh!
Dann bin ich wohl ganz auf mich allein gestellt …

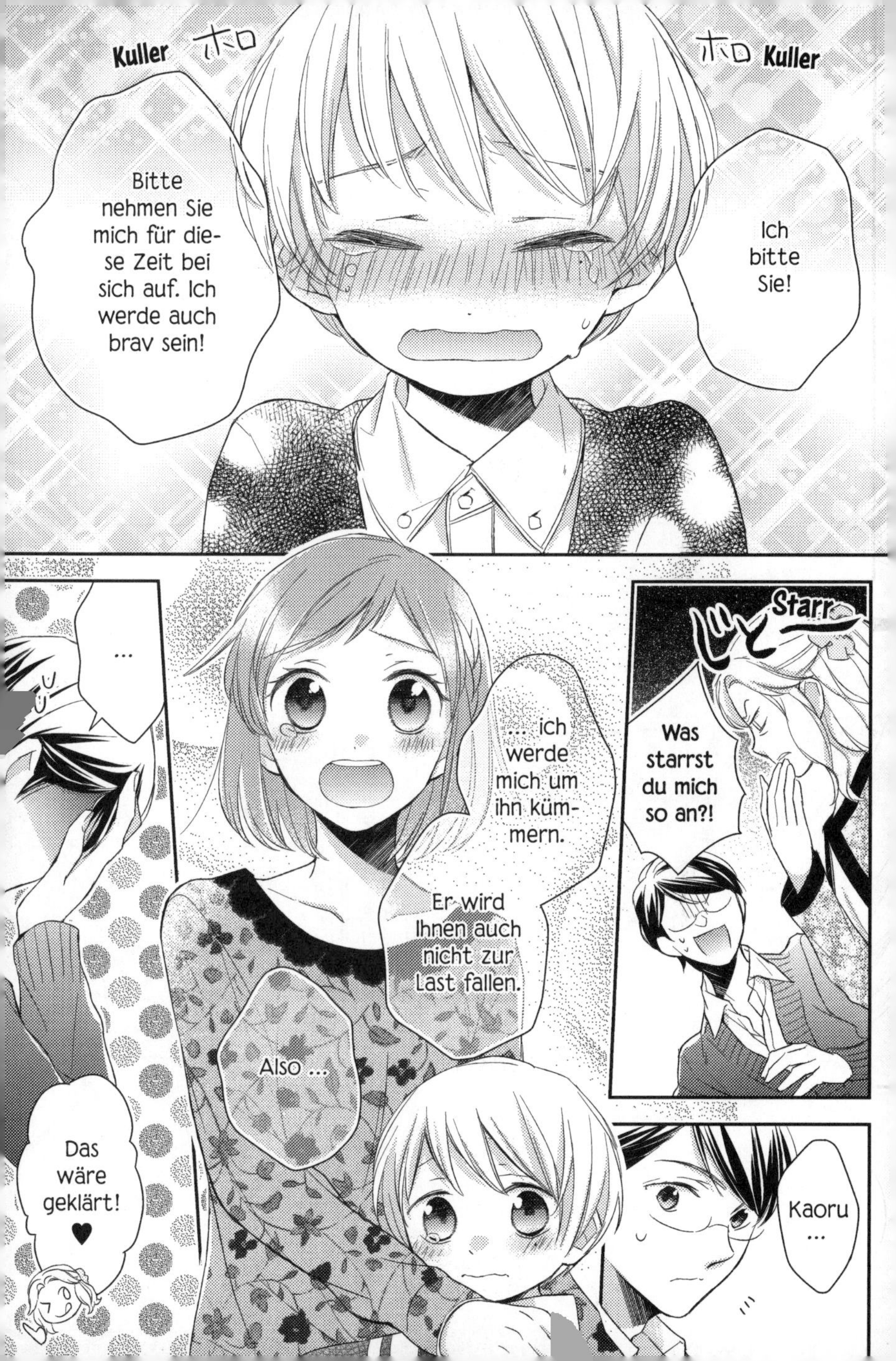
Kuller ホロ
ホロ Kuller
Ich bitte Sie!
Bitte nehmen Sie mich für diese Zeit bei sich auf. Ich werde auch brav sein!
Starr じーっ
Was starrst du mich so an?!
... ich werde mich um ihn kümmern.
...
Er wird Ihnen auch nicht zur Last fallen.
Also ...
Kaoru ...
Das wäre geklärt! ♥

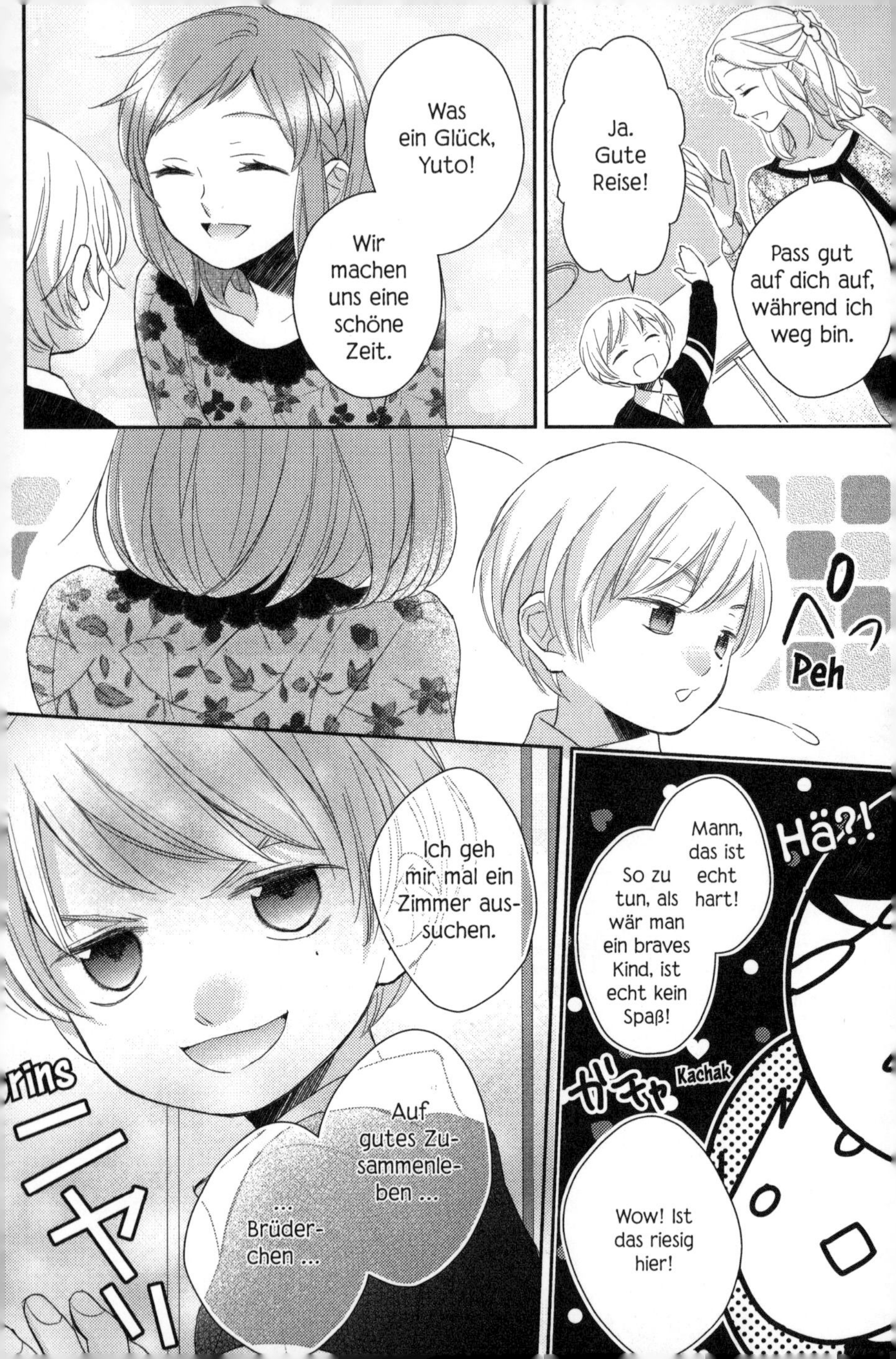
Pass gut auf dich auf, während ich weg bin.
Ja. Gute Reise!
Was ein Glück, Yuto!
Wir machen uns eine schöne Zeit.
Peh
Hä?!
Mann, das ist echt hart!
So zu tun, als wär man ein braves Kind, ist echt kein Spaß!
Kachak
Wow! Ist das riesig hier!
Ich geh mir mal ein Zimmer aussuchen.
Auf gutes Zusammenleben ...
... Brüderchen ...
Grins

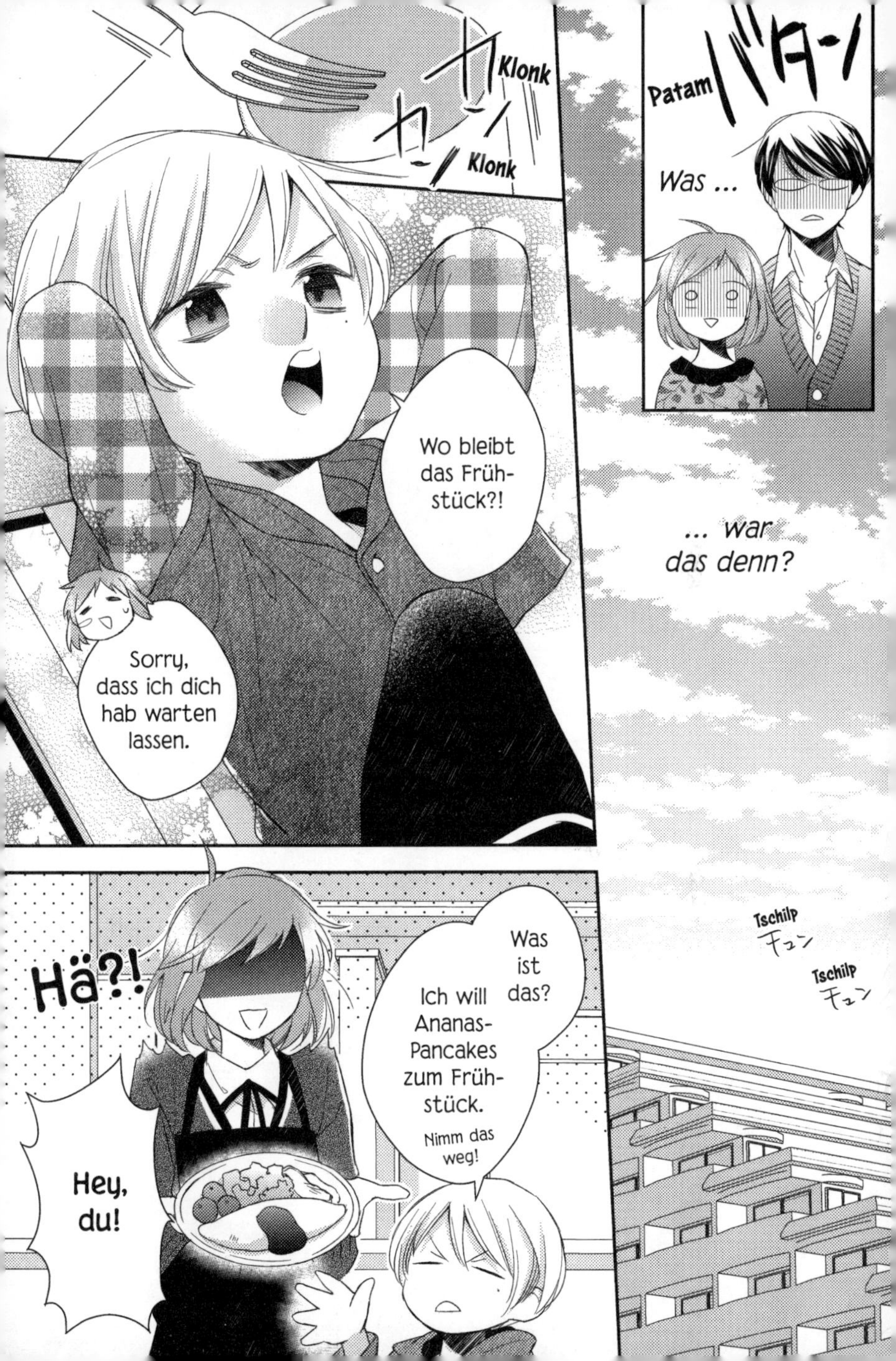

Patam
バターン
Was ...
... war das denn?
Klonk
Klonk
カーン
Wo bleibt das Früh-stück?!
Sorry, dass ich dich hab warten lassen.
Tschilp
チュン
Tschilp
チュン
Was ist das?
Ich will Ananas-Pancakes zum Früh-stück.
Nimm das weg!
Hä?!
Hey, du!

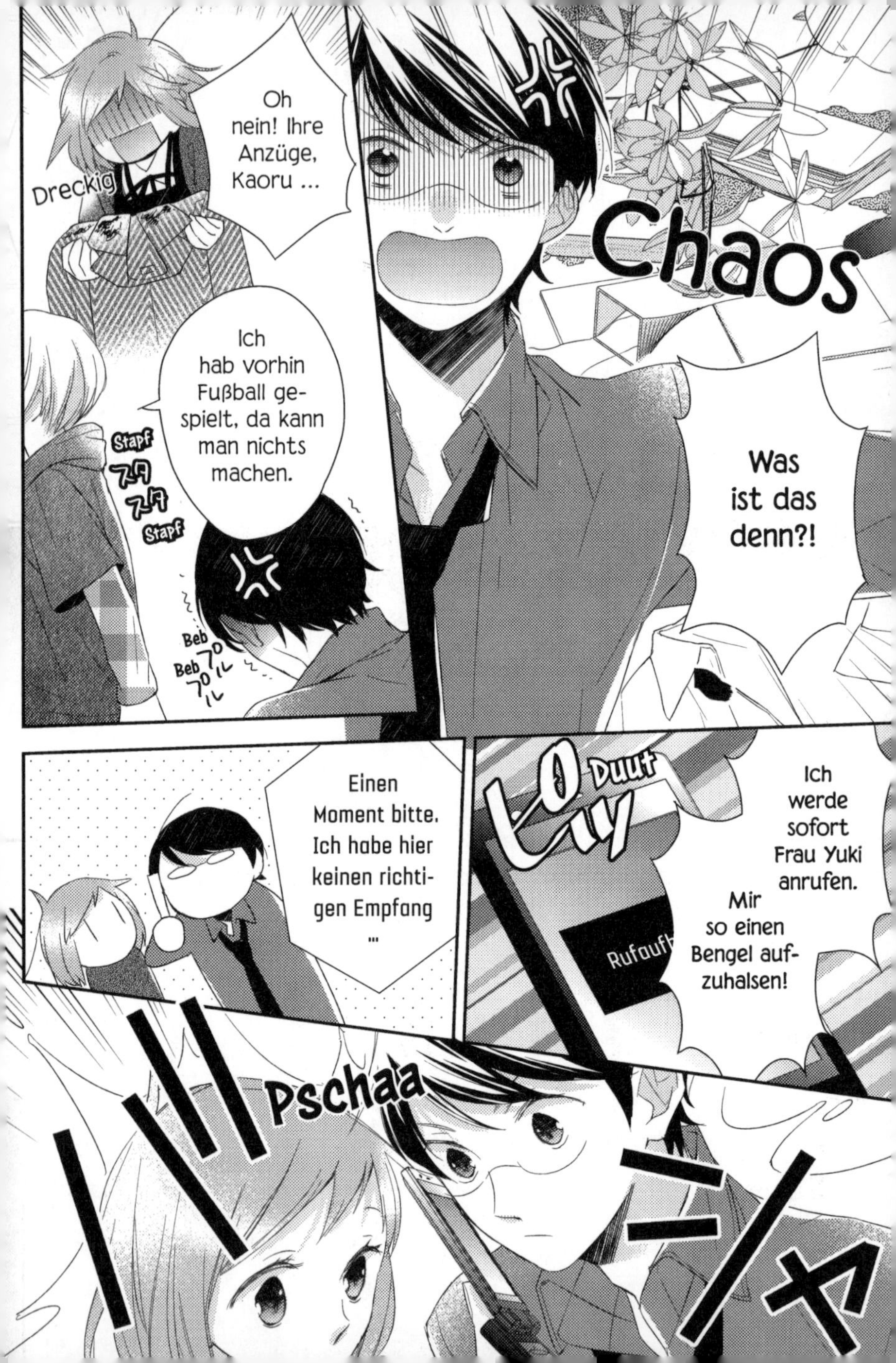
Chaos
Was ist das denn?!
Oh nein! Ihre Anzüge, Kaoru ...
Dreckig
Ich hab vorhin Fußball gespielt, da kann man nichts machen.
Stapf
Stapf
Beb
Beb
Ich werde sofort Frau Yuki anrufen.
Mir so einen Bengel aufzuhalsen!
Duut
Rufauf
Einen Moment bitte. Ich habe hier keinen richtigen Empfang ...
Pschaa

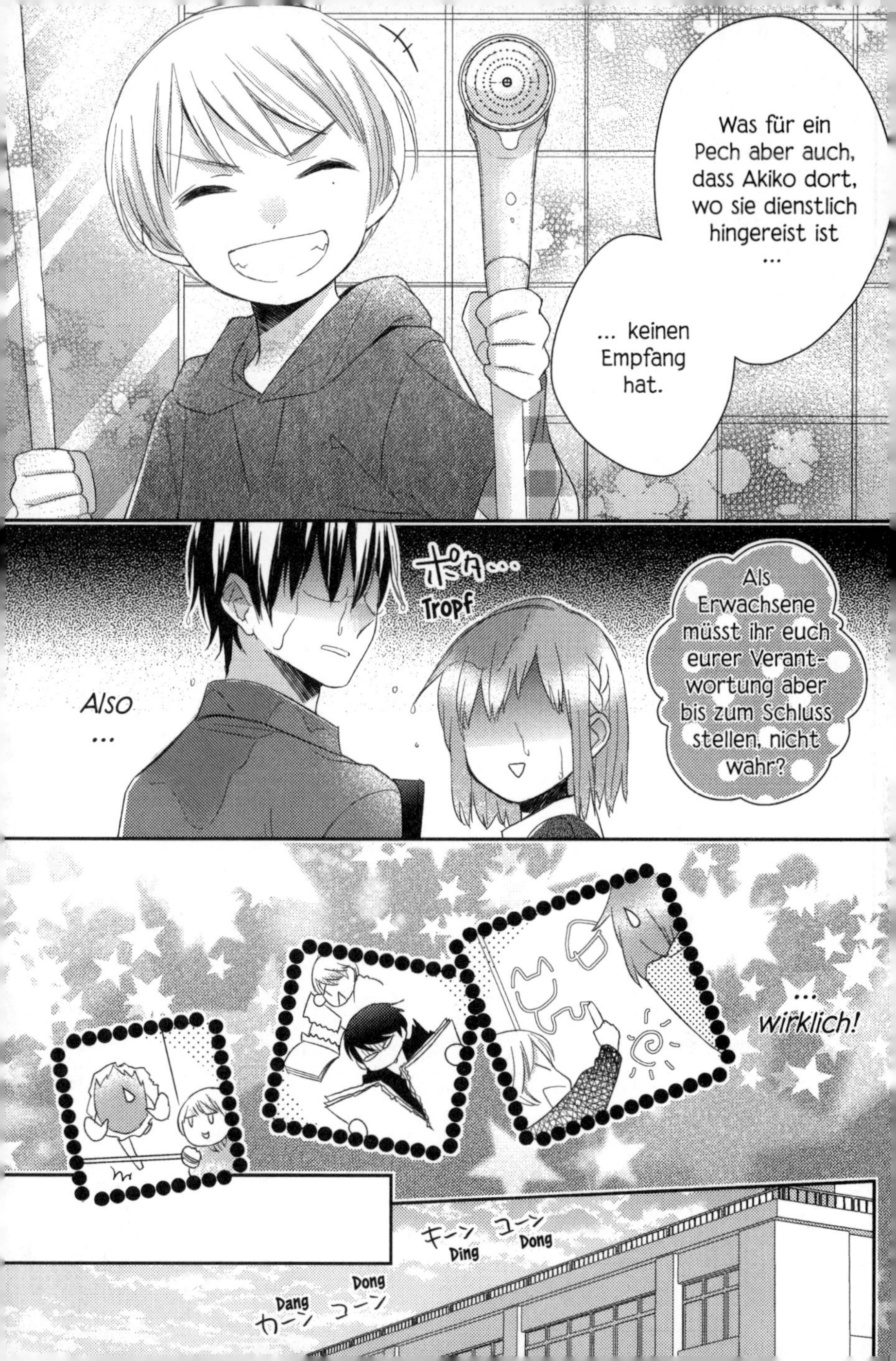
Was für ein Pech aber auch, dass Akiko dort, wo sie dienstlich hingereist ist …
… keinen Empfang hat.
Als Erwachsene müsst ihr euch eurer Verantwortung aber bis zum Schluss stellen, nicht wahr?
ポタ…
Tropf
Also …
… wirklich!
キーン Ding
コーン Dong
カーン Dang
コーン Dong

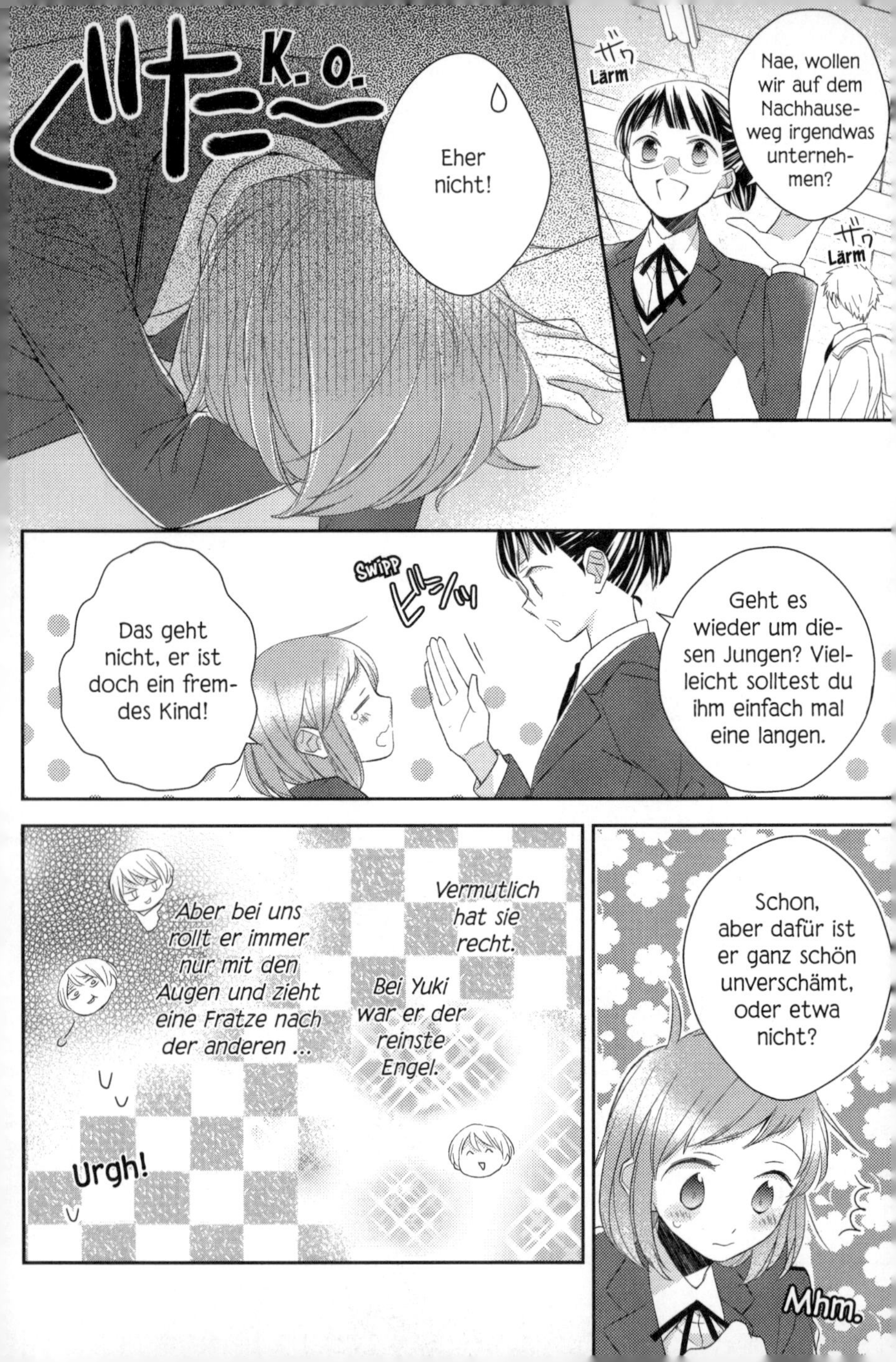

Lärm
Nae, wollen wir auf dem Nachhauseweg irgendwas unternehmen?
Lärm
K.O.
Eher nicht!
Geht es wieder um diesen Jungen? Vielleicht solltest du ihm einfach mal eine langen.
Swipp
Das geht nicht, er ist doch ein fremdes Kind!
Schon, aber dafür ist er ganz schön unverschämt, oder etwa nicht?
Mhm.
Vermutlich hat sie recht.
Bei Yuki war er der reinste Engel.
Aber bei uns rollt er immer nur mit den Augen und zieht eine Fratze nach der anderen ...
Urgh!

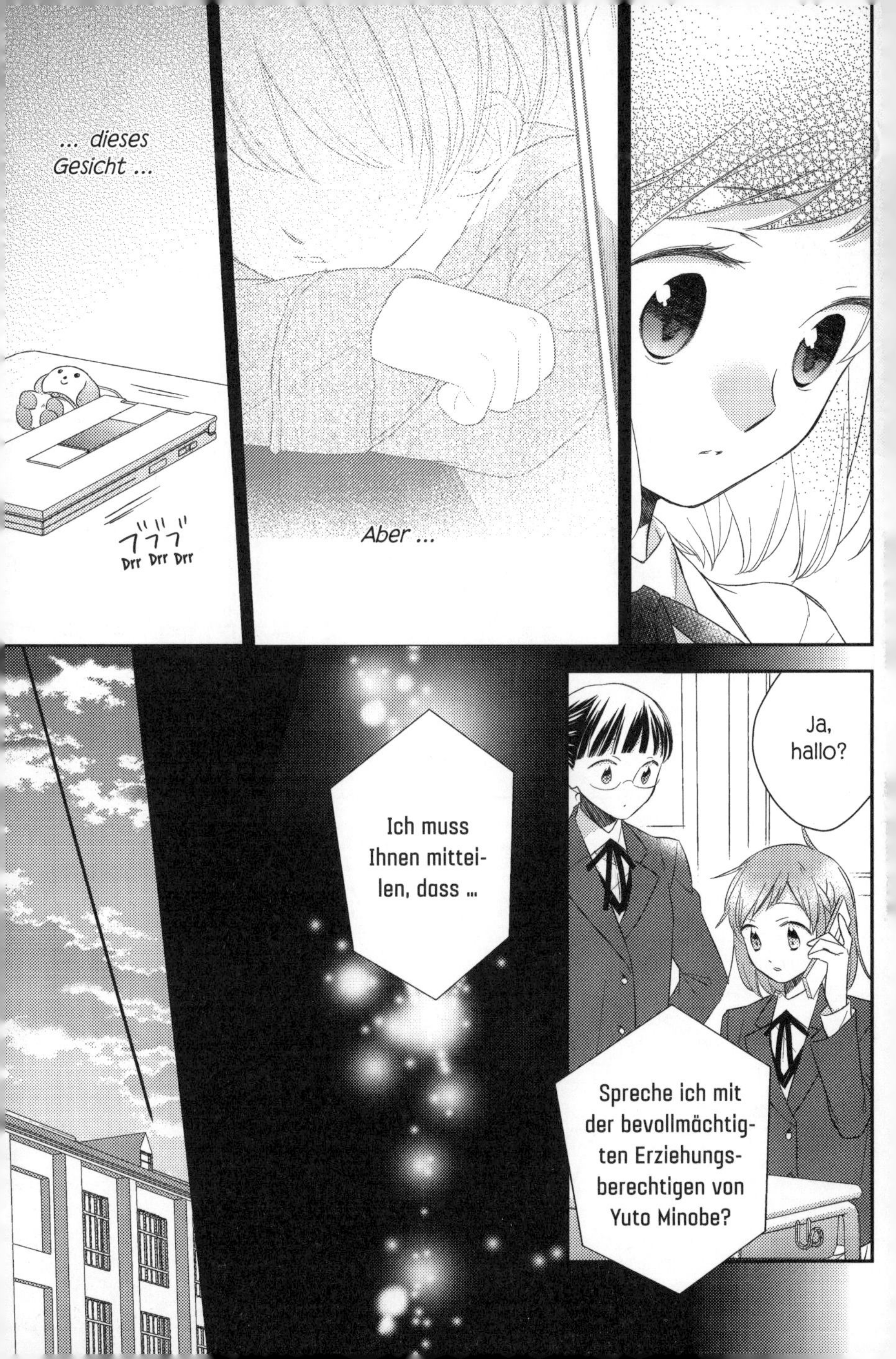

... dieses Gesicht ...
ブブブ
Drr Drr Drr
Aber ...
Ja, hallo?
Spreche ich mit der bevollmächtigten Erziehungsberechtigen von Yuto Minobe?
Ich muss Ihnen mitteilen, dass ...

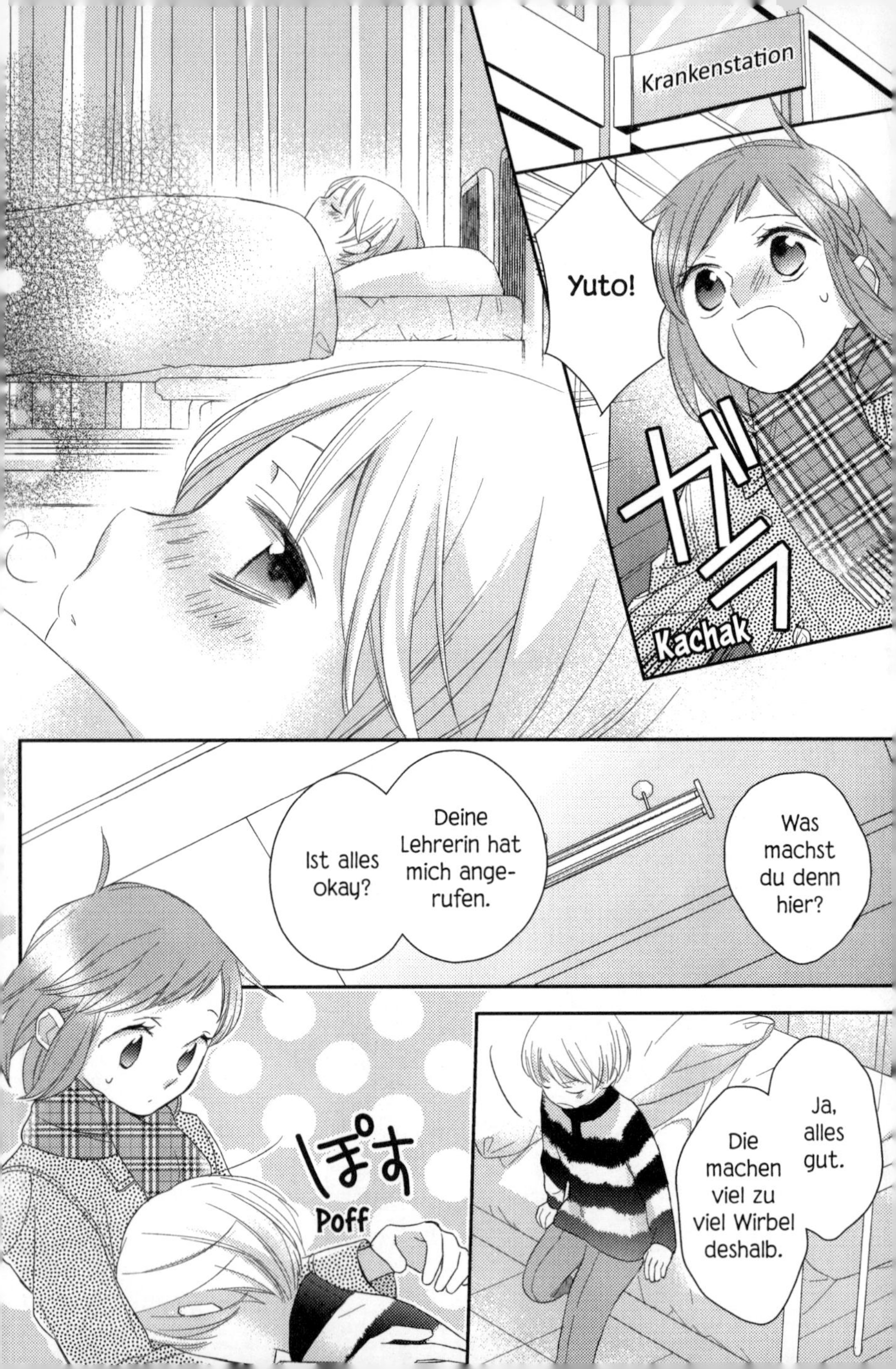
Krankenstation
Yuto!
Kachak
Was machst du denn hier?
Deine Lehrerin hat mich ange-rufen.
Ist alles okay?
Ja, alles gut.
Die machen viel zu viel Wirbel deshalb.
ぽす
Poff

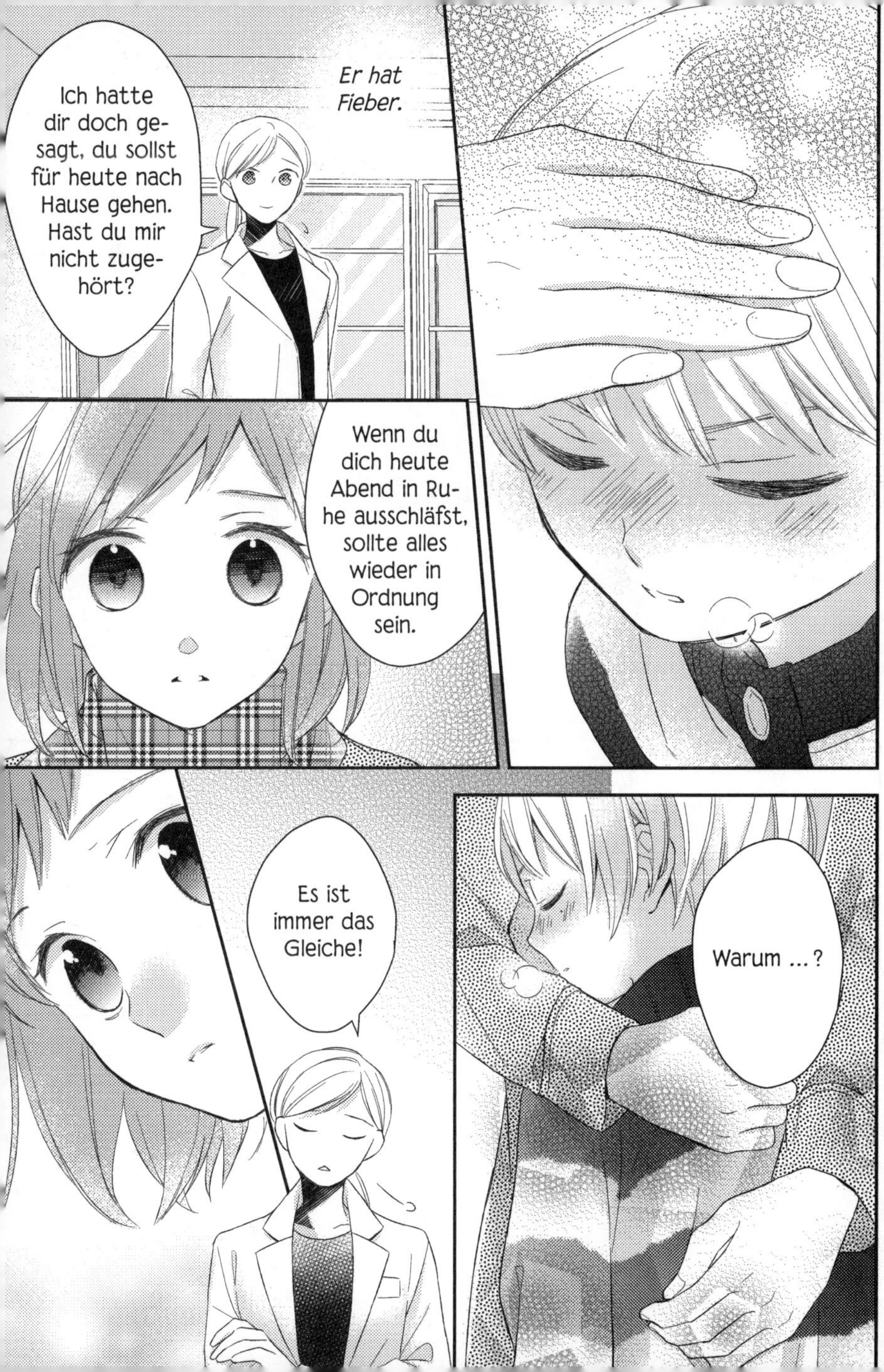
Er hat Fieber.
Ich hatte dir doch gesagt, du sollst für heute nach Hause gehen. Hast du mir nicht zugehört?
Wenn du dich heute Abend in Ruhe ausschläfst, sollte alles wieder in Ordnung sein.
Warum ...?
Es ist immer das Gleiche!

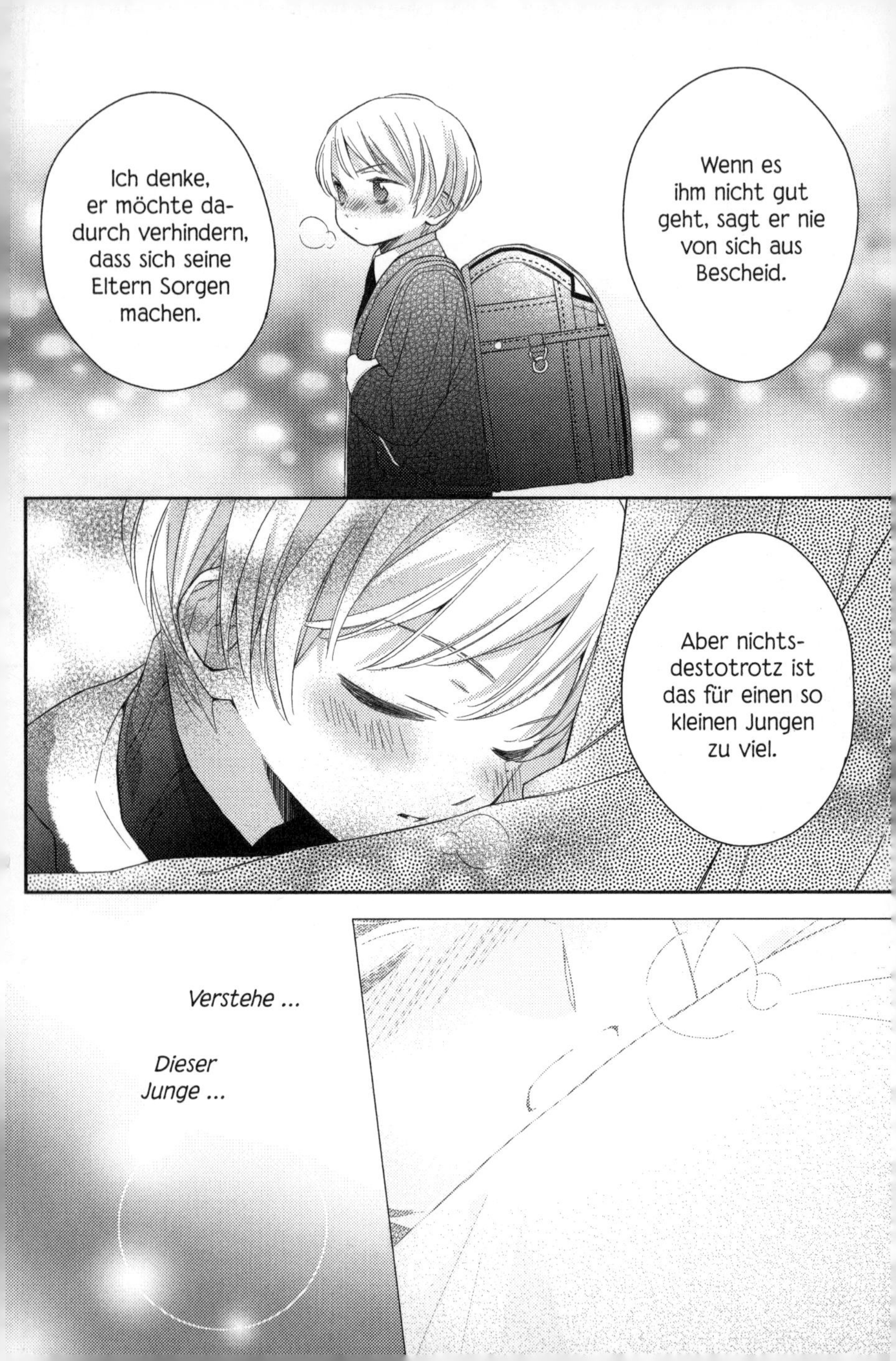

Wenn es ihm nicht gut geht, sagt er nie von sich aus Bescheid.
Ich denke, er möchte dadurch verhindern, dass sich seine Eltern Sorgen machen.
Aber nichtsdestotrotz ist das für einen so kleinen Jungen zu viel.
Verstehe ...
Dieser Junge ...

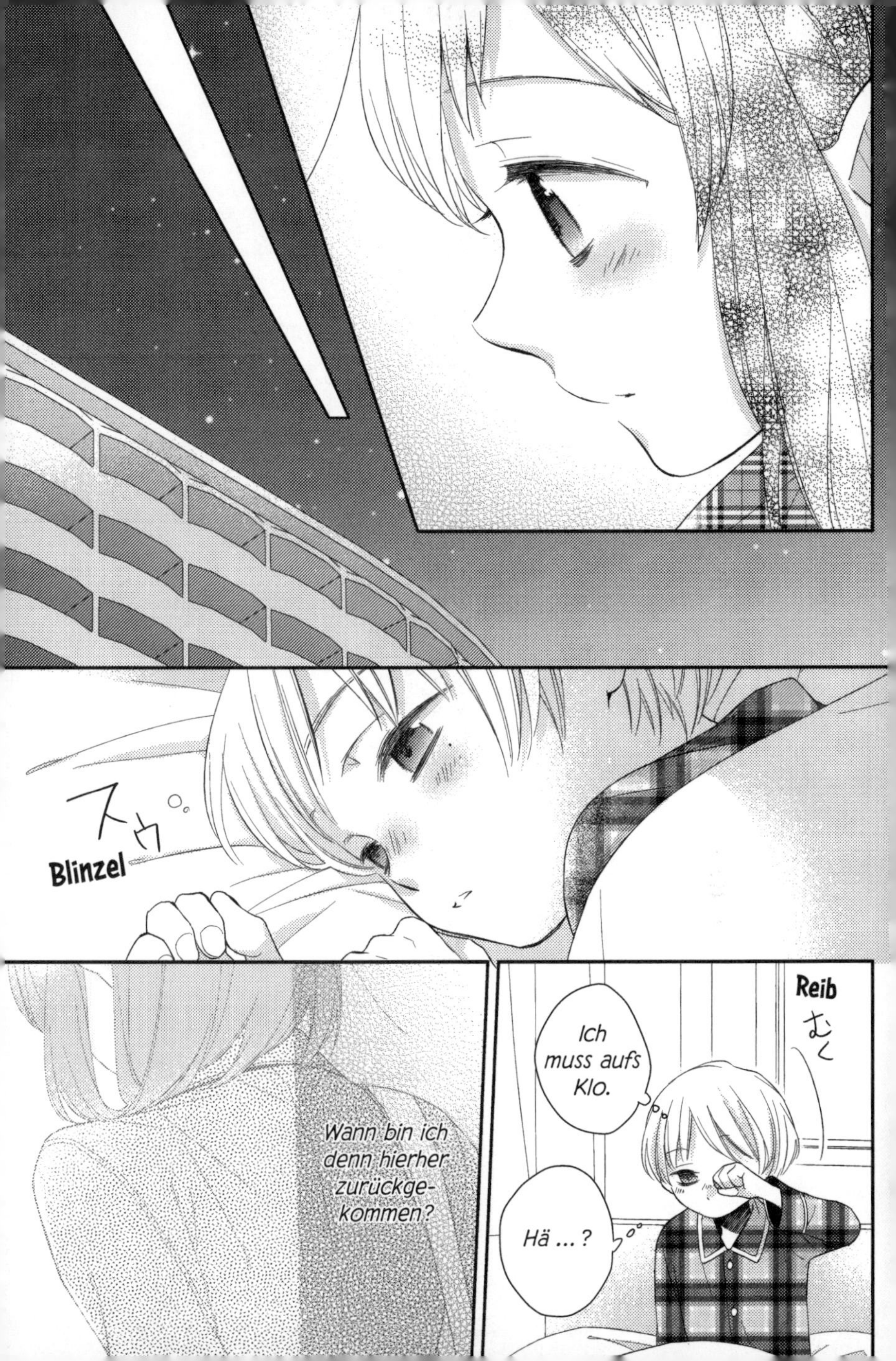

スゥ
Blinzel
Reib
むく
Ich muss aufs Klo.
Hä ...?
Wann bin ich denn hierher zurückgekommen?

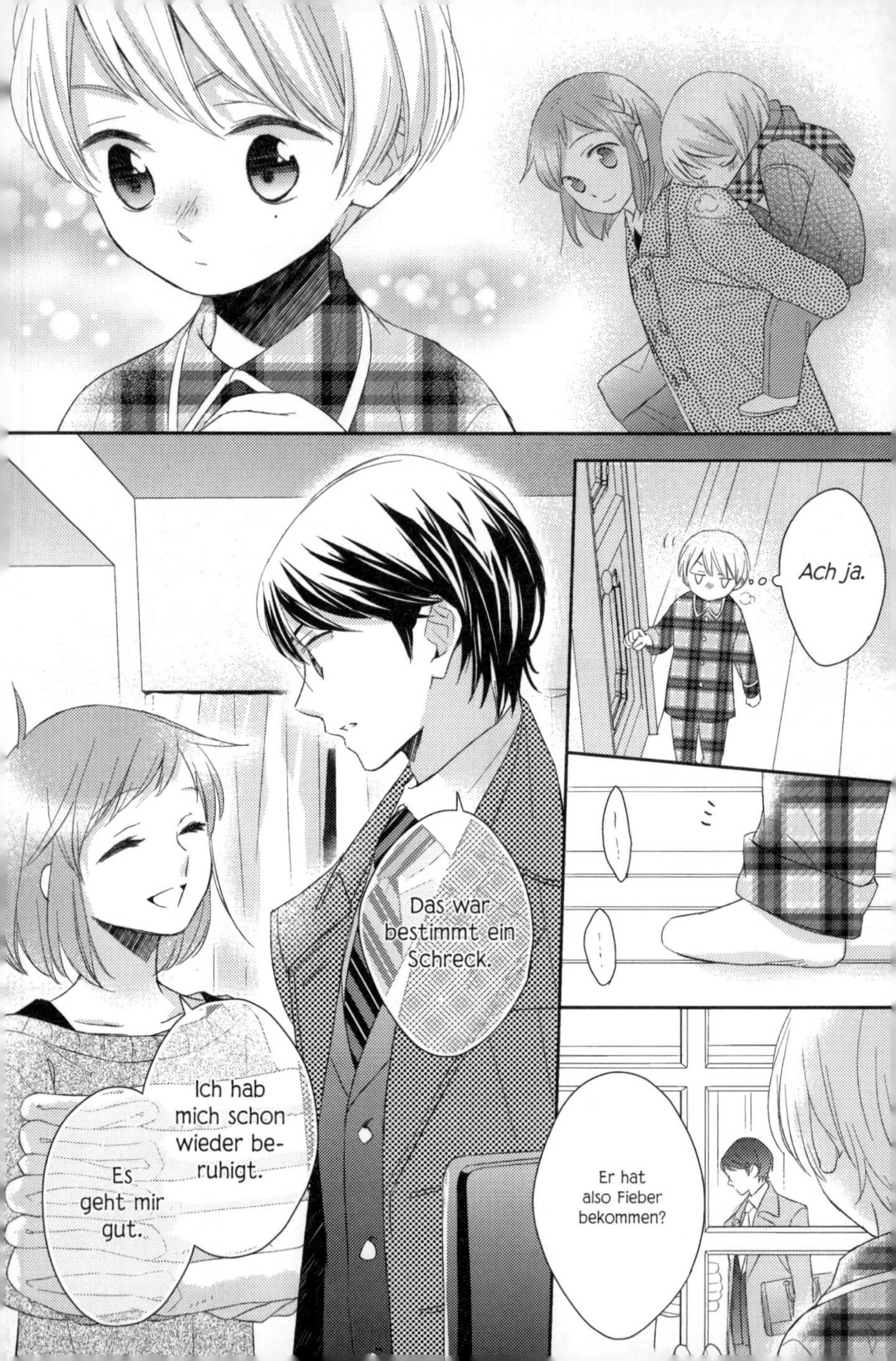
Ach ja.
Er hat also Fieber bekommen?
Das war bestimmt ein Schreck.
Ich hab mich schon wieder be-ruhigt.
Es geht mir gut.

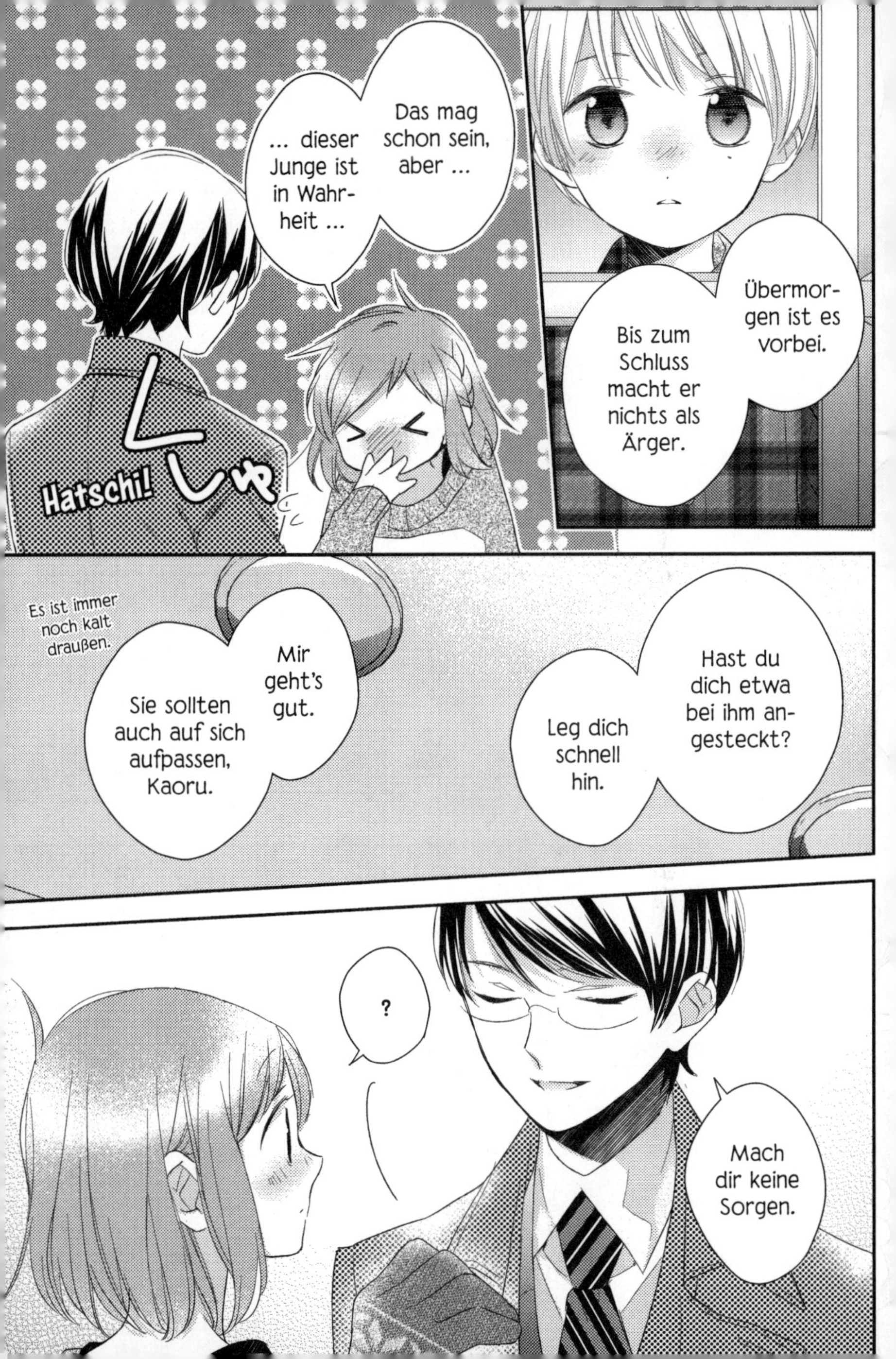
Übermorgen ist es vorbei.
Bis zum Schluss macht er nichts als Ärger.
Das mag schon sein, aber ...
... dieser Junge ist in Wahrheit ...
くしゅ
Hatschi!
Hast du dich etwa bei ihm angesteckt?
Leg dich schnell hin.
Mir geht's gut.
Sie sollten auch auf sich aufpassen, Kaoru.
Es ist immer noch kalt draußen.
Mach dir keine Sorgen.
?

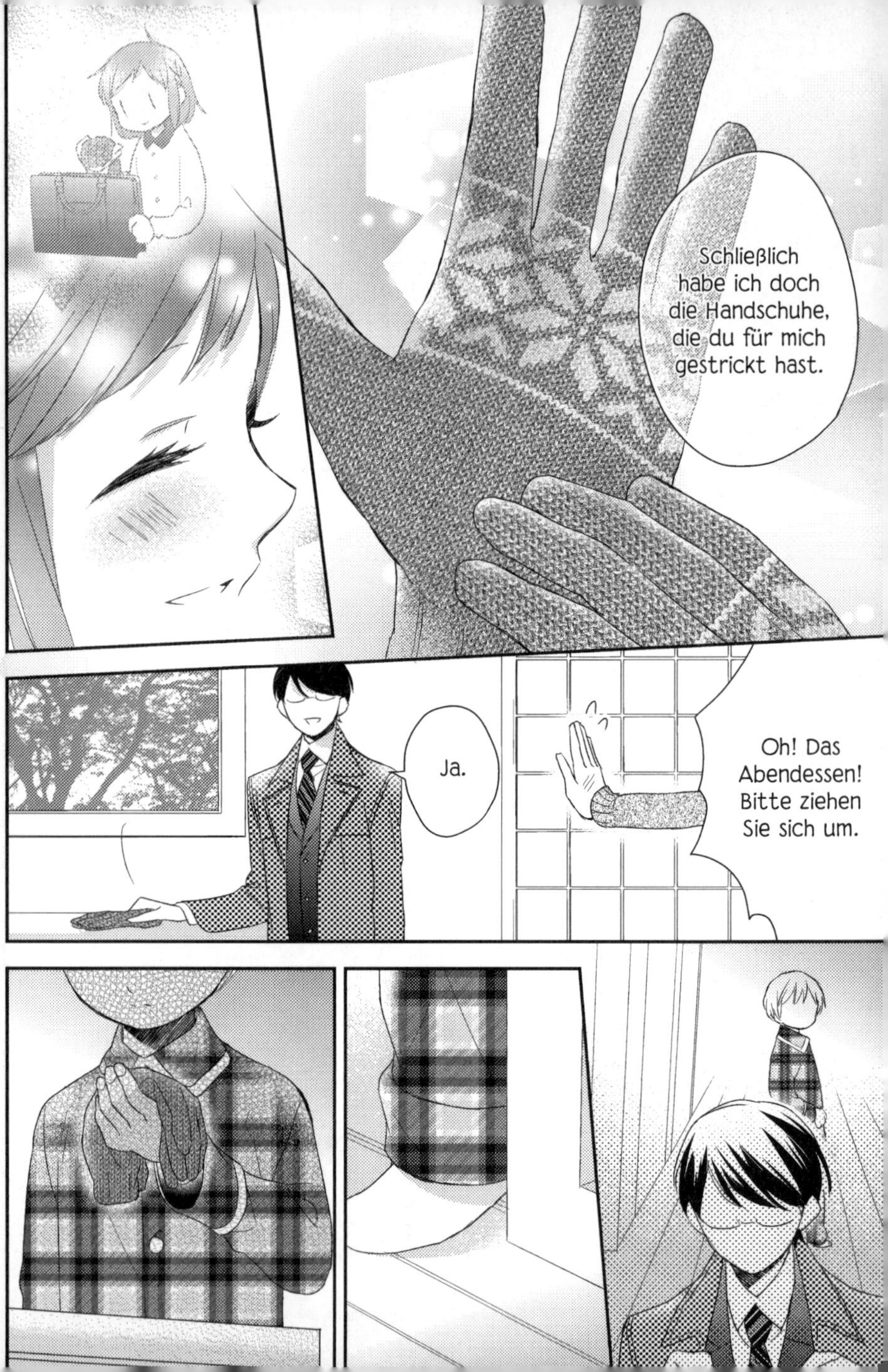
Schließlich habe ich doch die Handschuhe, die du für mich gestrickt hast.
Oh! Das Abendessen! Bitte ziehen Sie sich um.
Ja.

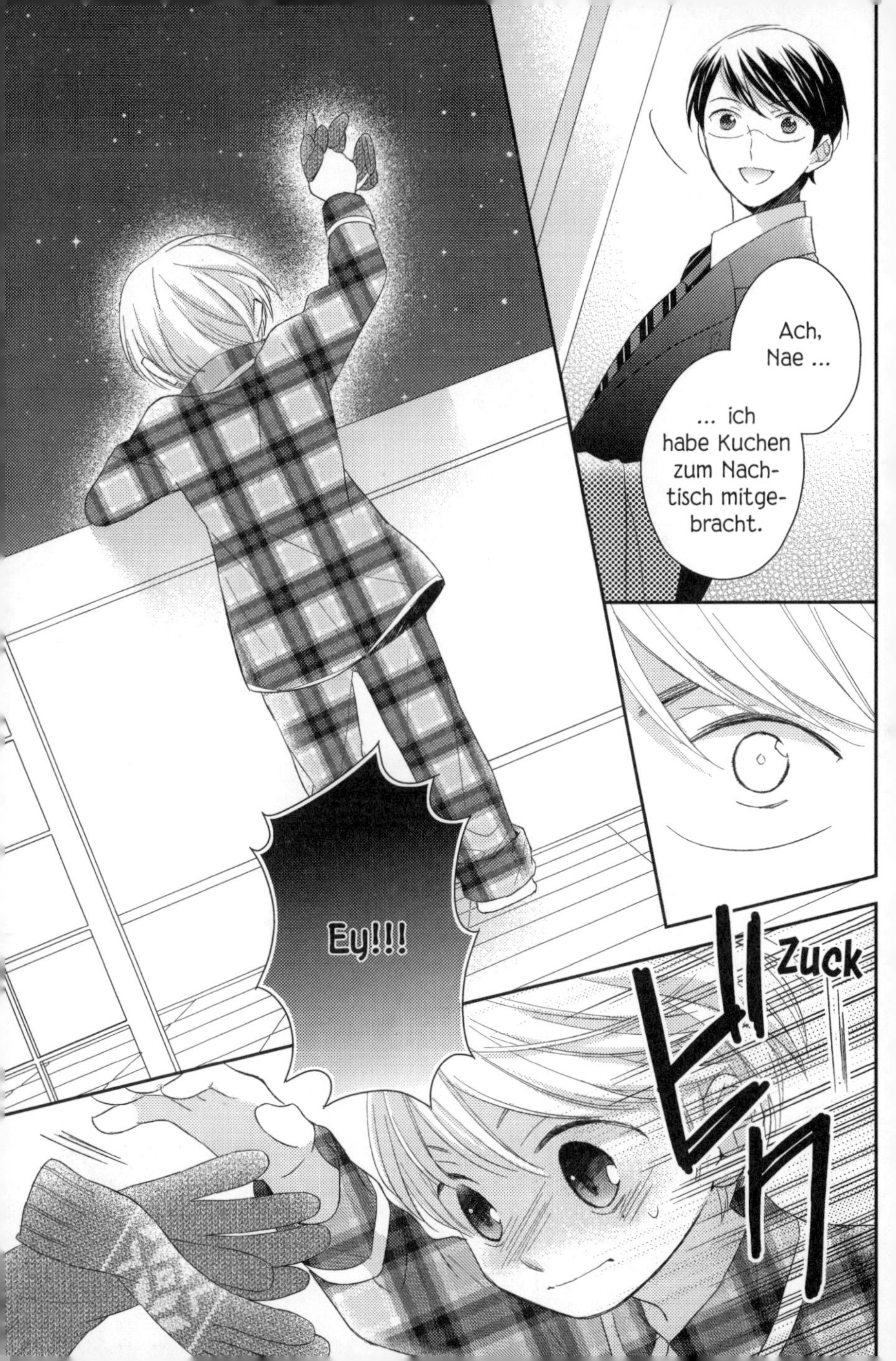
Ach, Nae ...
... ich habe Kuchen zum Nachtisch mitgebracht.
Ey!!!
Zuck

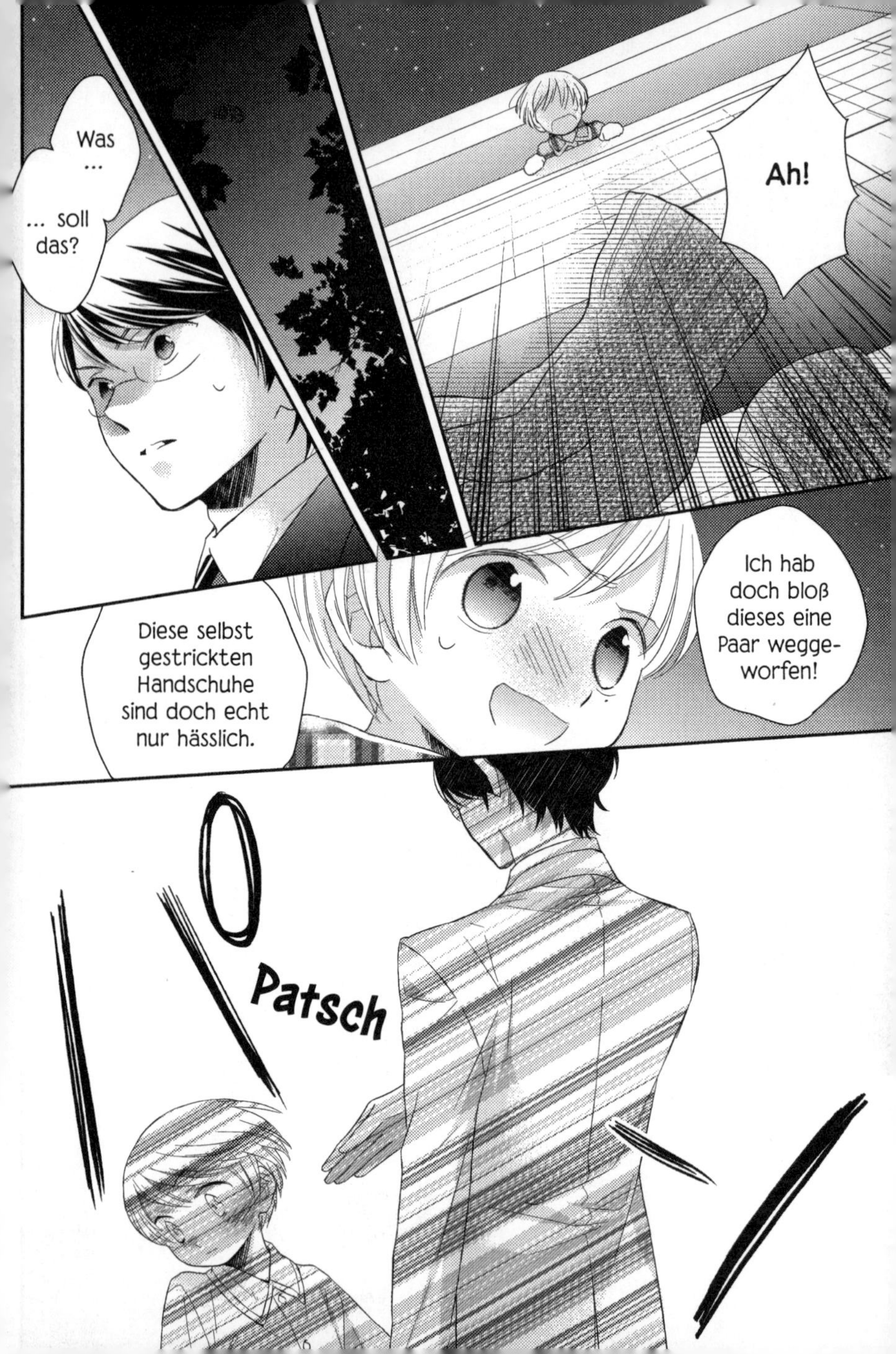
Ah!
Was
...
... soll
das?
Ich hab
doch bloß
dieses eine
Paar wegge-
worfen!
Diese selbst
gestrickten
Handschuhe
sind doch echt
nur hässlich.
Patsch

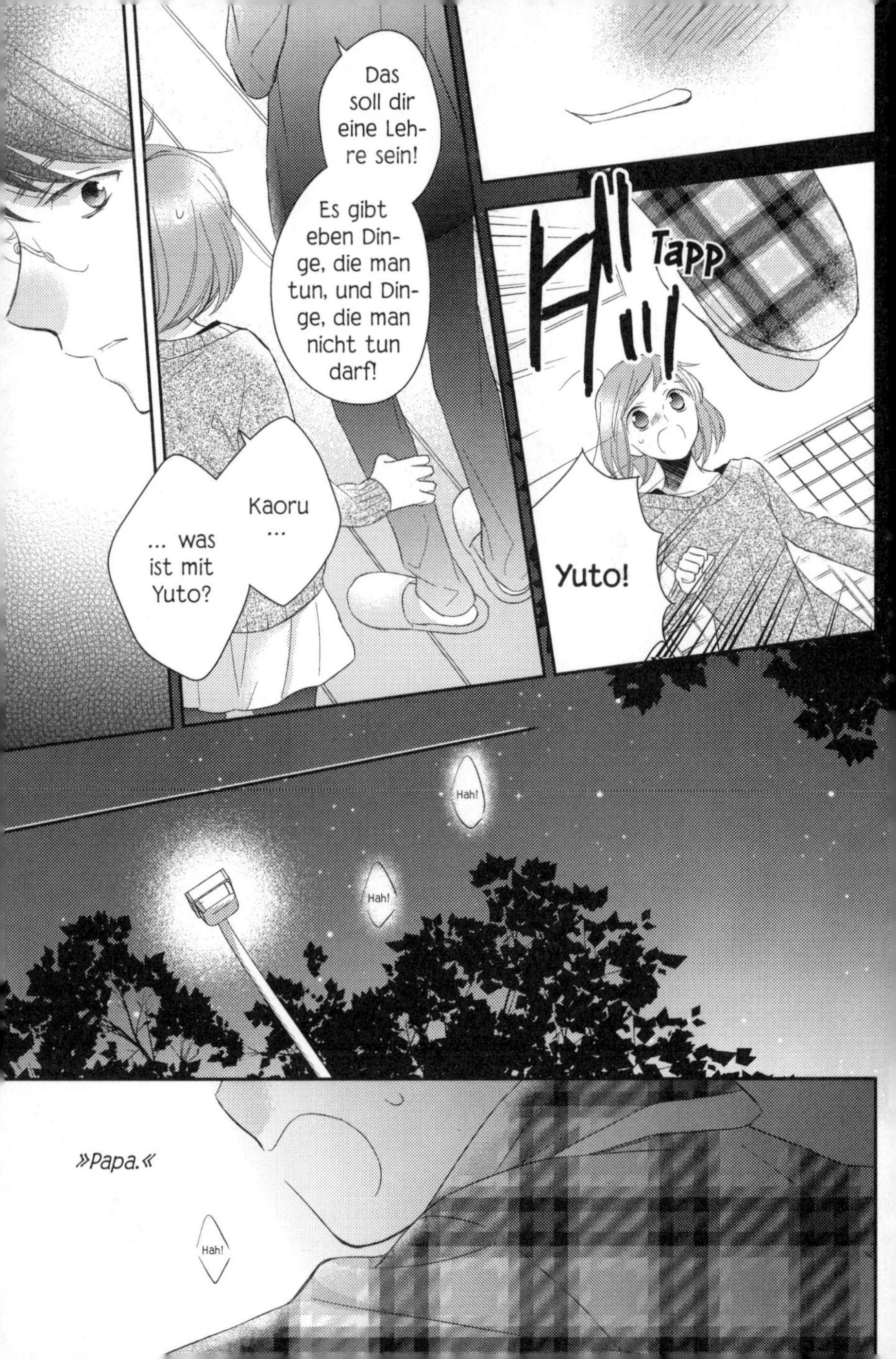

Tapp
Yuto!
Das soll dir eine Lehre sein!
Es gibt eben Dinge, die man tun, und Dinge, die man nicht tun darf!
Kaoru ...
... was ist mit Yuto?
Hah!
Hah!
»Papa.«
Hah!

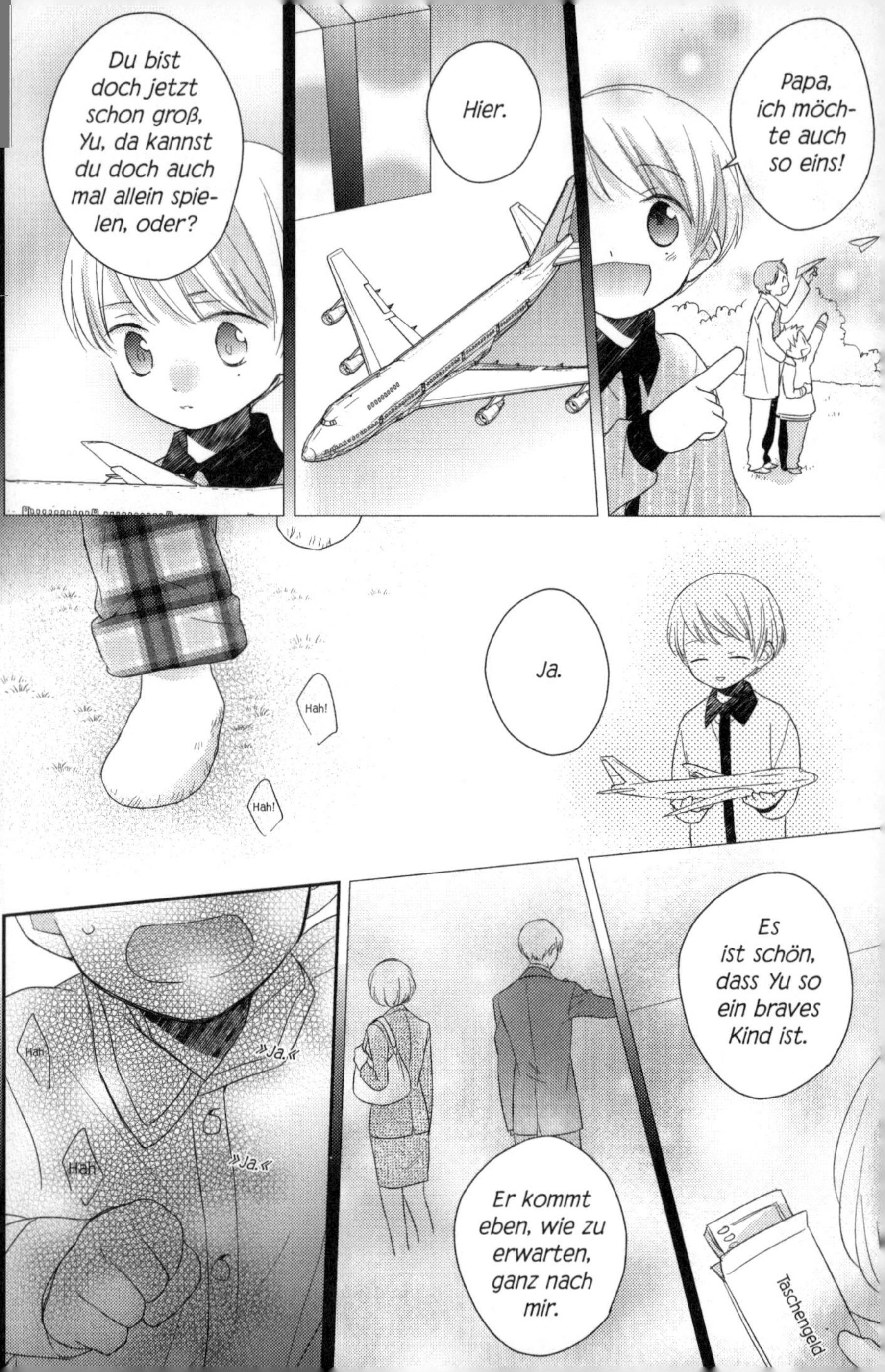
Papa, ich möchte auch so eins!
Hier.
Du bist doch jetzt schon groß, Yu, da kannst du doch auch mal allein spielen, oder?
Ja.
Hah!
Hah!
Es ist schön, dass Yu so ein braves Kind ist.
Taschengeld
Er kommt eben, wie zu erwarten, ganz nach mir.
Hah
»Ja.«
Hah
»Ja.«

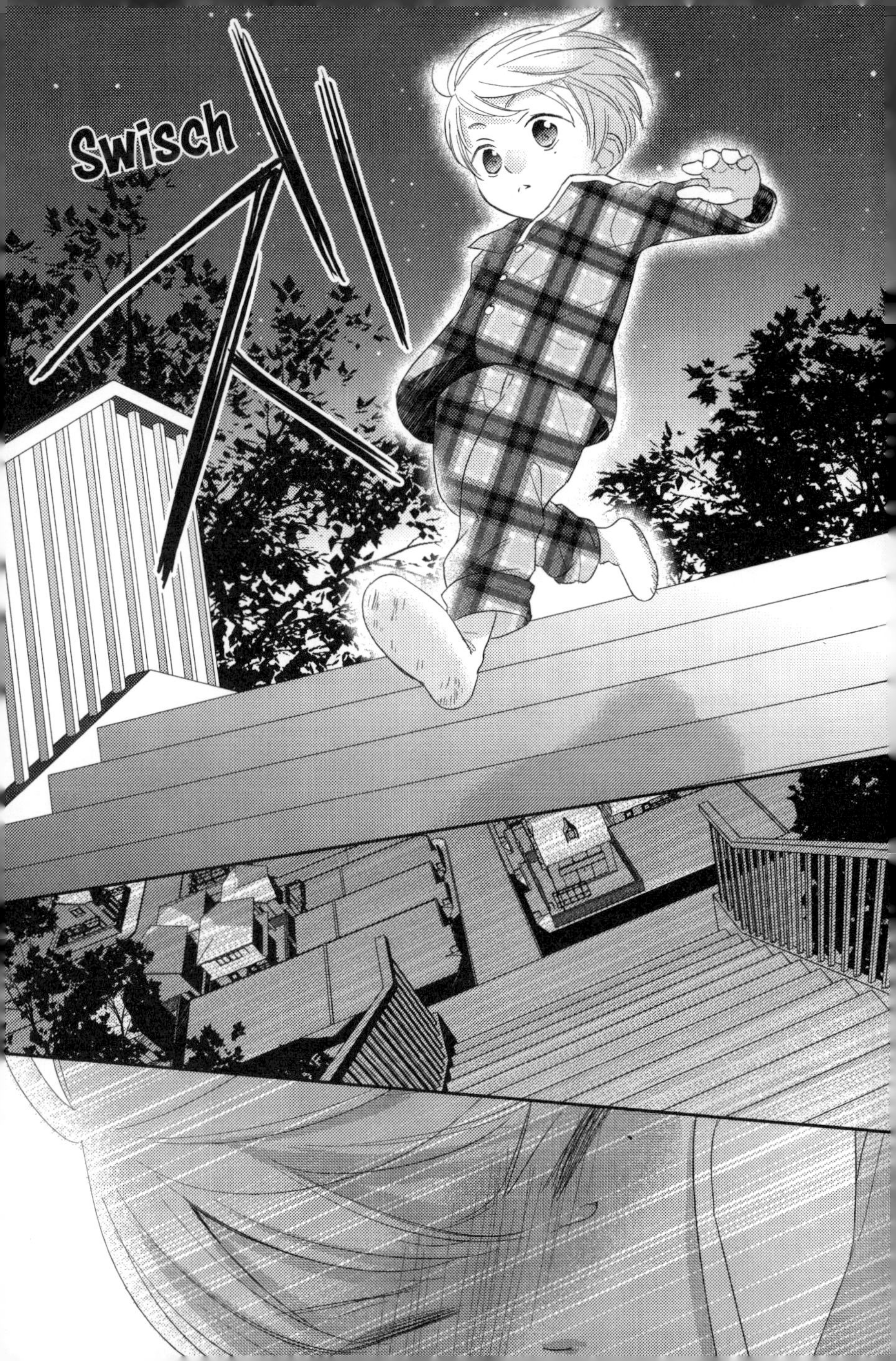
Swisch

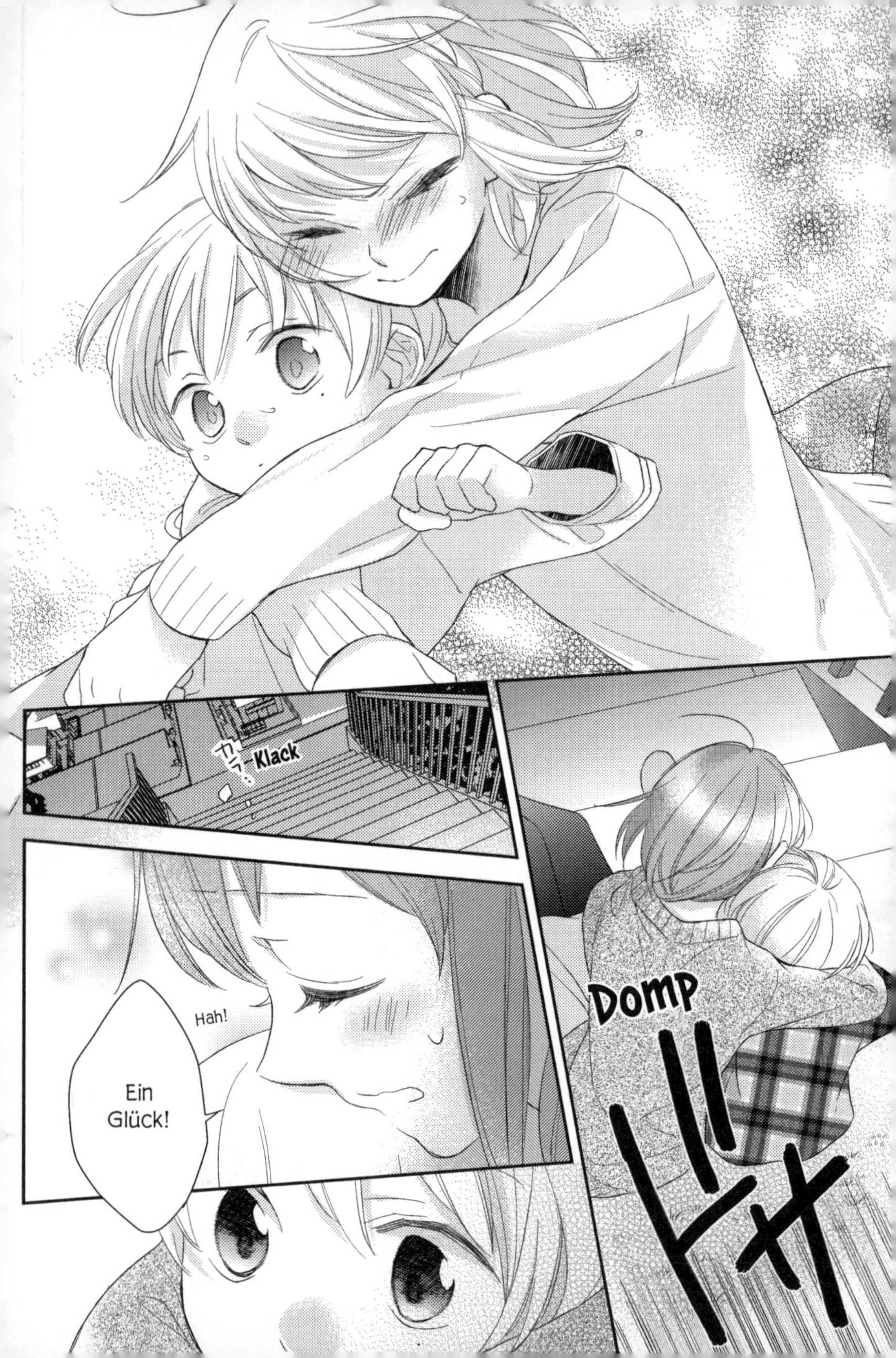
Domp
Klack
Hah!
Ein Glück!

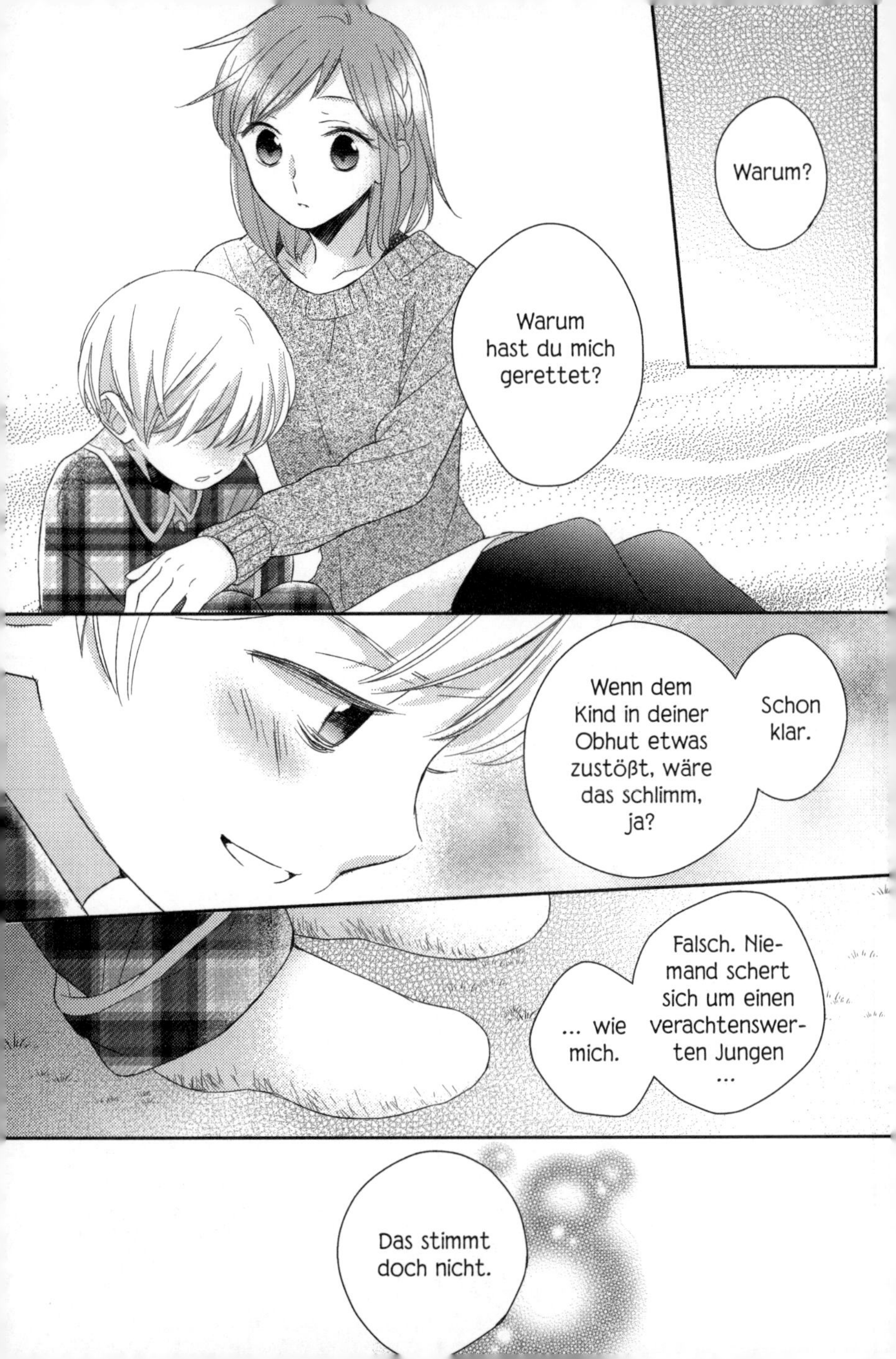
Warum?
Warum hast du mich gerettet?
Schon klar.
Wenn dem Kind in deiner Obhut etwas zustößt, wäre das schlimm, ja?
Falsch. Niemand schert sich um einen verachtenswerten Jungen …
… wie mich.
Das stimmt doch nicht.

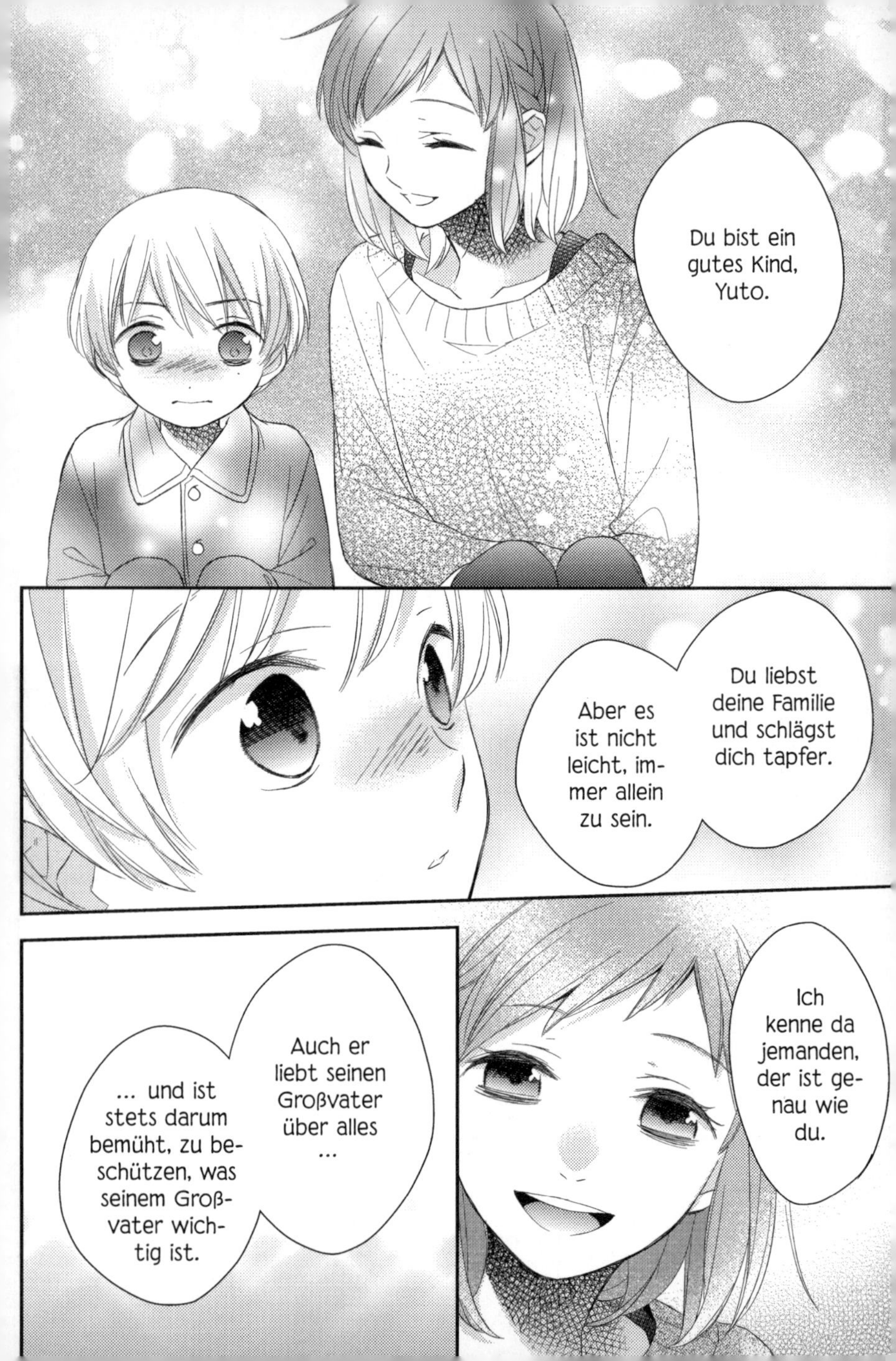
Du bist ein gutes Kind, Yuto.
Du liebst deine Familie und schlägst dich tapfer.
Aber es ist nicht leicht, immer allein zu sein.
Ich kenne da jemanden, der ist genau wie du.
Auch er liebt seinen Großvater über alles ...
... und ist stets darum bemüht, zu beschützen, was seinem Großvater wichtig ist.

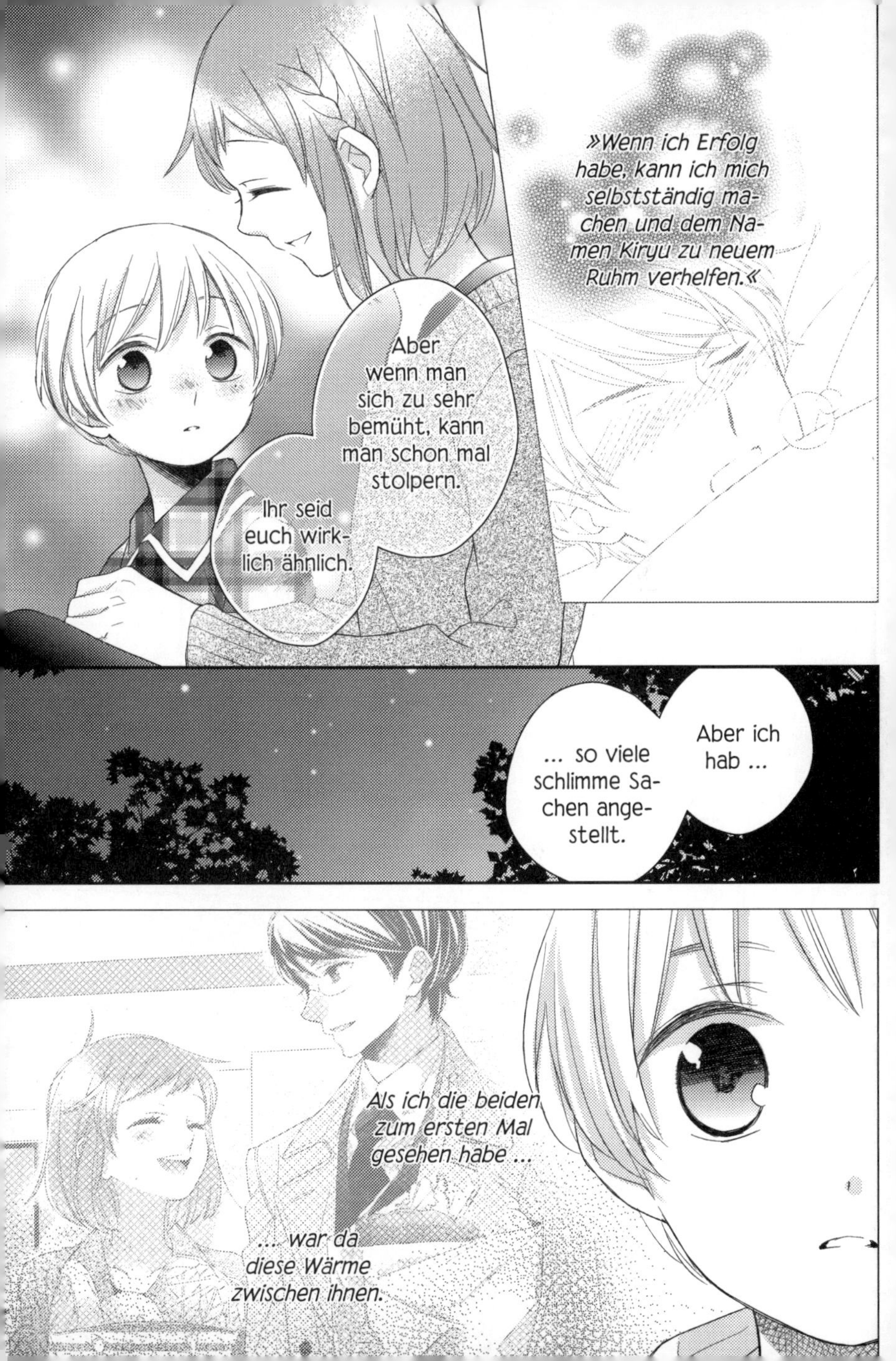
»Wenn ich Erfolg habe, kann ich mich selbstständig machen und dem Namen Kiryu zu neuem Ruhm verhelfen.«
Aber wenn man sich zu sehr bemüht, kann man schon mal stolpern.
Ihr seid euch wirklich ähnlich.
Aber ich hab ...
... so viele schlimme Sachen angestellt.
Als ich die beiden zum ersten Mal gesehen habe ...
... war da diese Wärme zwischen ihnen.

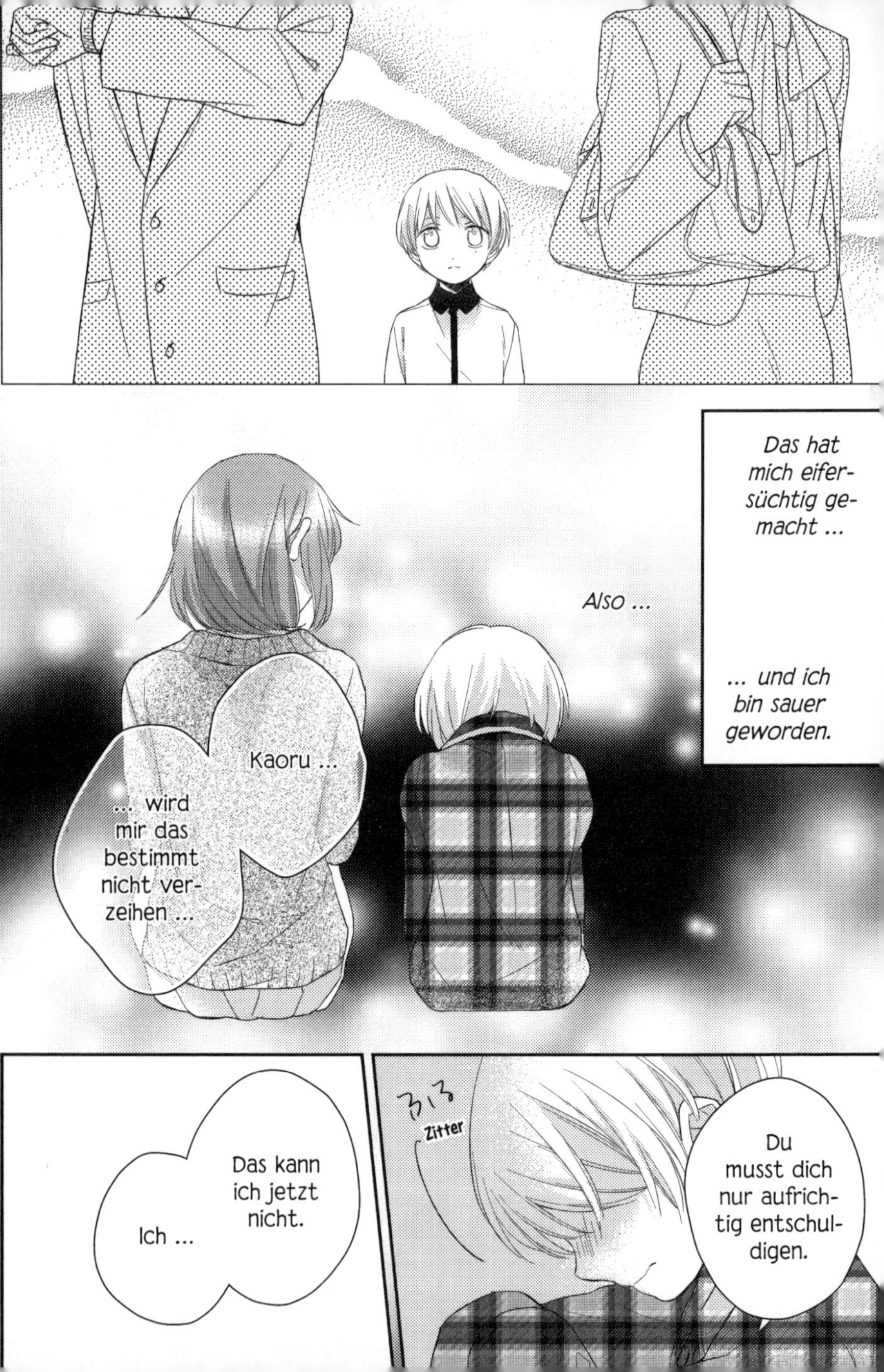
Das hat mich eifersüchtig gemacht ...
Also ...
... und ich bin sauer geworden.
Kaoru ...
... wird mir das bestimmt nicht verzeihen ...
Du musst dich nur aufrichtig entschuldigen.
Zitter
Ich ...
Das kann ich jetzt nicht.

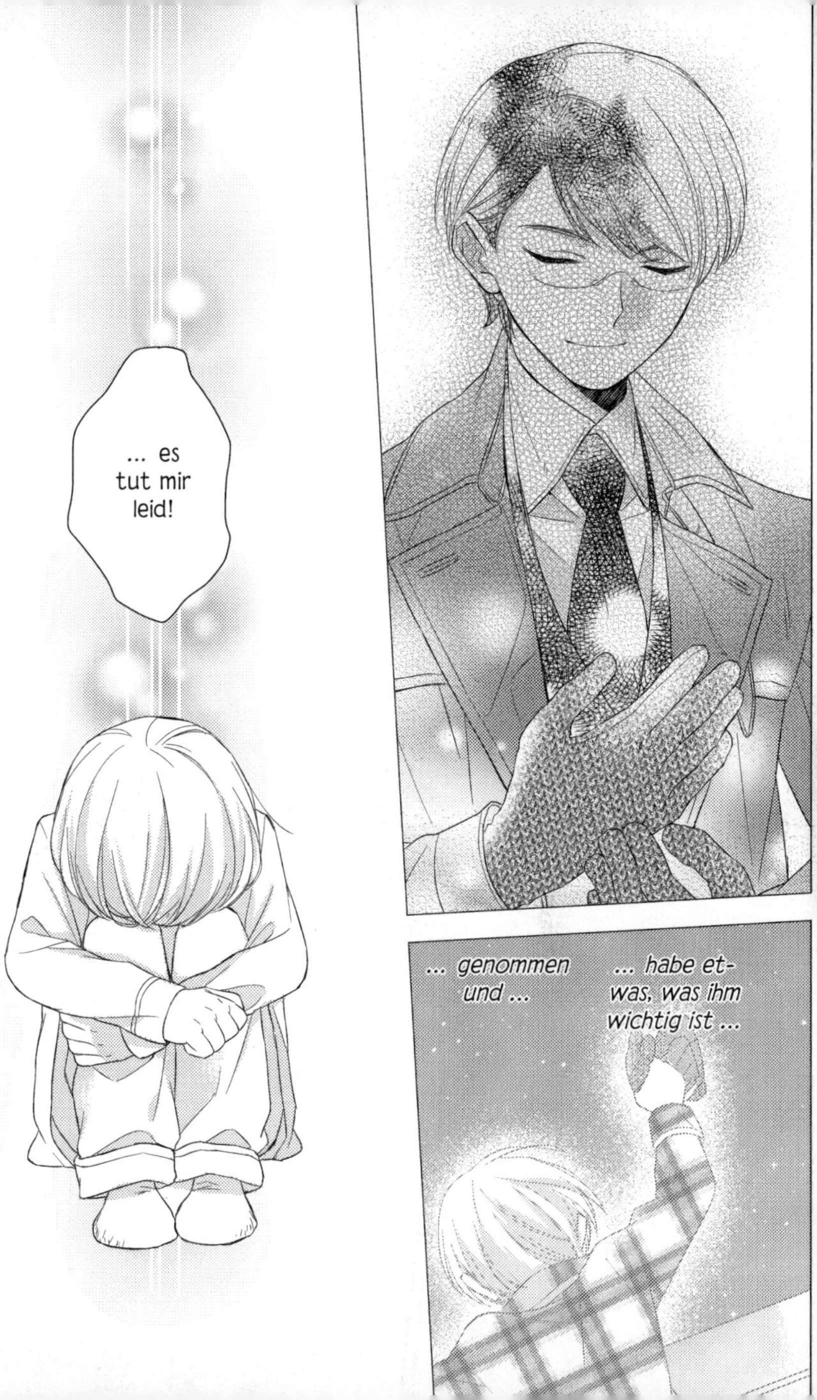
... habe et-
was, was ihm
wichtig ist ...
... genommen
und ...
... es
tut mir
leid!

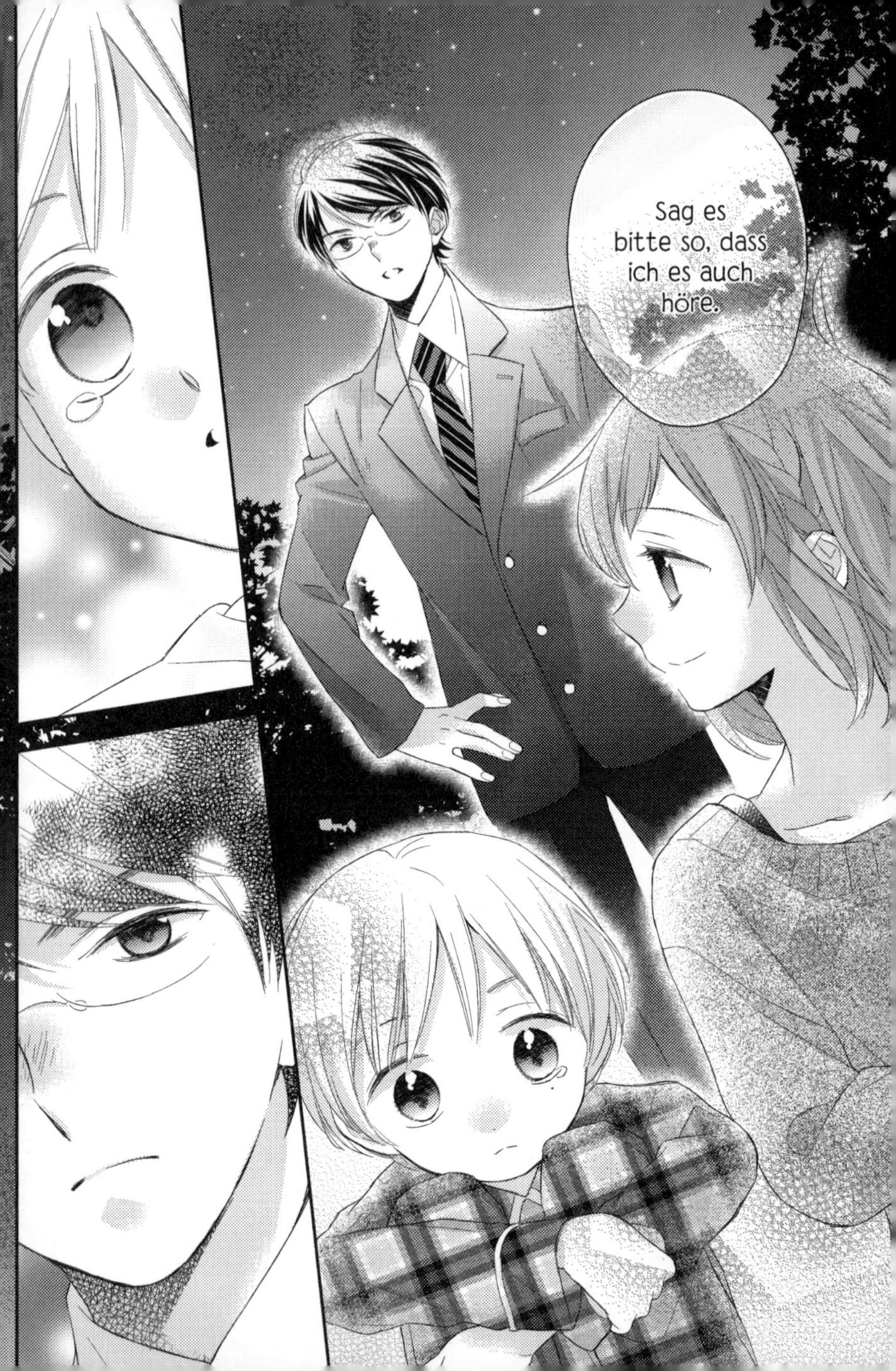
Sag es bitte so, dass ich es auch höre.

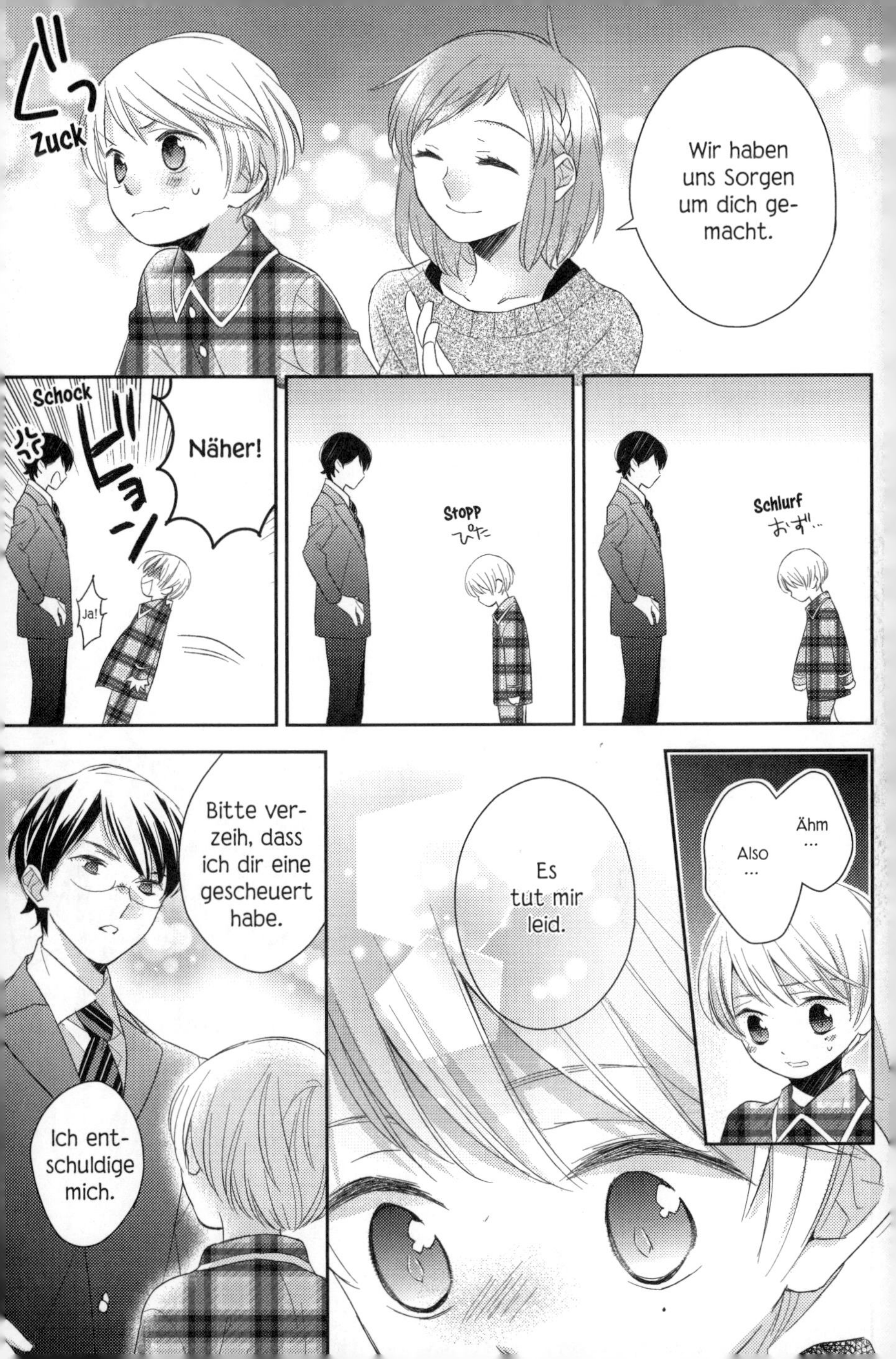
Wir haben uns Sorgen um dich gemacht.
Zuck
Schlurf
おず…
Stopp
ぴた
Näher!
Schock
Ja!
Ähm …
Also …
Es tut mir leid.
Bitte verzeih, dass ich dir eine gescheuert habe.
Ich entschuldige mich.

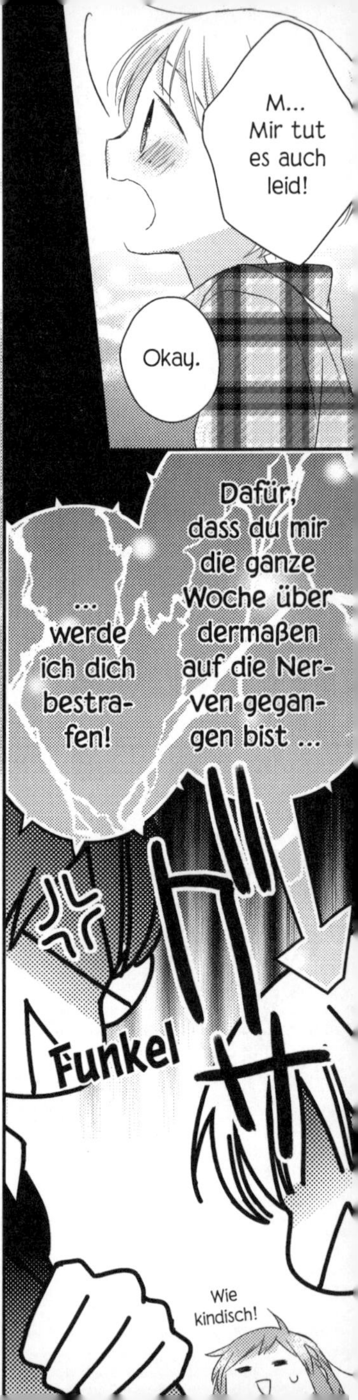
M...
Mir tut es auch leid!
Okay.
Dafür, dass du mir die ganze Woche über dermaßen auf die Nerven gegangen bist ...
... werde ich dich bestrafen!
Funkel
Wie kindisch!

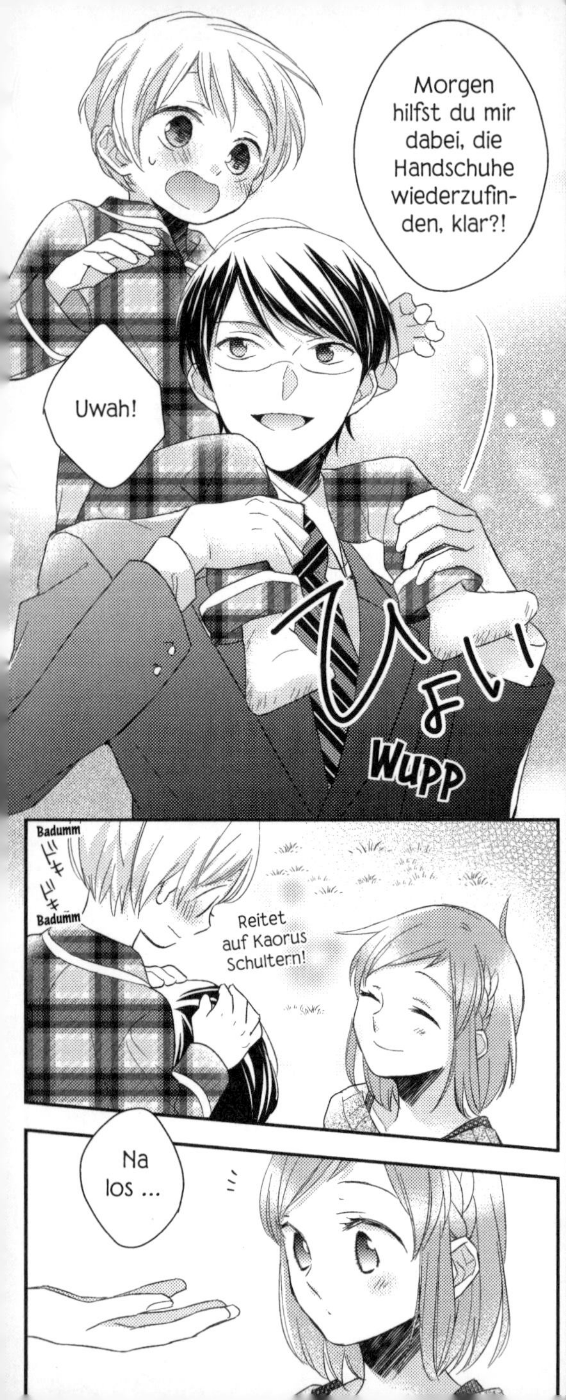
Morgen hilfst du mir dabei, die Handschuhe wiederzufinden, klar?!
Uwah!
Wupp
Badumm
Badumm
Reitet auf Kaorus Schultern!
Na los ...

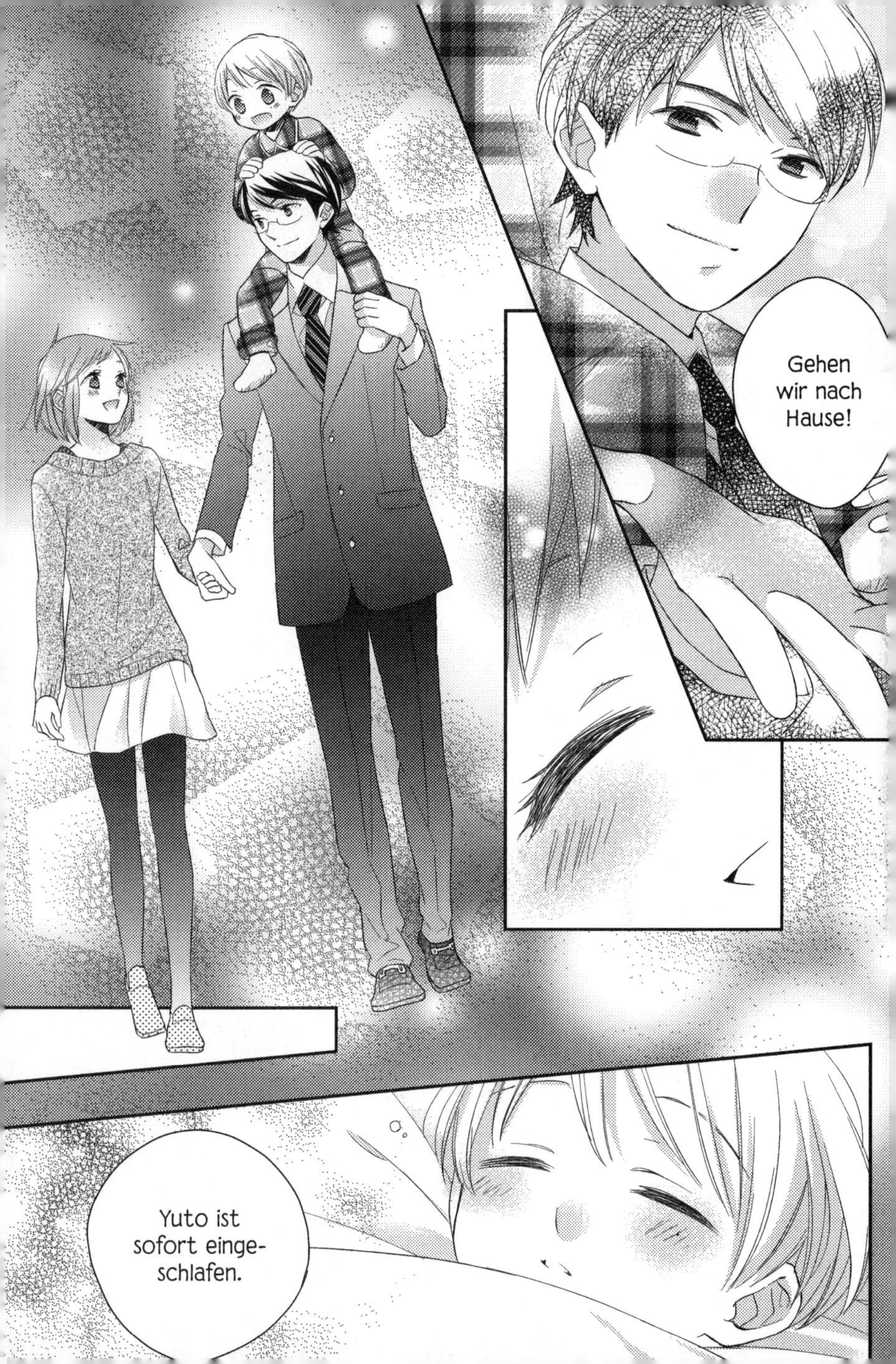
Gehen wir nach Hause!
Yuto ist sofort eingeschlafen.

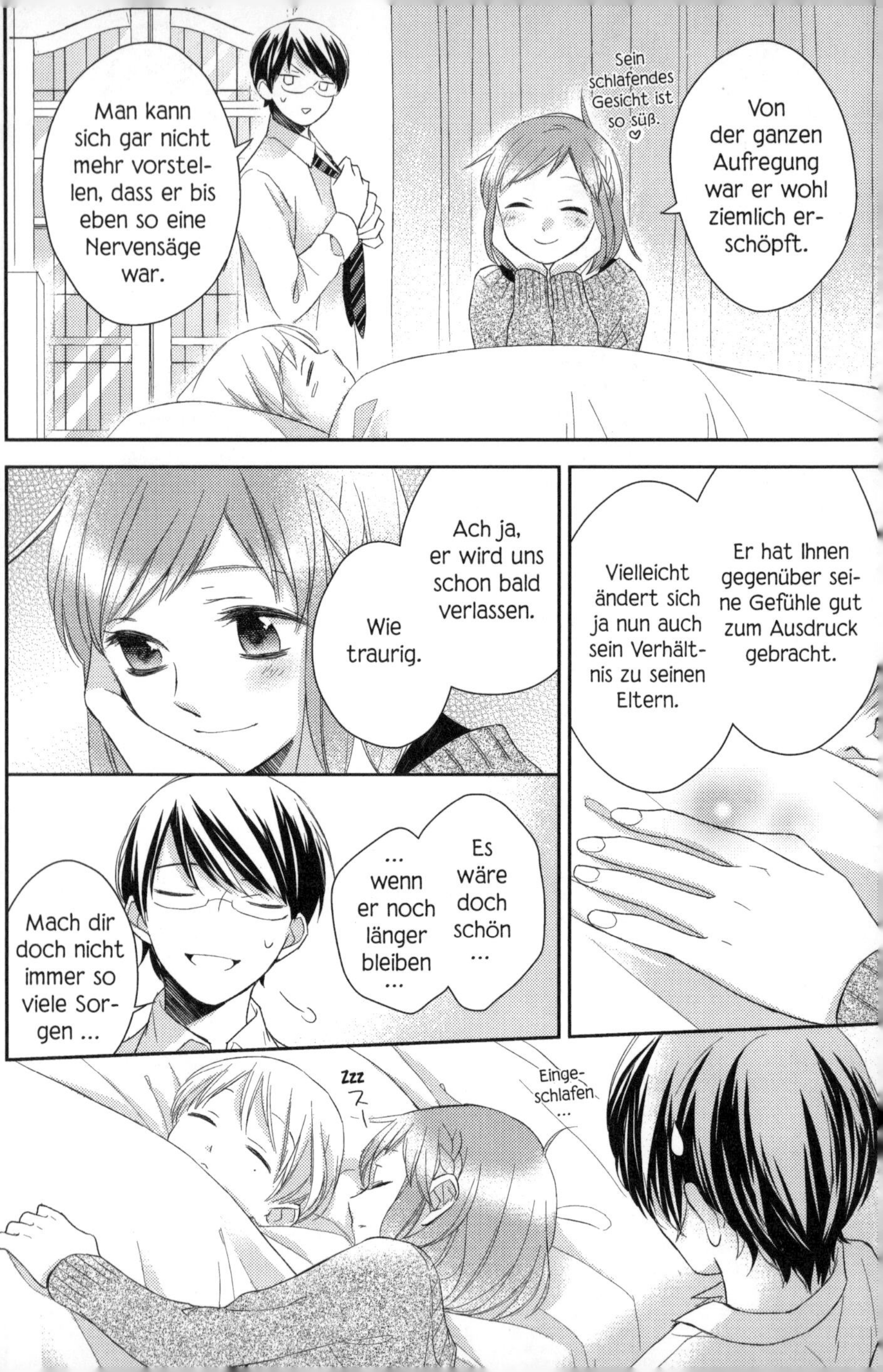

Von der ganzen Aufregung war er wohl ziemlich erschöpft.
Sein schlafendes Gesicht ist so süß.
Man kann sich gar nicht mehr vorstellen, dass er bis eben so eine Nervensäge war.
Er hat Ihnen gegenüber seine Gefühle gut zum Ausdruck gebracht.
Vielleicht ändert sich ja nun auch sein Verhältnis zu seinen Eltern.
Ach ja, er wird uns schon bald verlassen.
Wie traurig.
Es wäre doch schön ...
... wenn er noch länger bleiben ...
Mach dir doch nicht immer so viele Sorgen ...
Eingeschlafen ...
Zzz

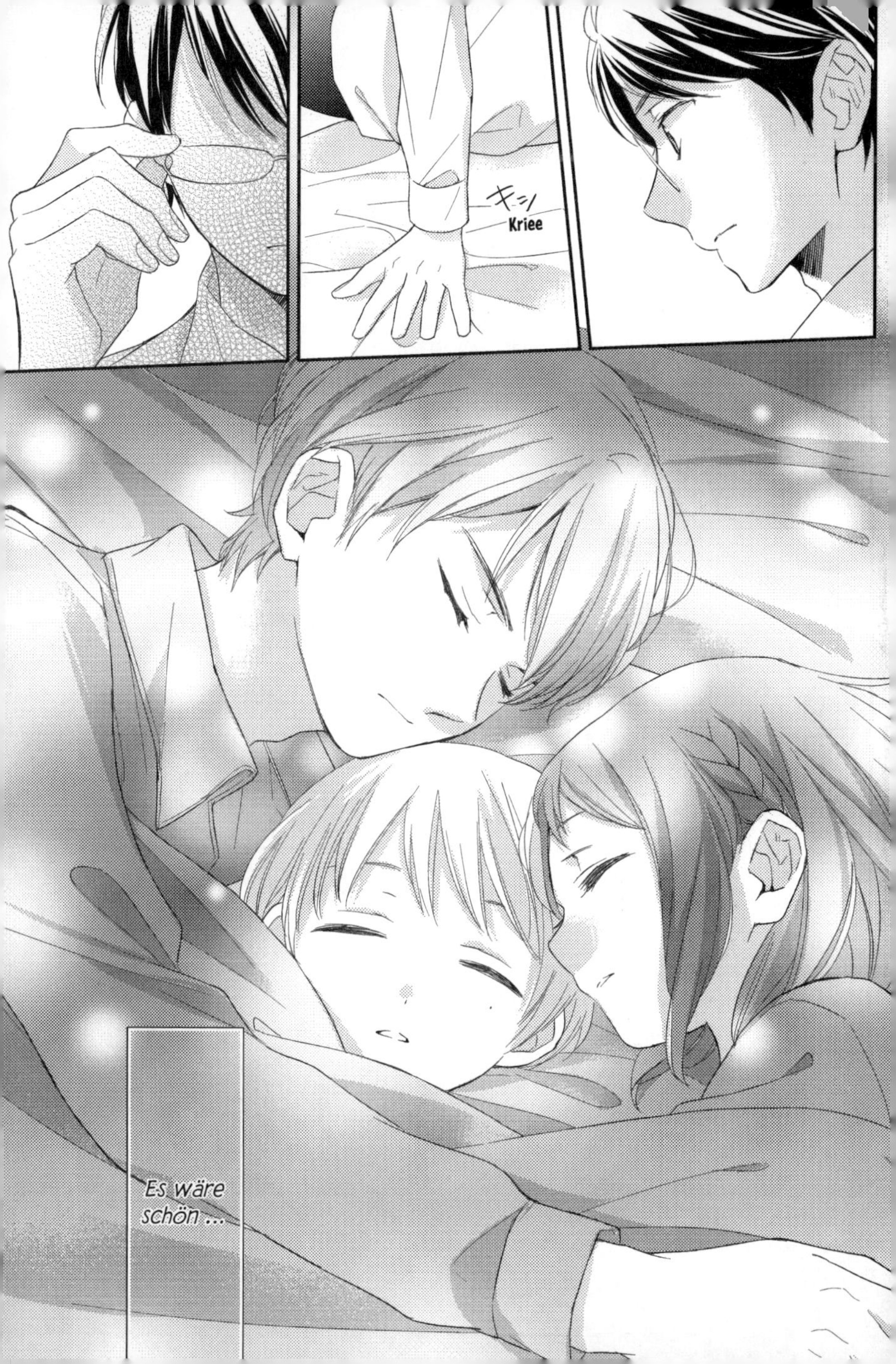
キーン
Kriee
Es wäre schön ...

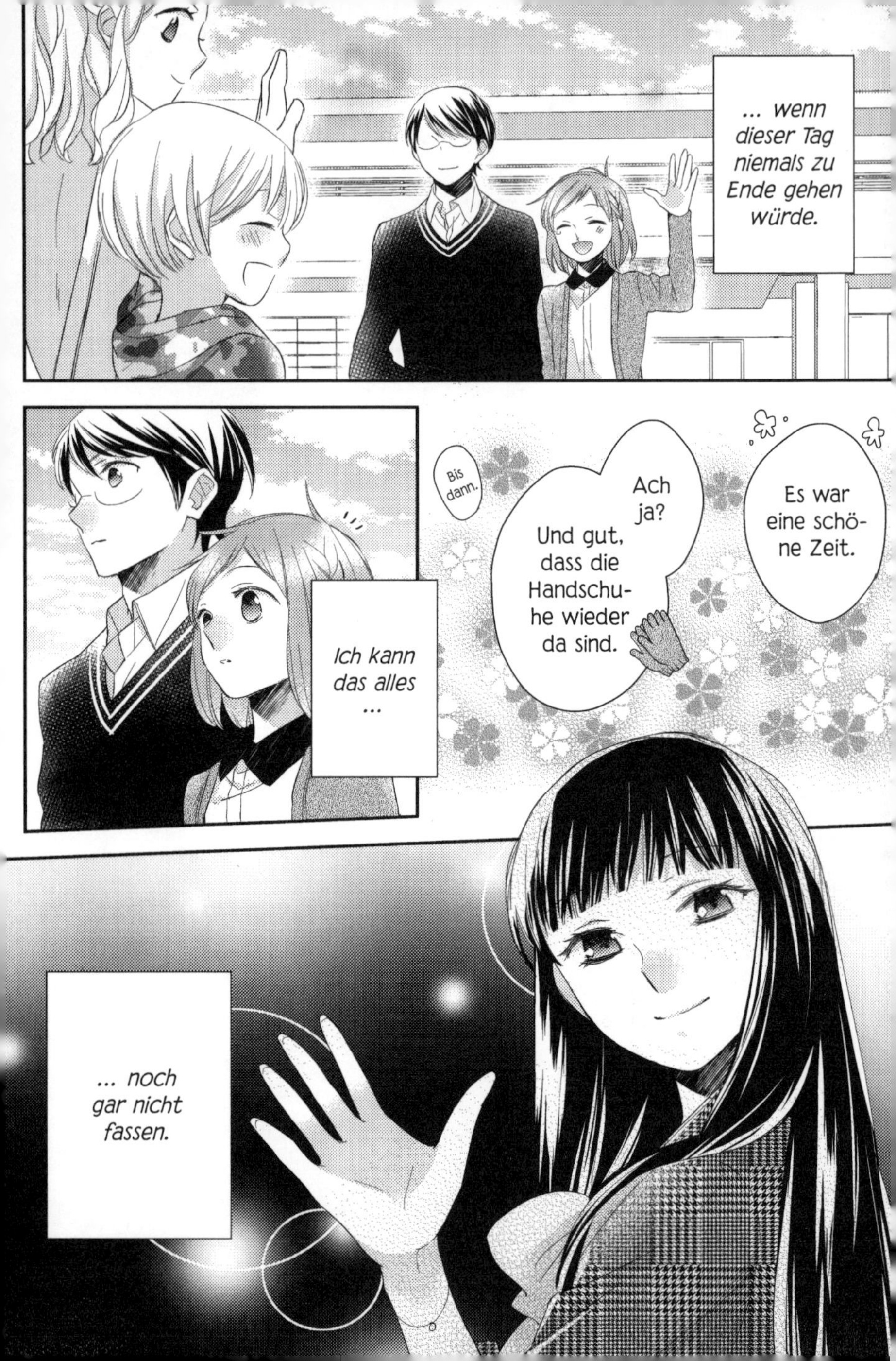

... wenn dieser Tag niemals zu Ende gehen würde.
Es war eine schö-ne Zeit.
Ach ja?
Und gut, dass die Handschu-he wieder da sind.
Bis dann.
Ich kann das alles ...
... noch gar nicht fassen.

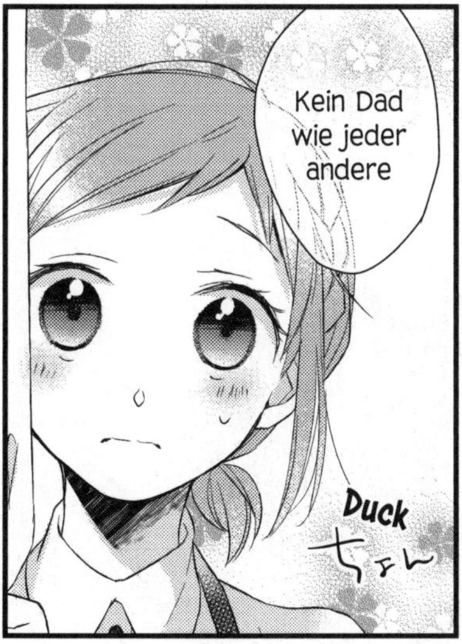
Kein Dad
wie jeder
andere
Duck
ちょん

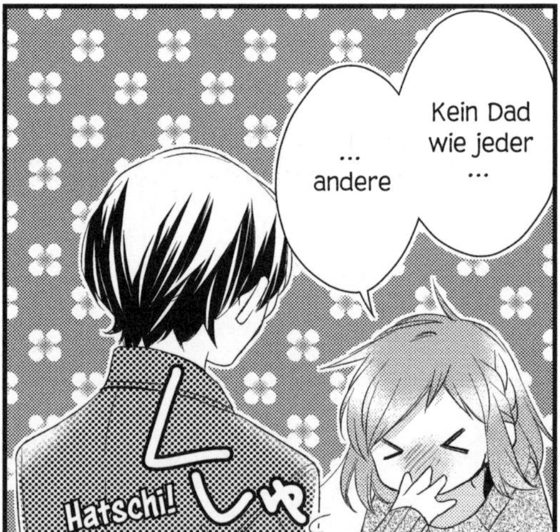
Kein Dad wie jeder ...
... andere
Hatschi!
くしゃ

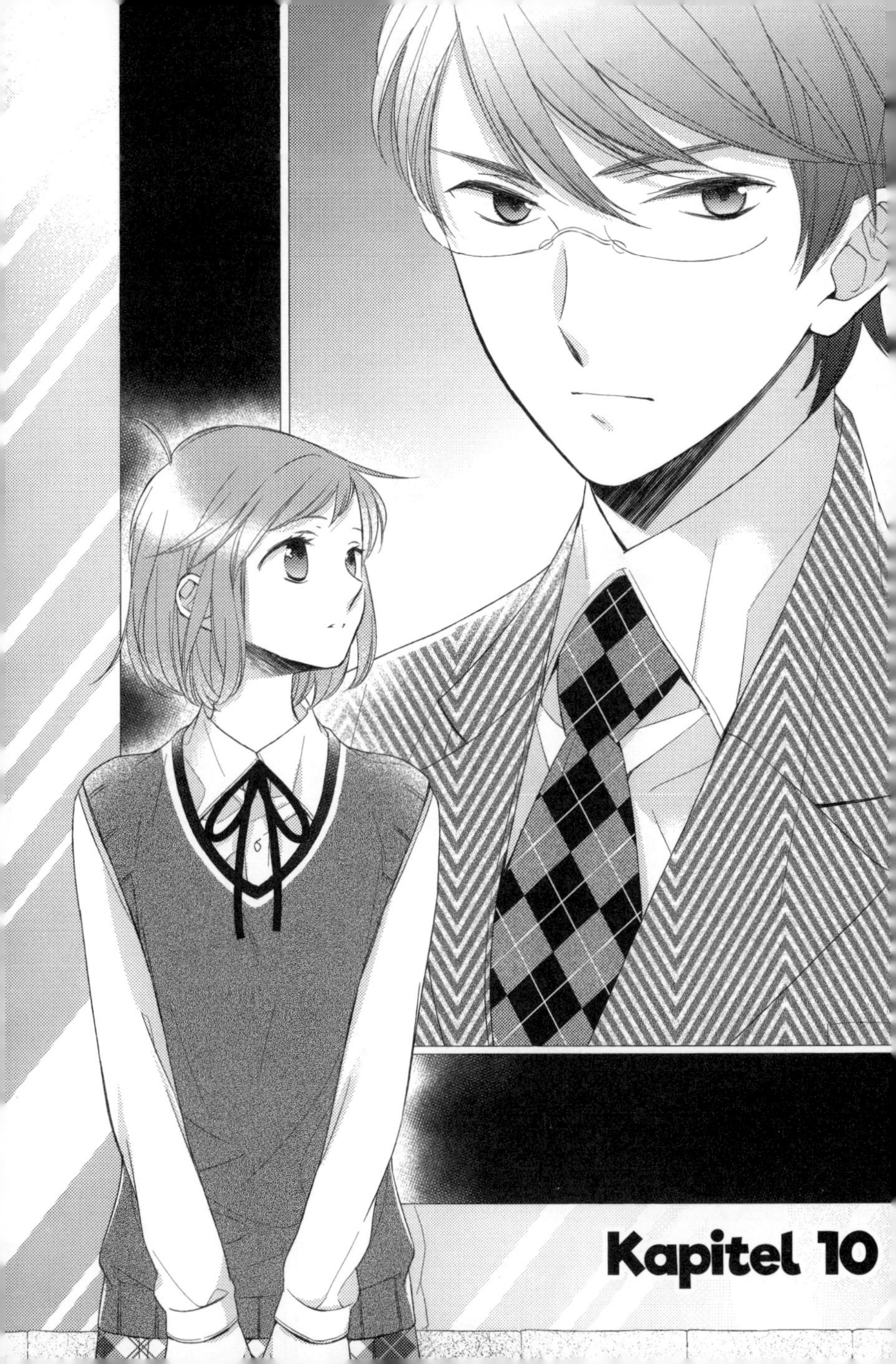
Kapitel 10

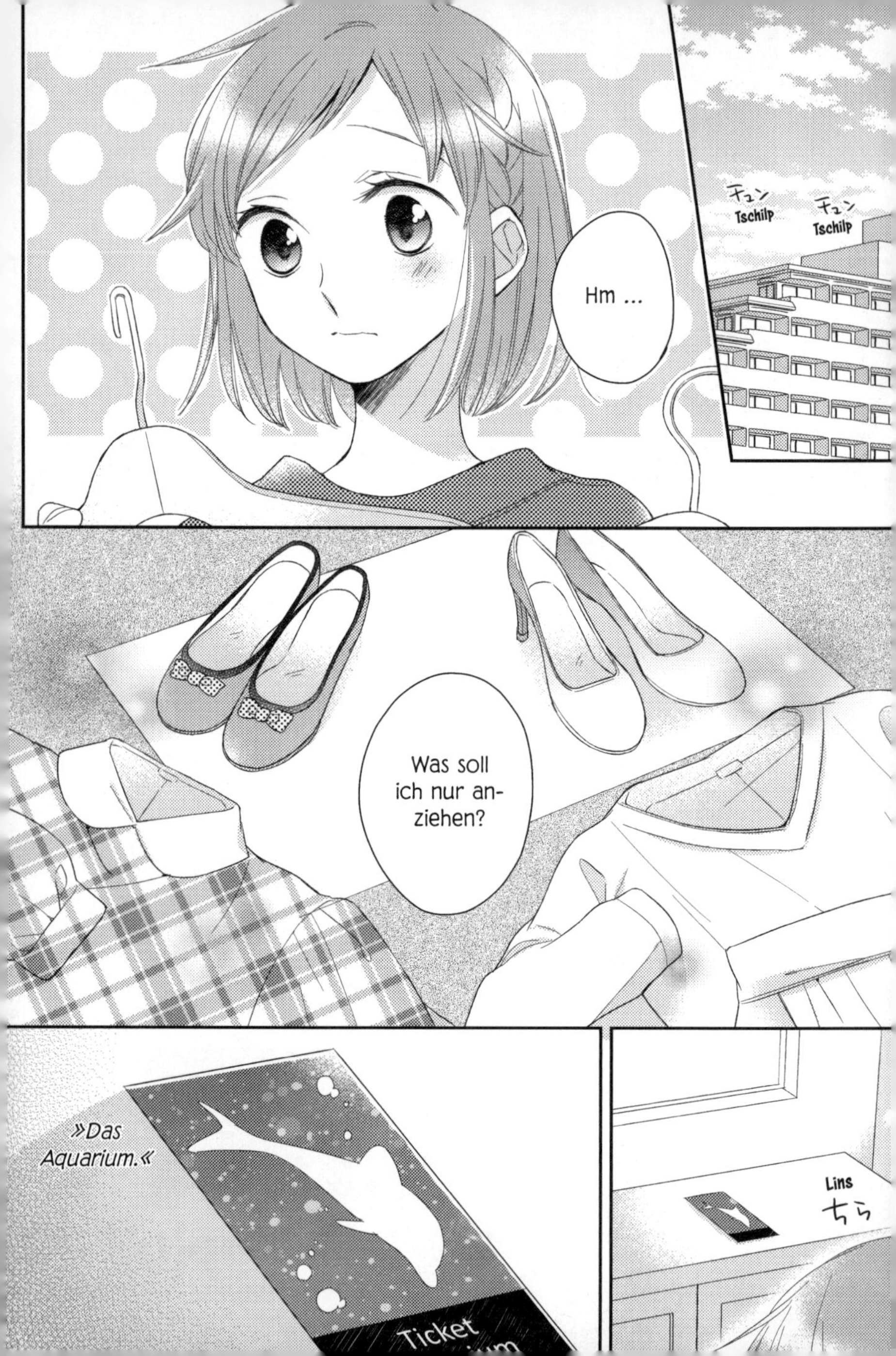
チュン
Tschilp
チュン
Tschilp
Hm ...
Was soll ich nur an-ziehen?
Lins
ちら
»Das Aquarium.«
Ticket

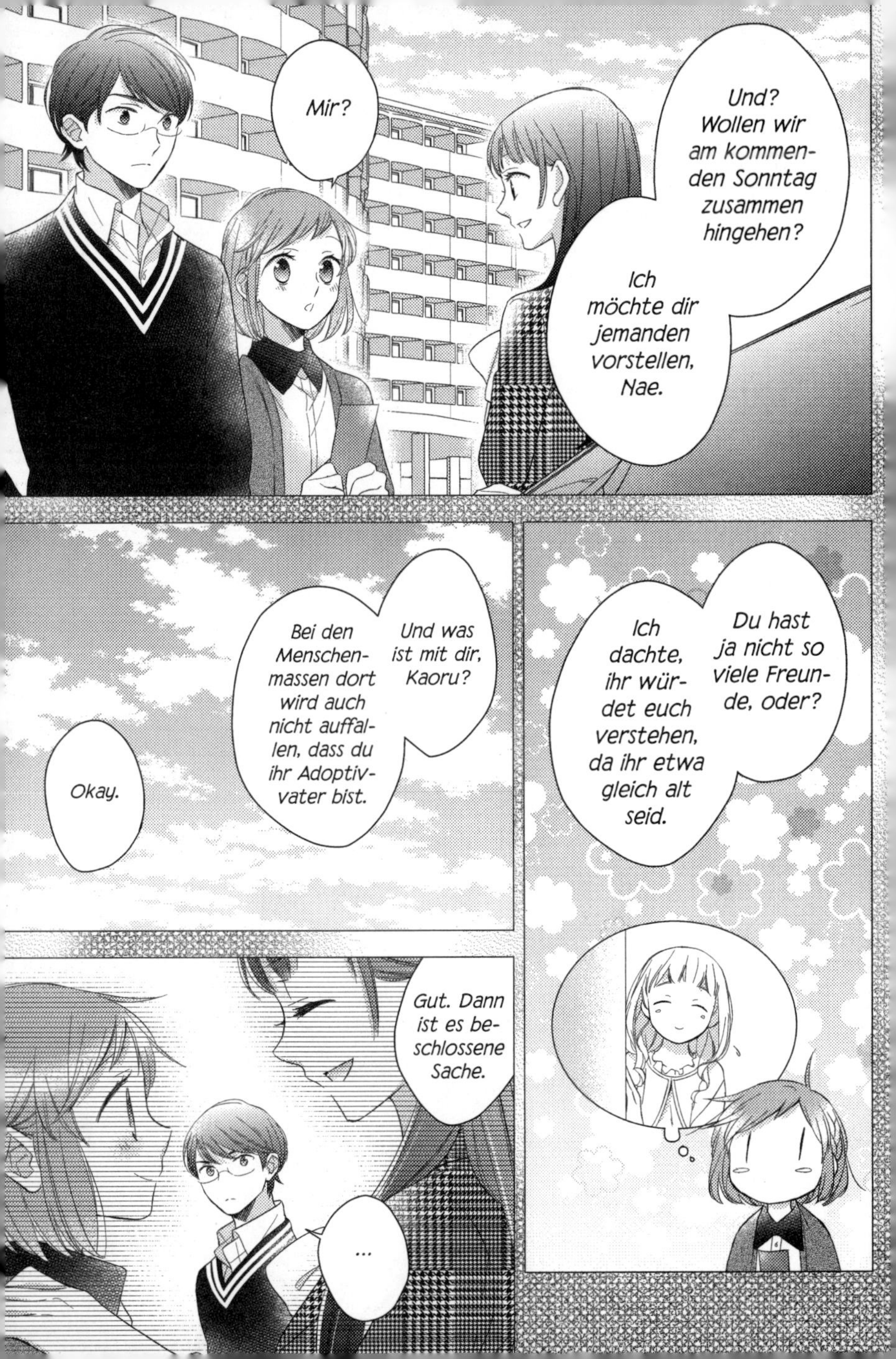
Und? Wollen wir am kommenden Sonntag zusammen hingehen?
Ich möchte dir jemanden vorstellen, Nae.
Mir?
Du hast ja nicht so viele Freunde, oder?
Ich dachte, ihr würdet euch verstehen, da ihr etwa gleich alt seid.
Und was ist mit dir, Kaoru?
Bei den Menschenmassen dort wird auch nicht auffallen, dass du ihr Adoptivvater bist.
Okay.
Gut. Dann ist es beschlossene Sache.
...

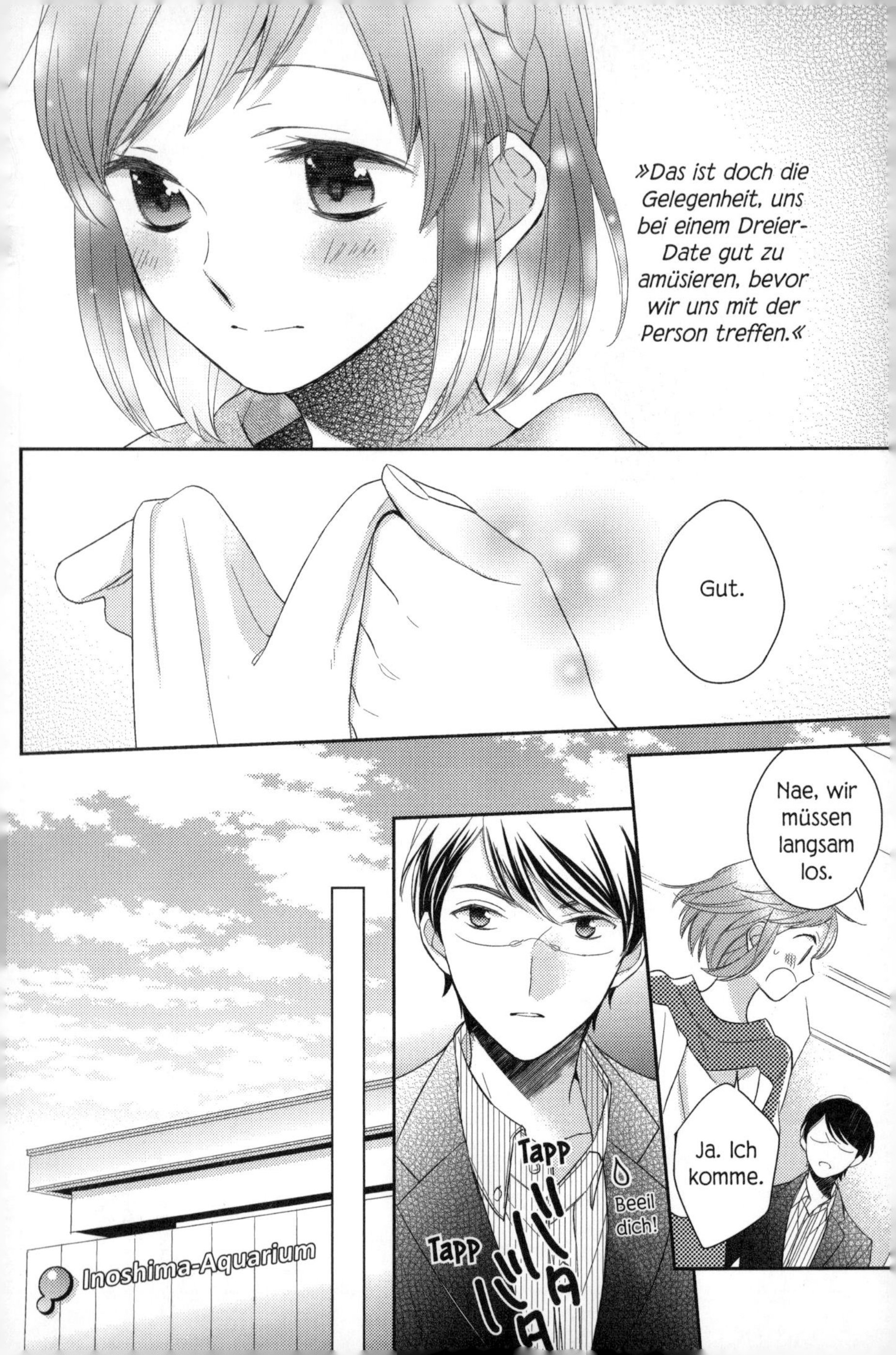
»Das ist doch die Gelegenheit, uns bei einem Dreier-Date gut zu amüsieren, bevor wir uns mit der Person treffen.«
Gut.
Nae, wir müssen langsam los.
Ja. Ich komme.
Tapp
Tapp
Beeil dich!
Inoshima-Aquarium

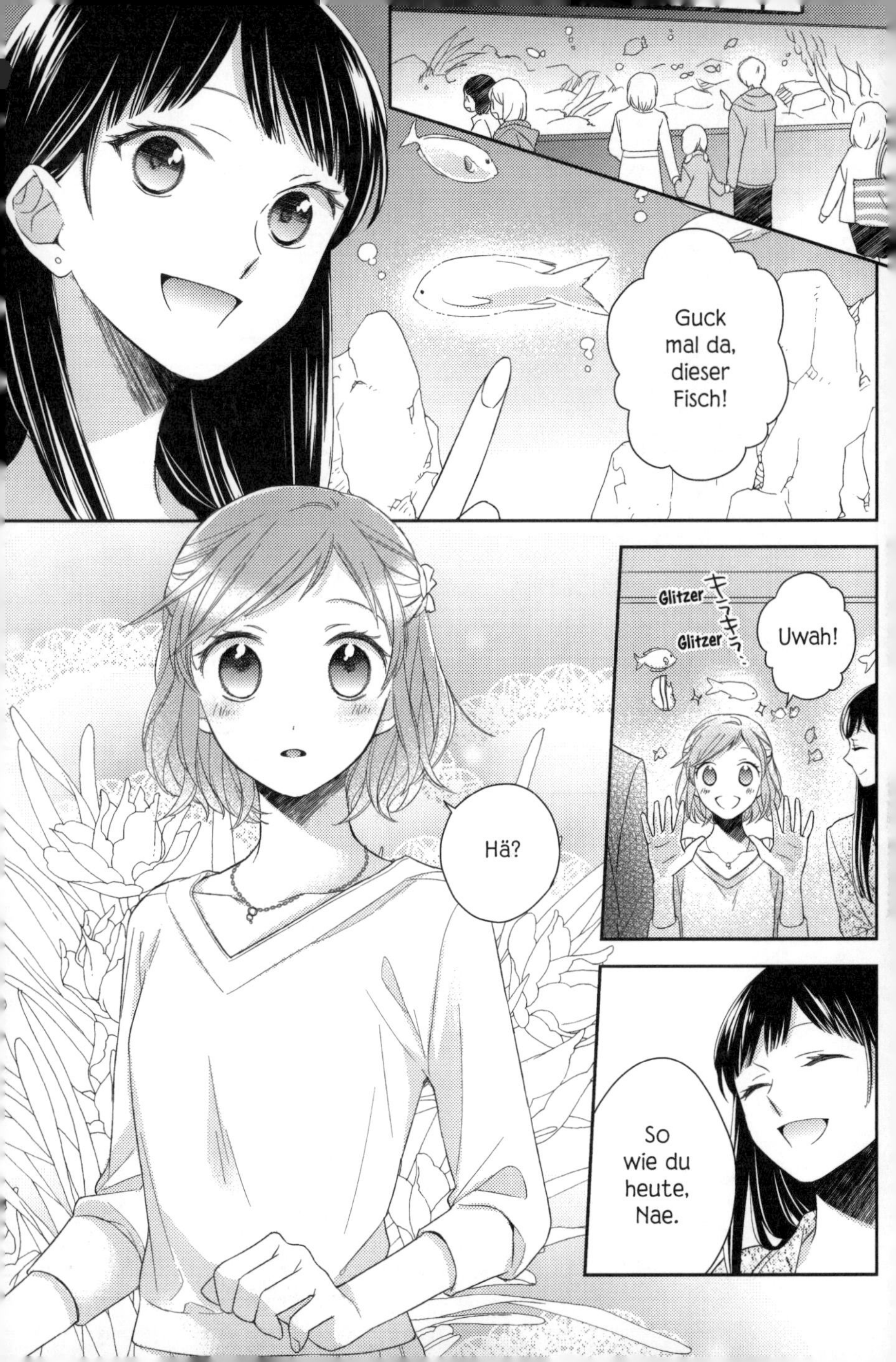
Guck mal da, dieser Fisch!
Glitzer
Glitzer
キラキラ…
Uwah!
So wie du heute, Nae.
Hä?

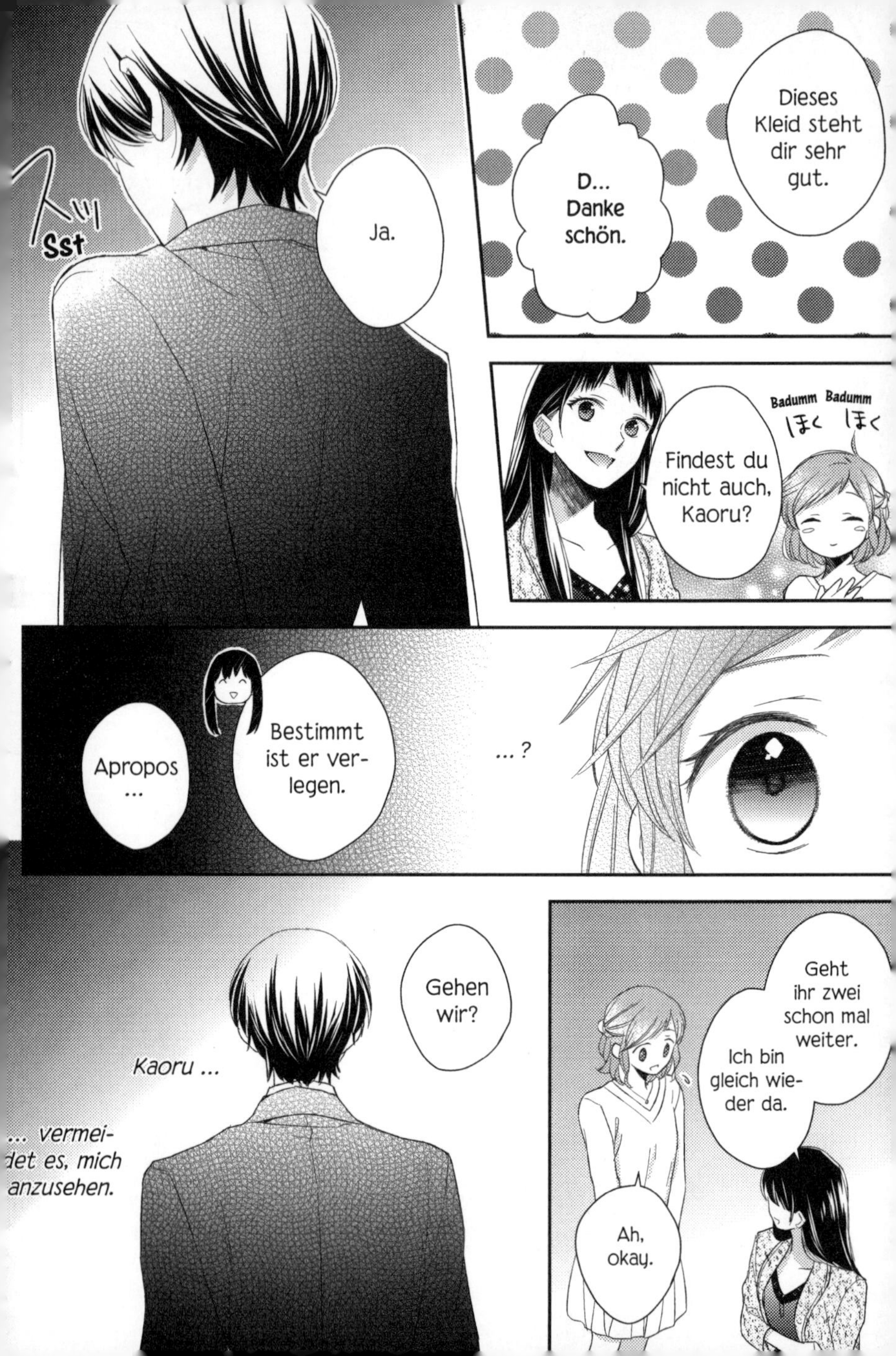

Dieses Kleid steht dir sehr gut.
D... Danke schön.
Badumm Badumm
ほく ほく
Findest du nicht auch, Kaoru?
スッ
Sst
Ja.
... ?
Bestimmt ist er ver-legen.
Apropos ...
Geht ihr zwei schon mal weiter.
Ich bin gleich wie-der da.
Ah, okay.
Gehen wir?
Kaoru ...
... vermei-det es, mich anzusehen.

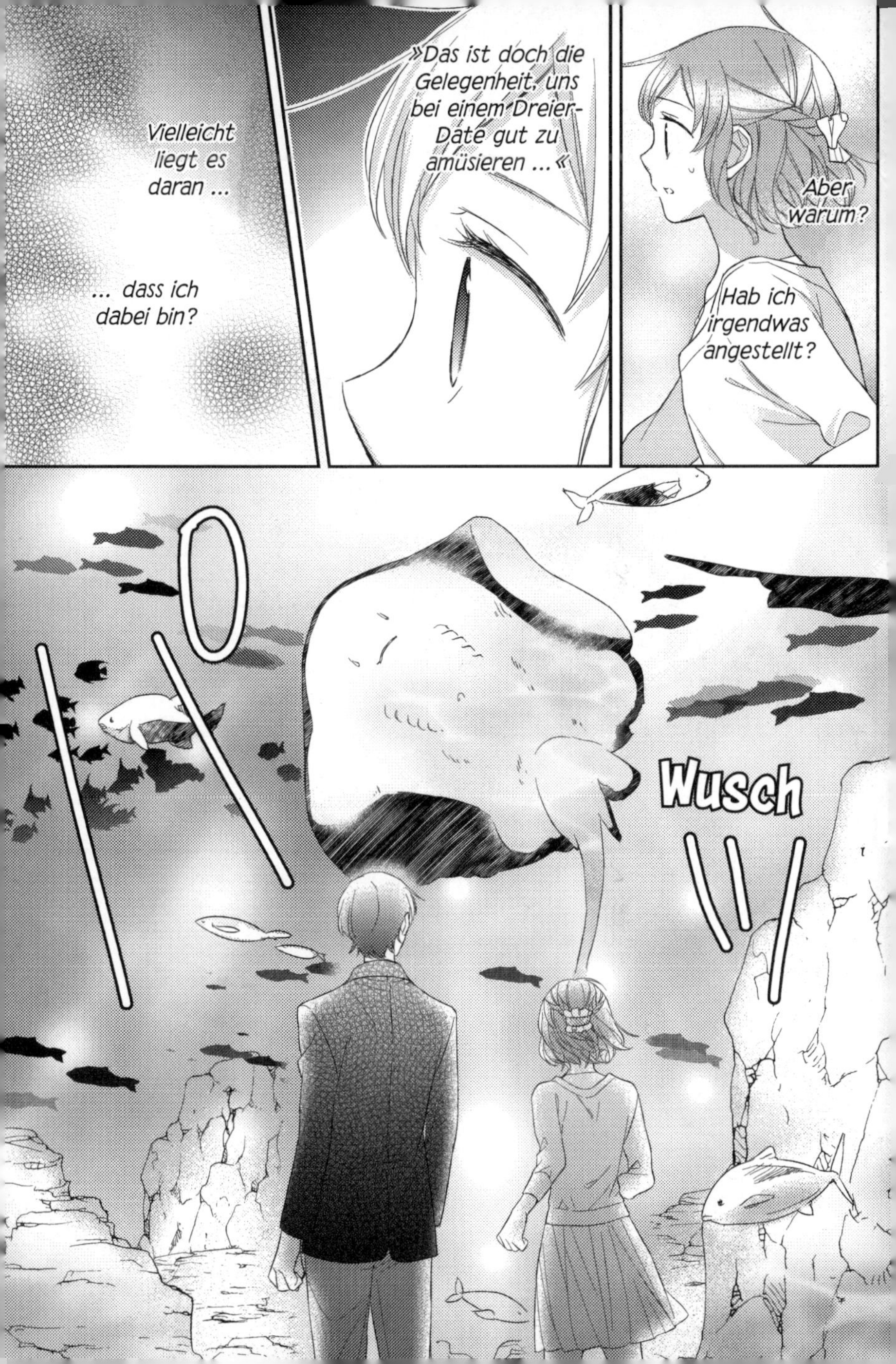
Aber warum?
Hab ich irgendwas angestellt?
»Das ist doch die Gelegenheit, uns bei einem Dreier-Date gut zu amüsieren ...«
Vielleicht liegt es daran ...
... dass ich dabei bin?
Wusch

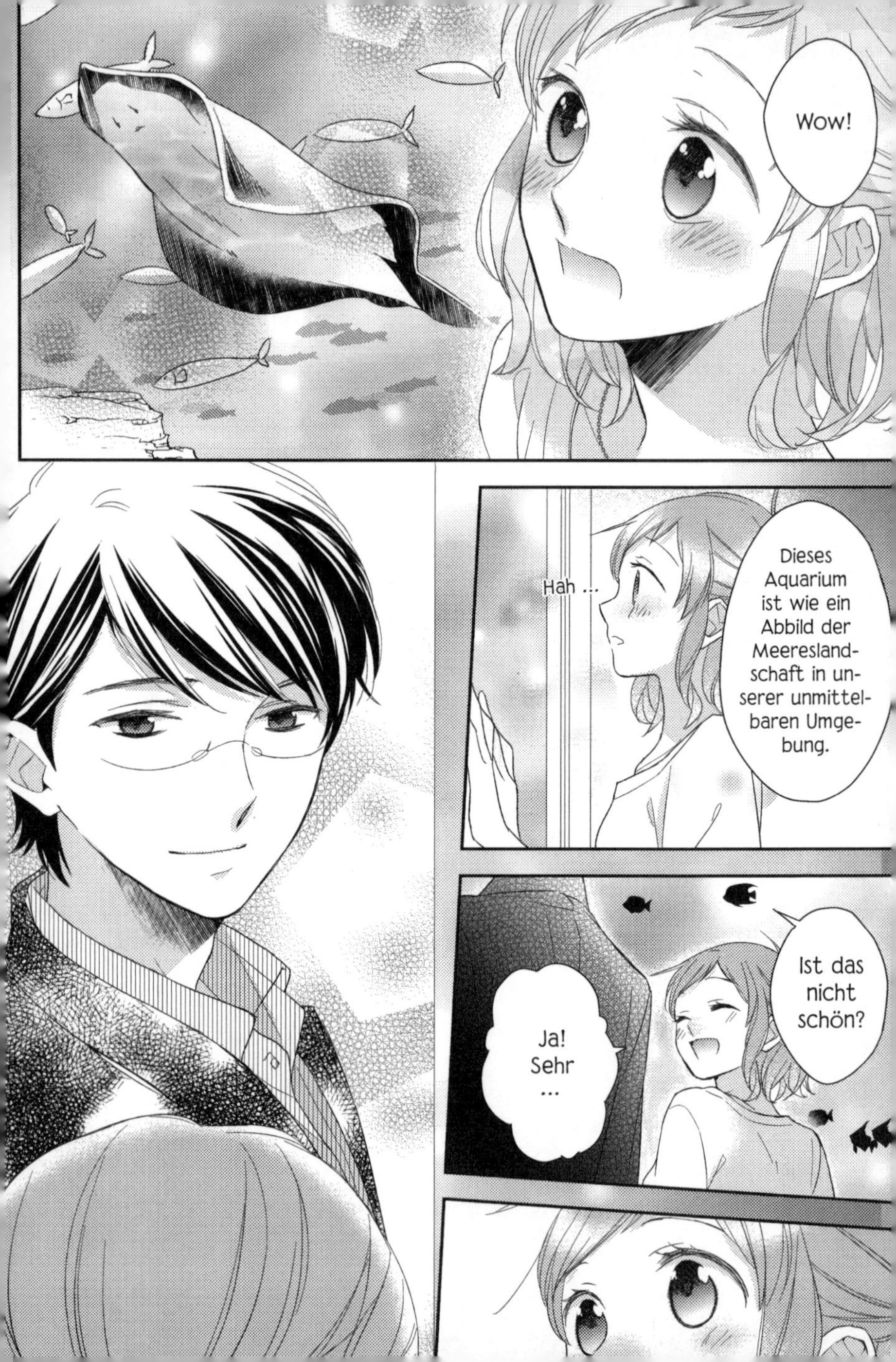
Wow!
Dieses Aquarium ist wie ein Abbild der Meereslandschaft in unserer unmittelbaren Umgebung.
Hah ...
Ist das nicht schön?
Ja! Sehr ...

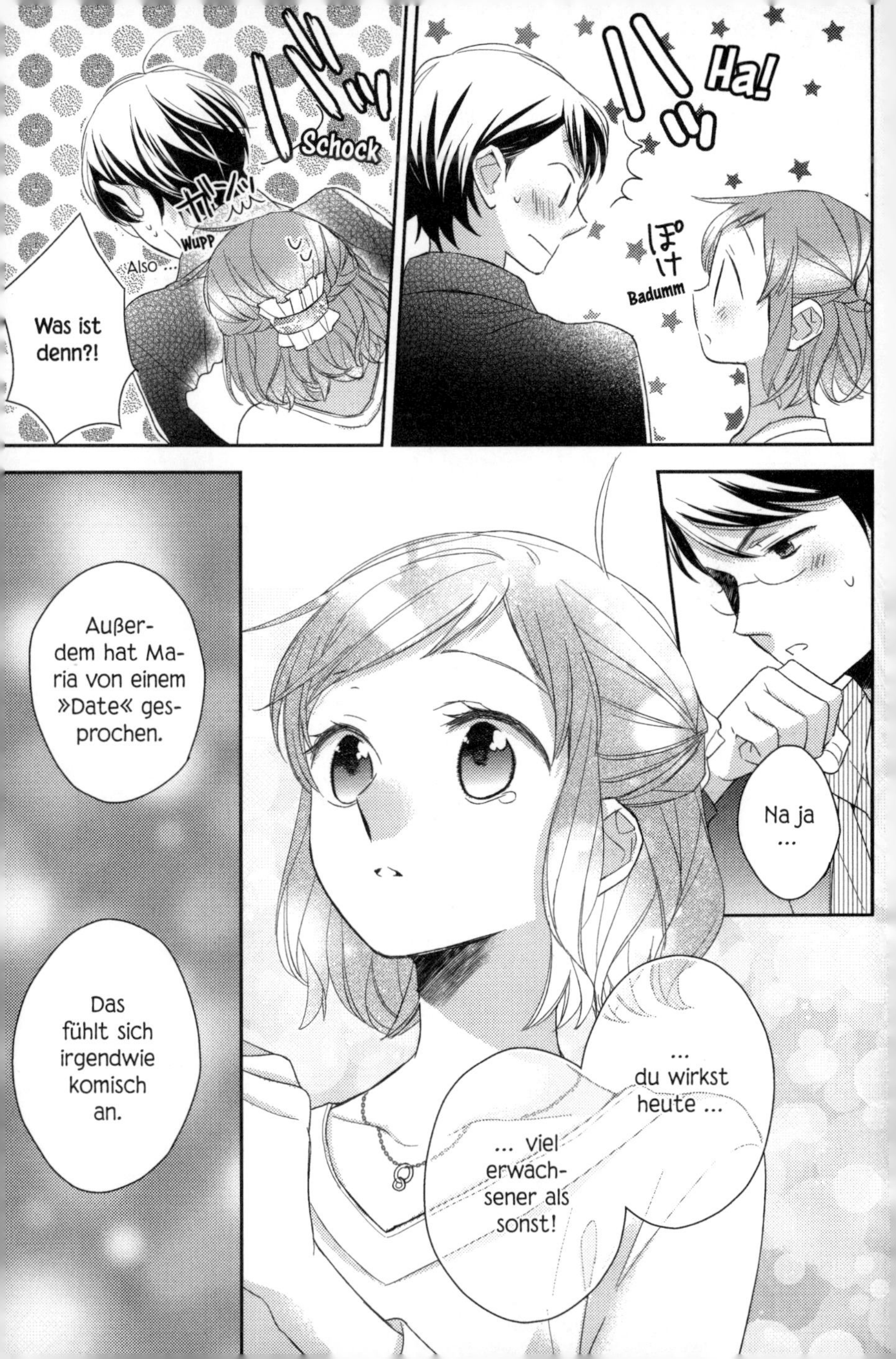
Ha!
ぽけ
Badumm
Schock
Wupp
Also ...
Was ist denn?!
Na ja ...
... du wirkst heute ...
... viel erwachsener als sonst!
Außerdem hat Maria von einem »Date« gesprochen.
Das fühlt sich irgendwie komisch an.

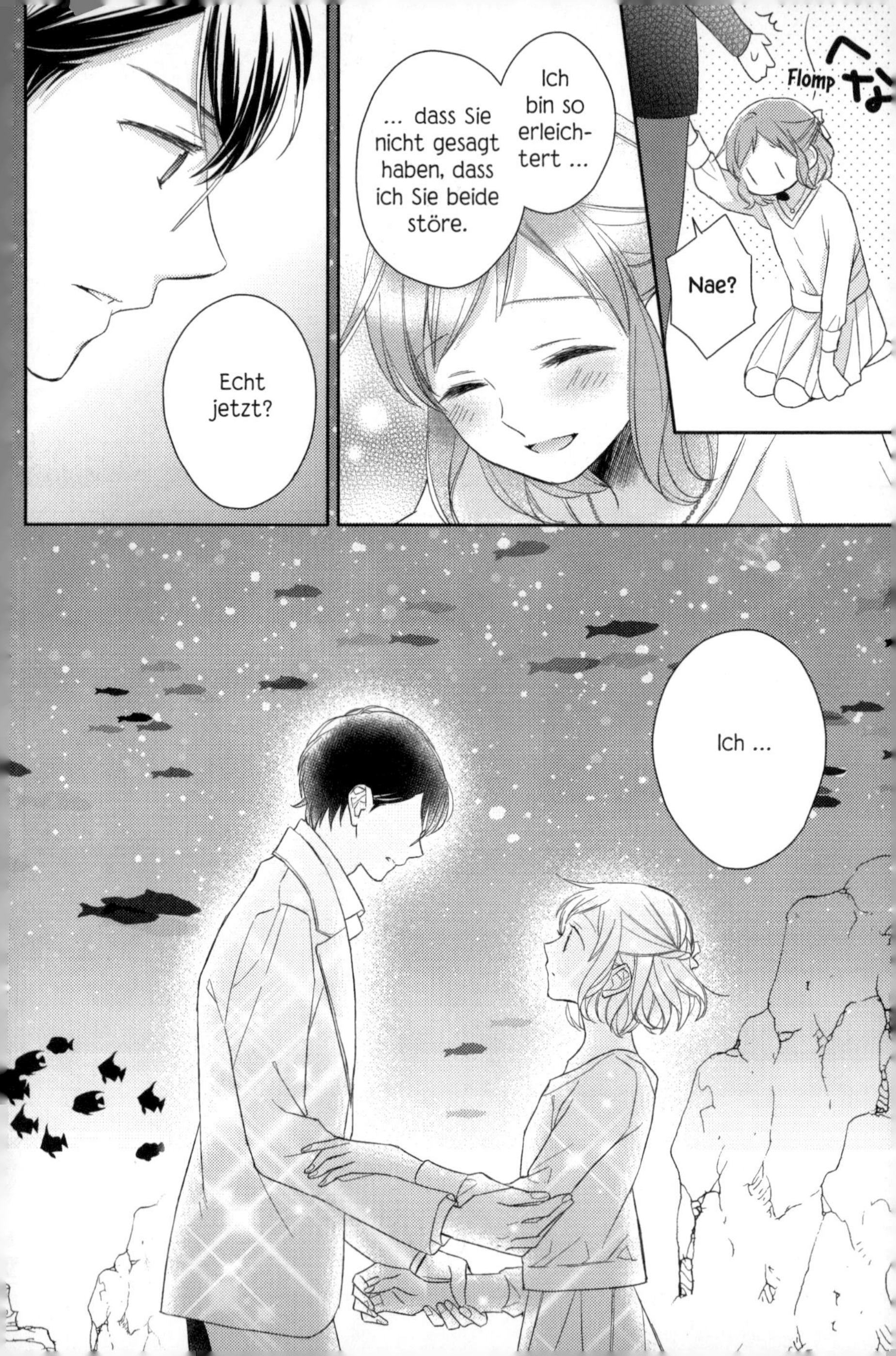
Flomp
へな
Nae?
Ich bin so erleichtert ...
... dass Sie nicht gesagt haben, dass ich Sie beide störe.
Echt jetzt?
Ich ...

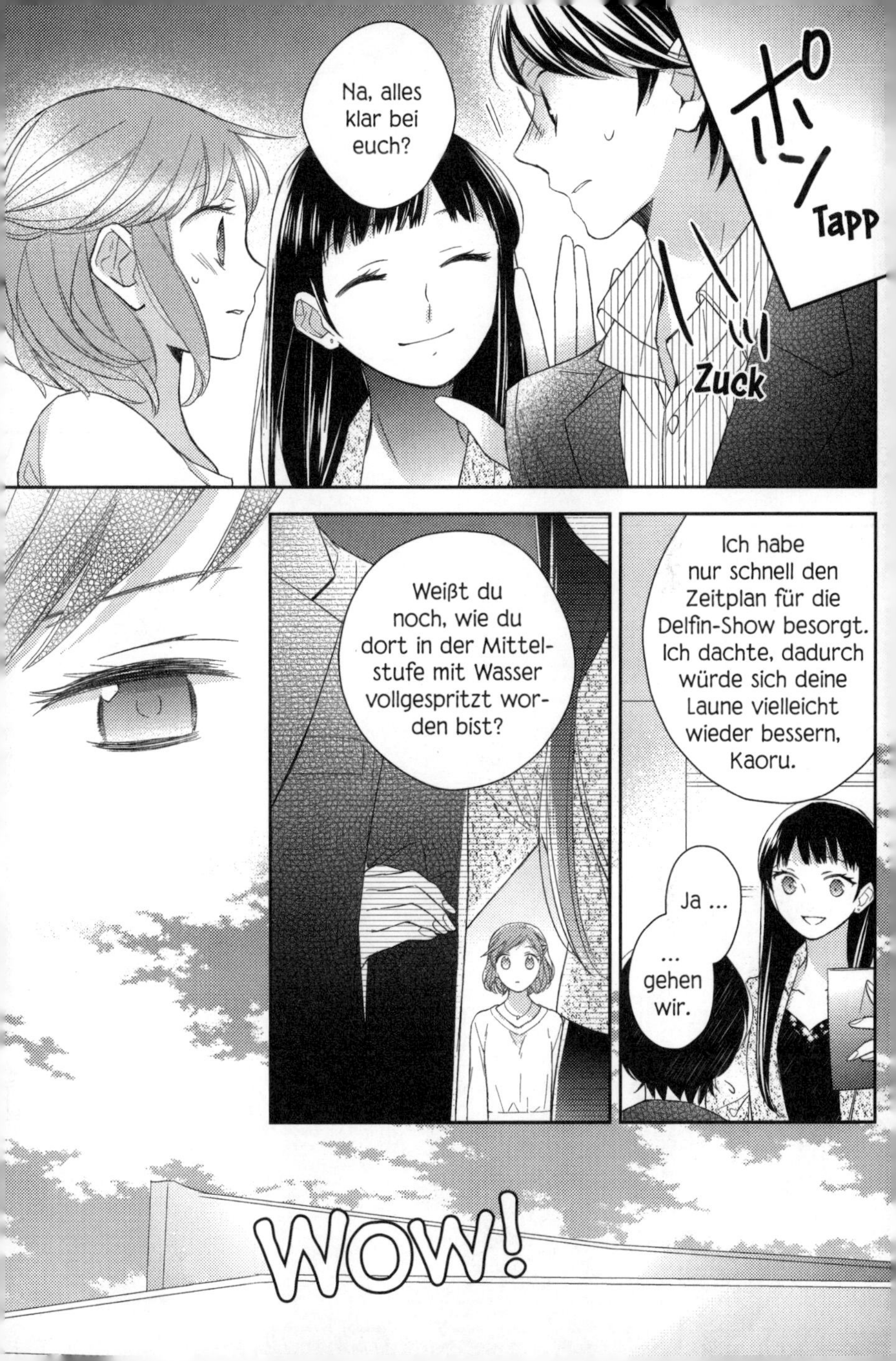

ポン
Tapp
Zuck
Na, alles klar bei euch?
Ich habe nur schnell den Zeitplan für die Delfin-Show besorgt. Ich dachte, dadurch würde sich deine Laune vielleicht wieder bessern, Kaoru.
Ja ...
... gehen wir.
Weißt du noch, wie du dort in der Mittelstufe mit Wasser vollgespritzt worden bist?
WOW!

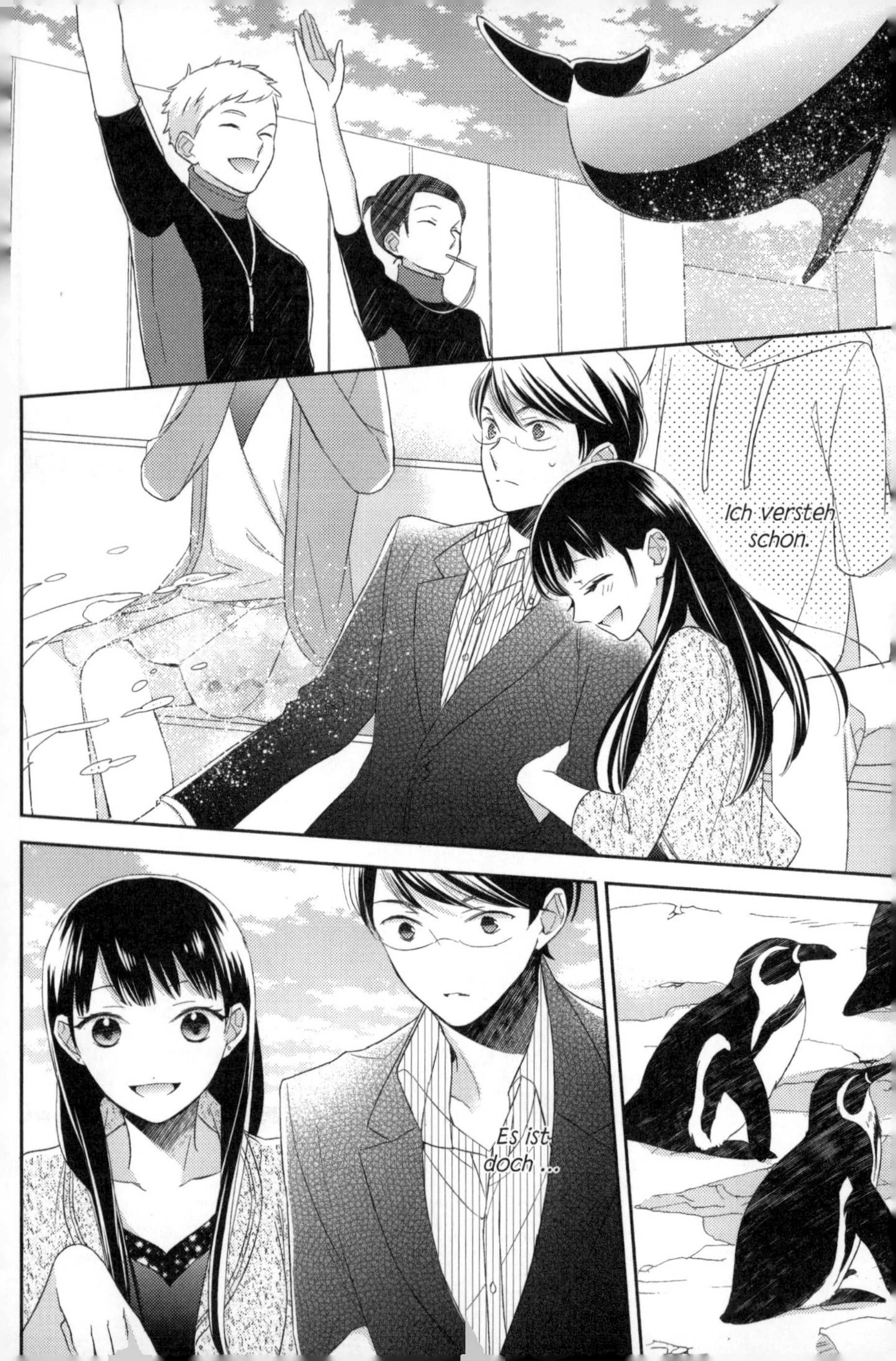
Ich versteh
schon.
Es ist
doch ...

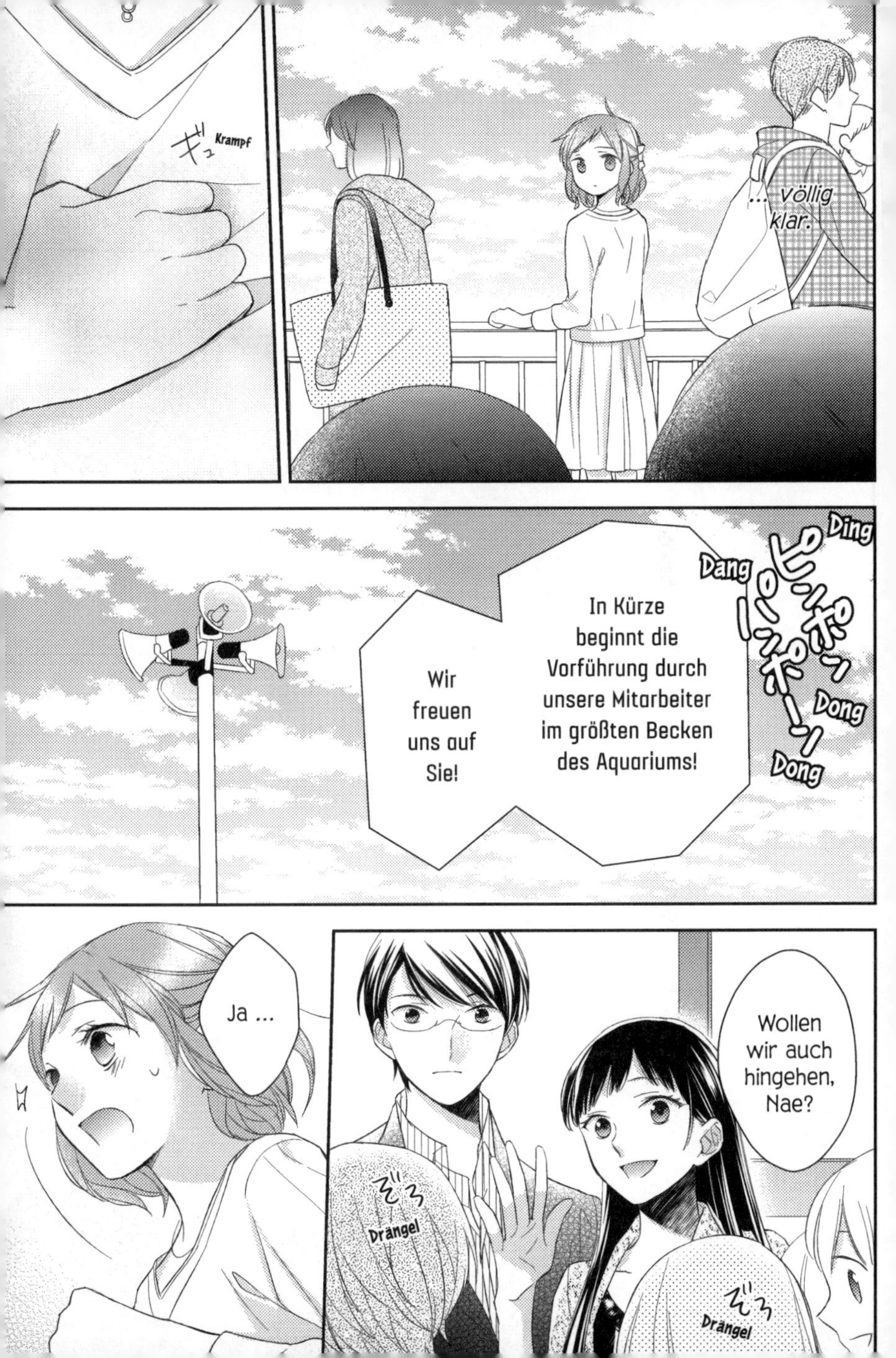

... völlig klar.
ギュ
Krampf
Ding
Dang
Dong
Dong
In Kürze beginnt die Vorführung durch unsere Mitarbeiter im größten Becken des Aquariums!
Wir freuen uns auf Sie!
Wollen wir auch hingehen, Nae?
Drängel
Drängel
Ja ...

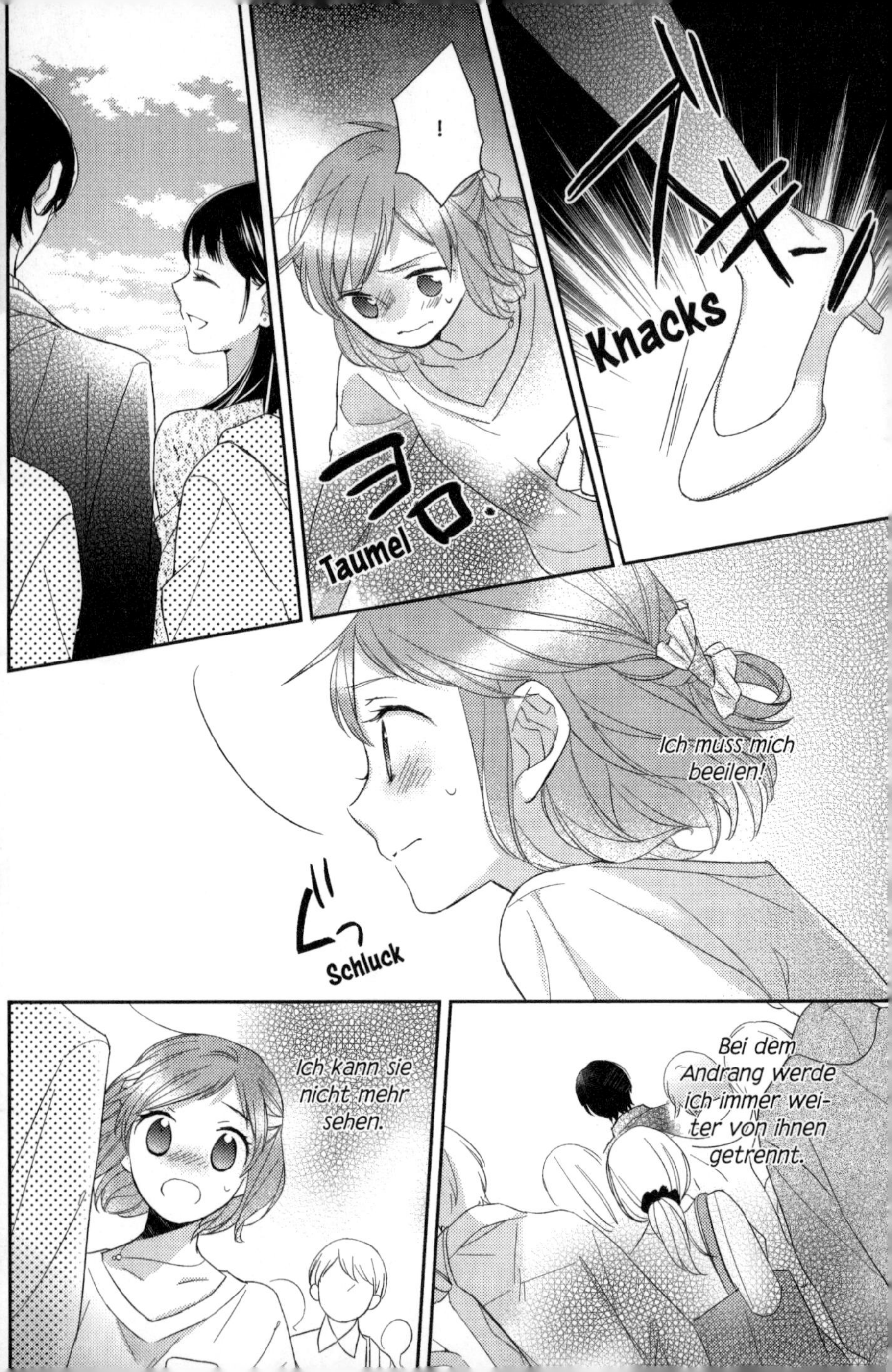
Knacks
!
ヨロ
Taumel
Ich muss mich beeilen!
ぐっ
Schluck
Bei dem Andrang werde ich immer wei-ter von ihnen getrennt.
Ich kann sie nicht mehr sehen.

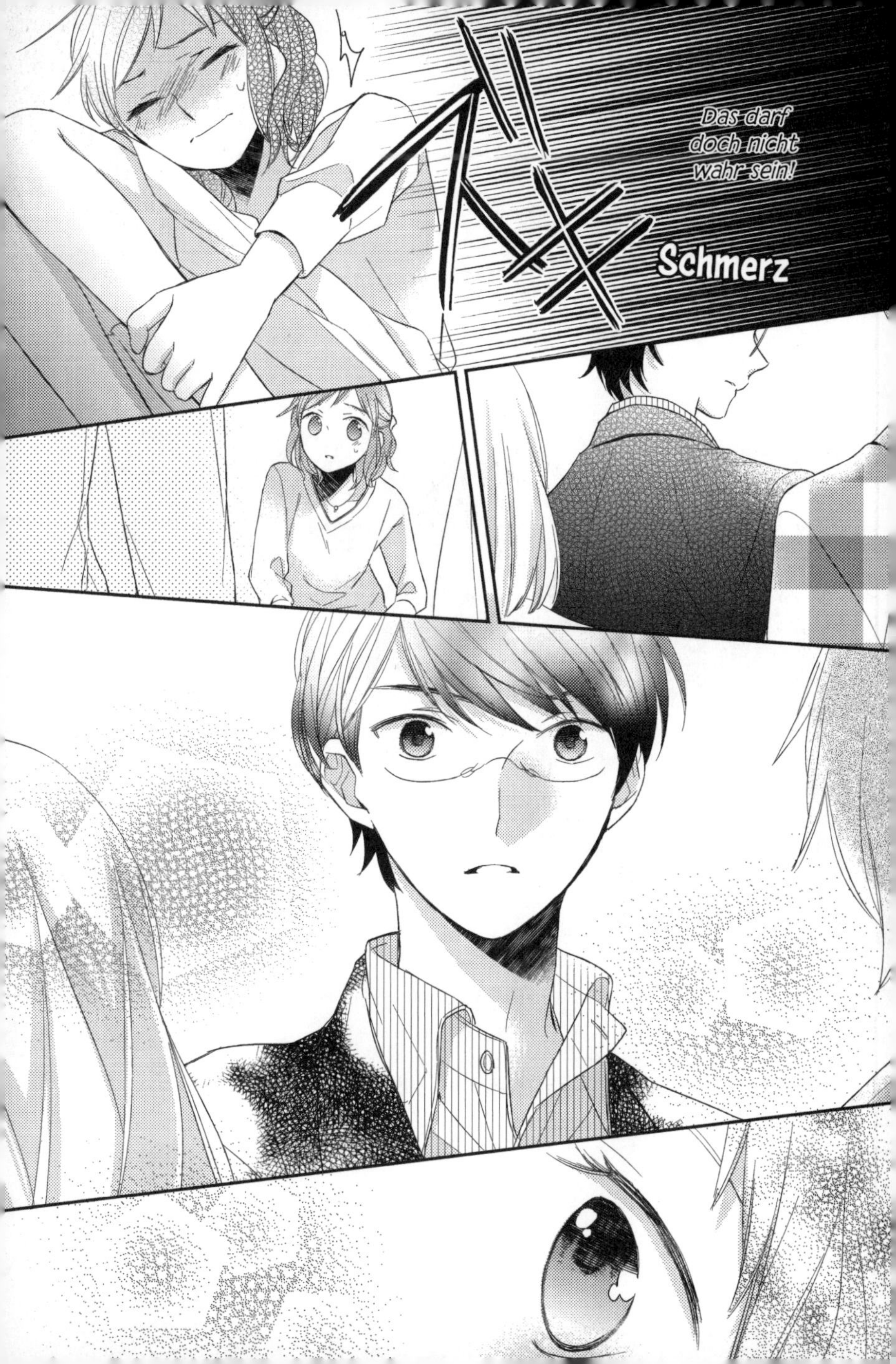
Das darf doch nicht wahr sein!
Schmerz

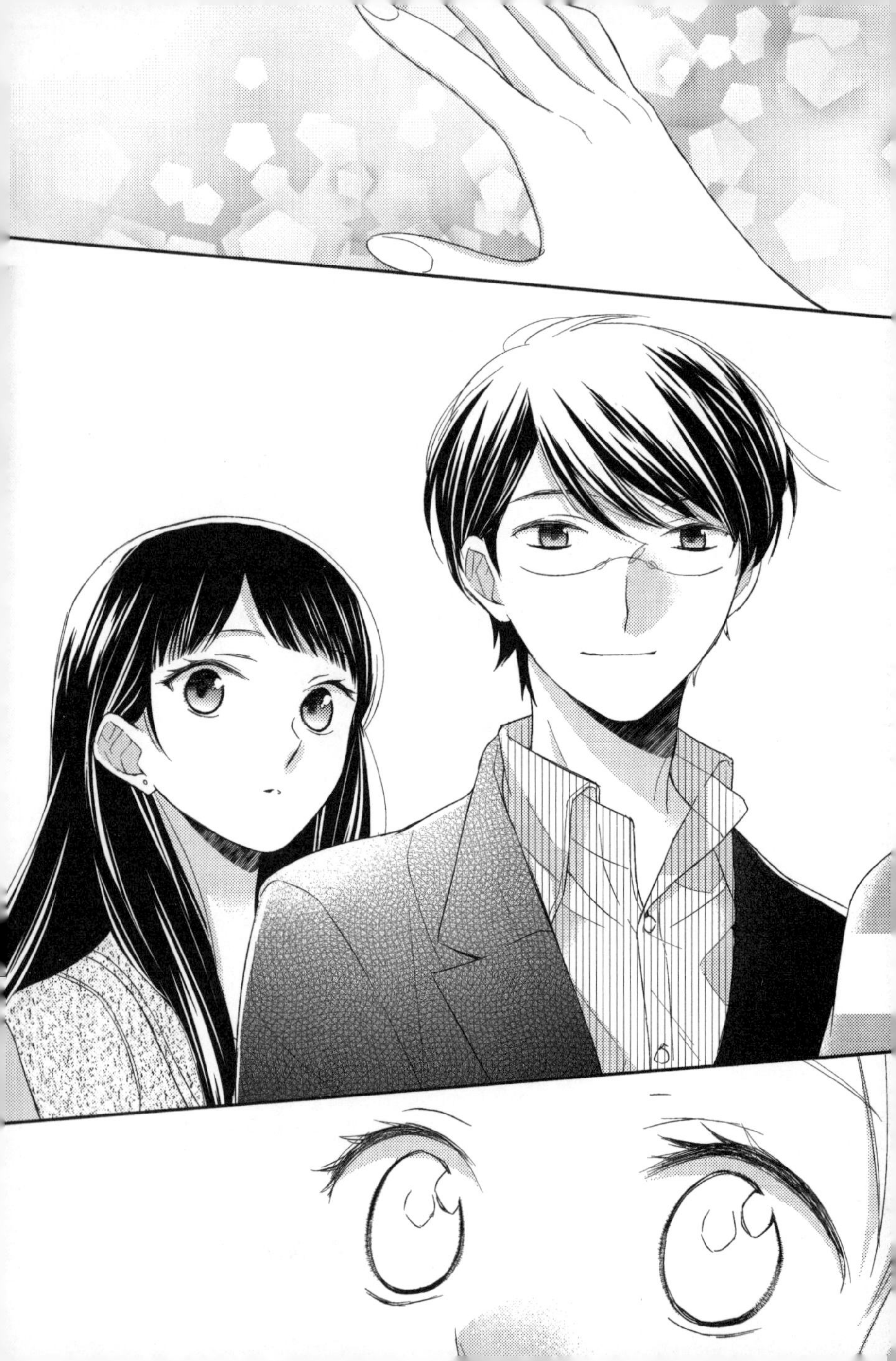

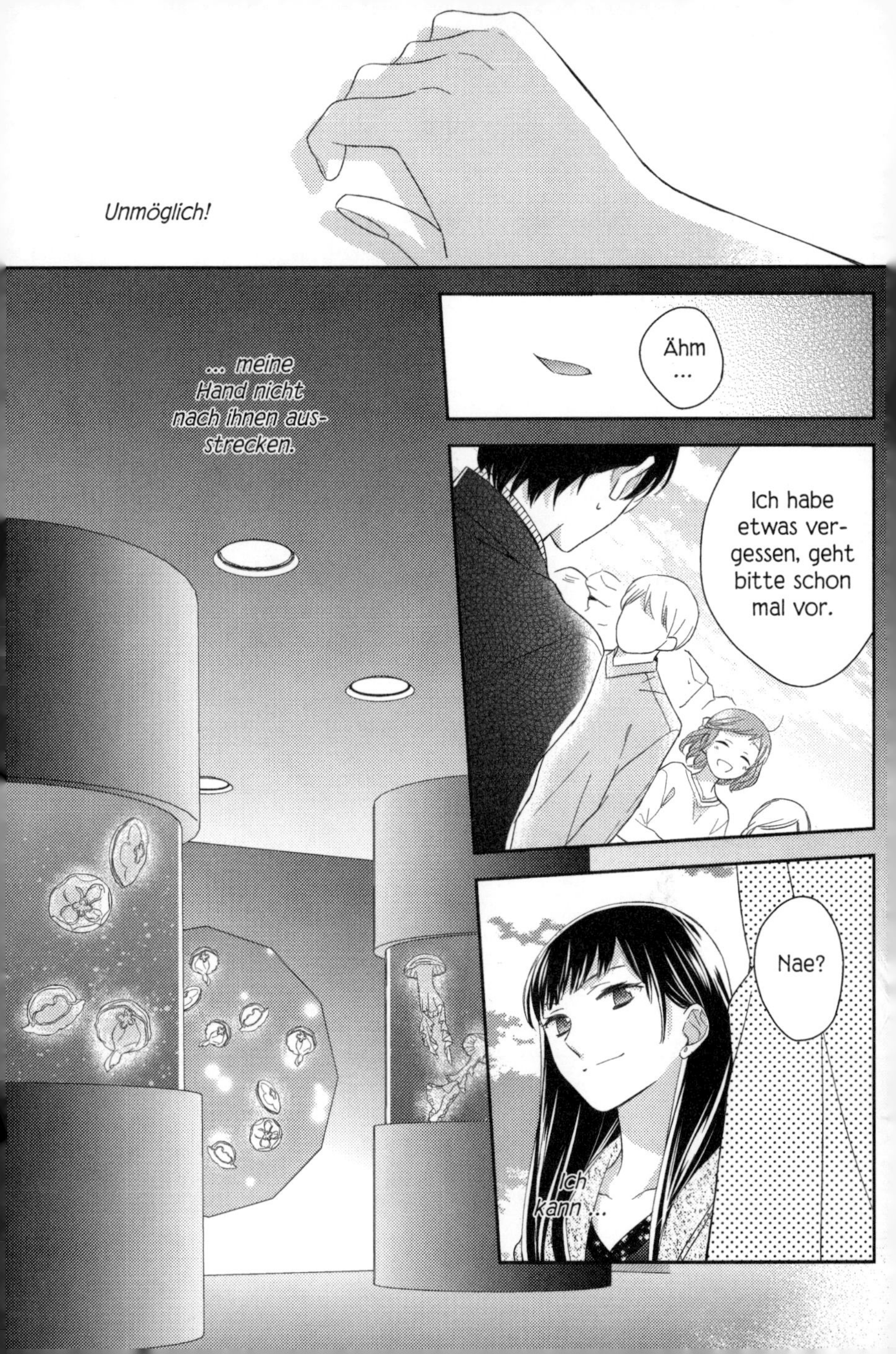
Unmöglich!
Ähm …
… meine Hand nicht nach ihnen aus- strecken.
Ich habe etwas ver- gessen, geht bitte schon mal vor.
Nae?
Ich kann …

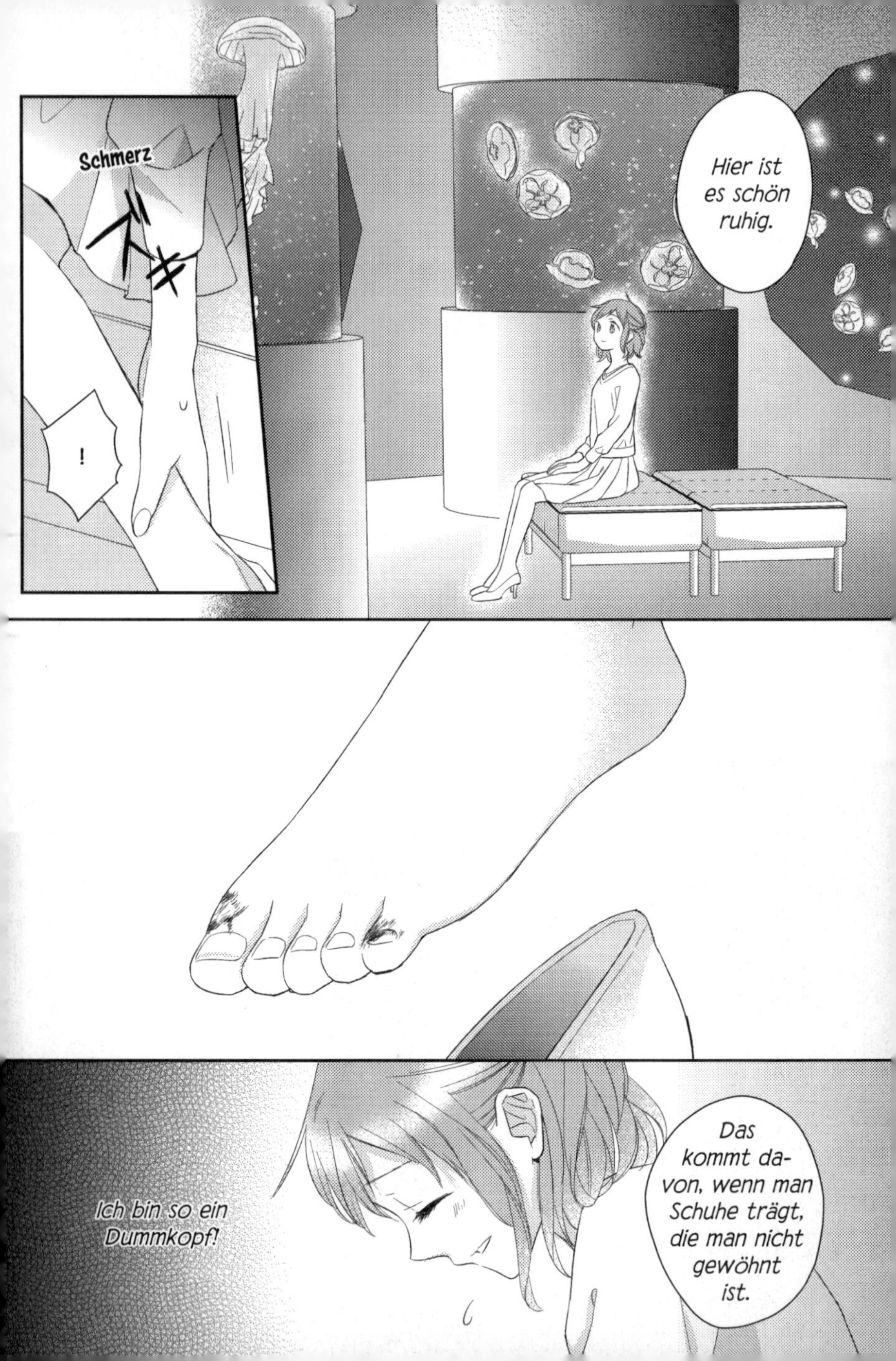
Hier ist es schön ruhig.
Schmerz
!
Das kommt davon, wenn man Schuhe trägt, die man nicht gewöhnt ist.
Ich bin so ein Dummkopf!

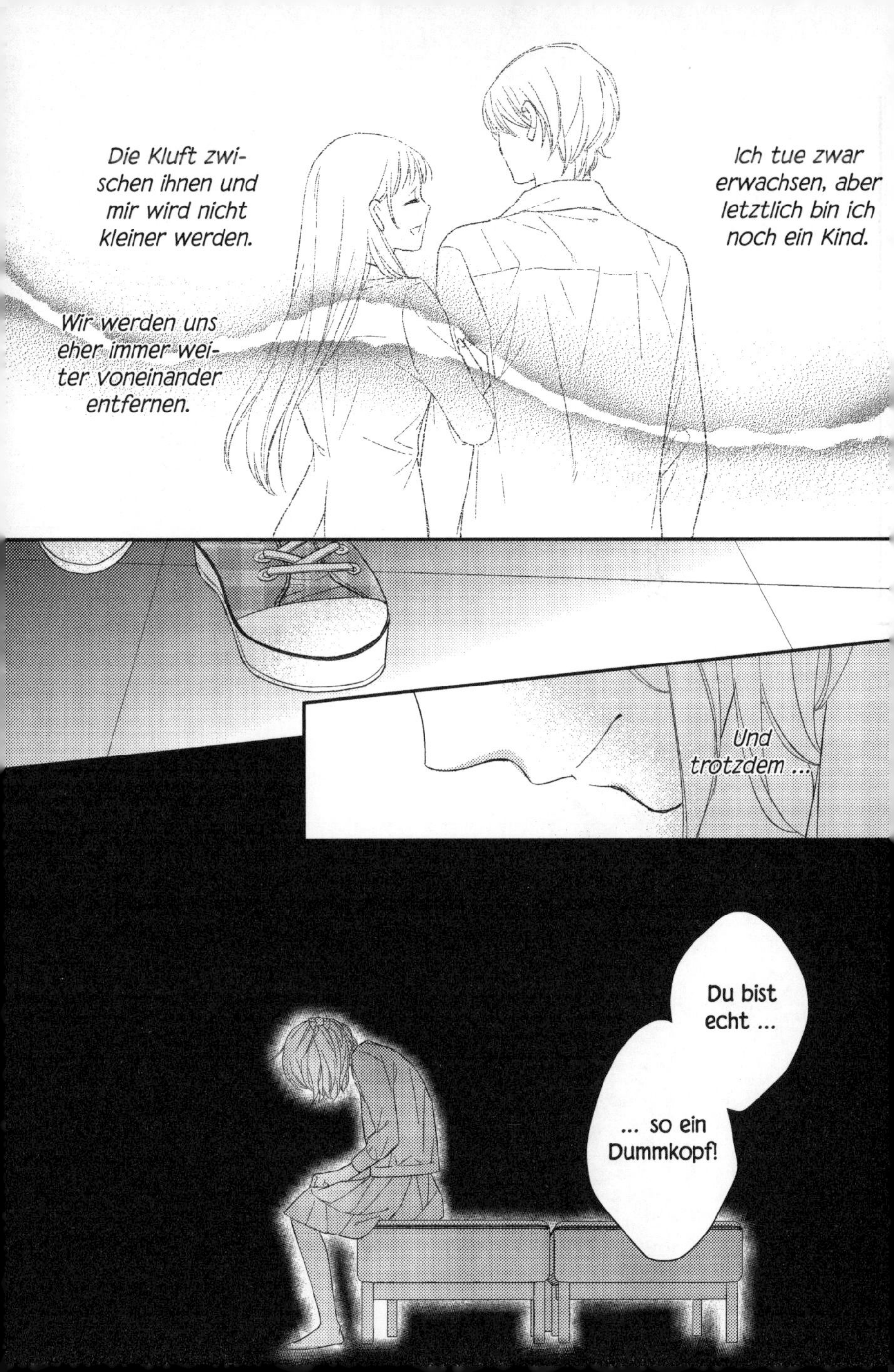
Ich tue zwar erwachsen, aber letztlich bin ich noch ein Kind.
Die Kluft zwischen ihnen und mir wird nicht kleiner werden.
Wir werden uns eher immer weiter voneinander entfernen.
Und trotzdem ...
Du bist echt ...
... so ein Dummkopf!

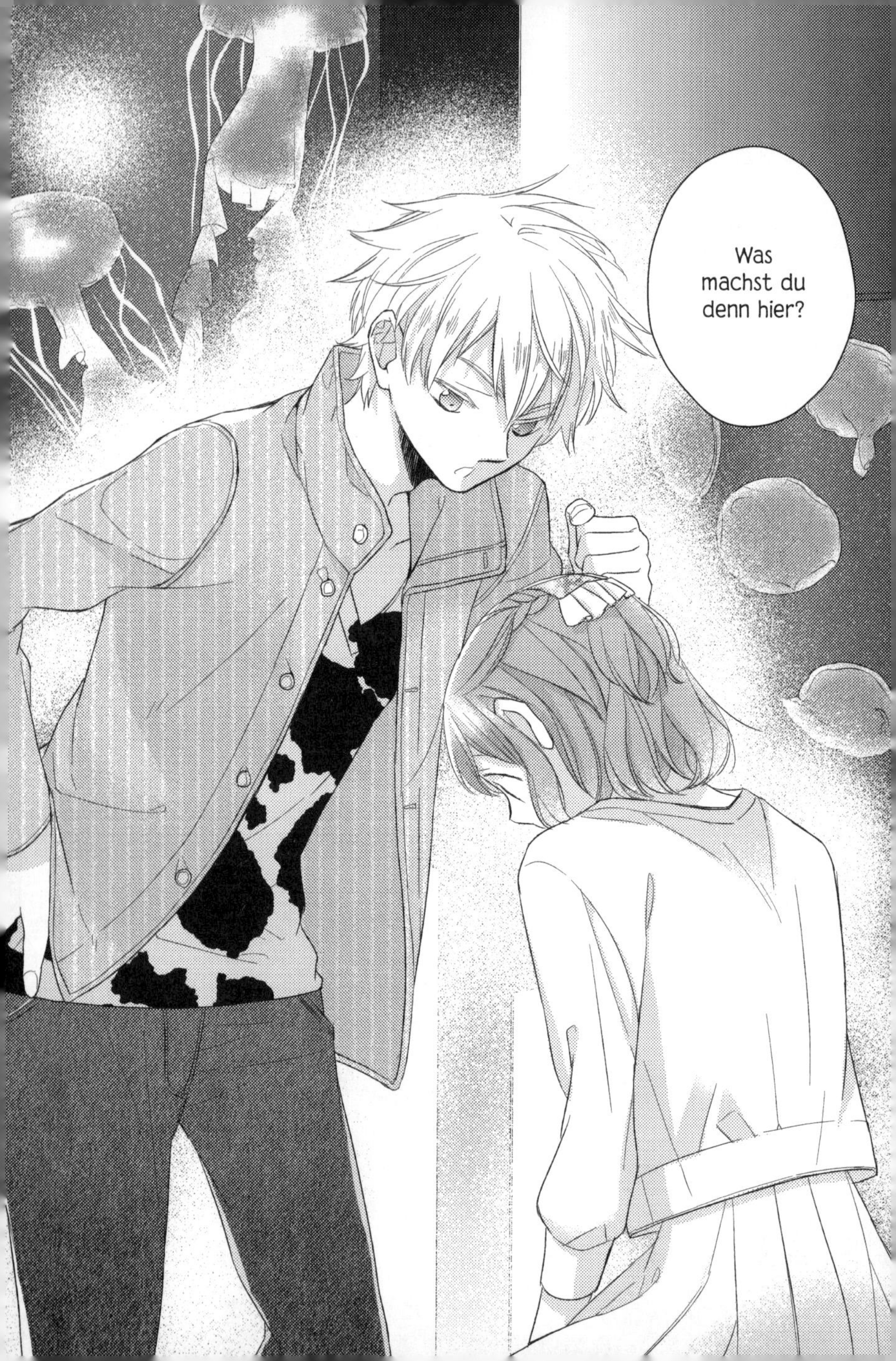
Was machst du denn hier?

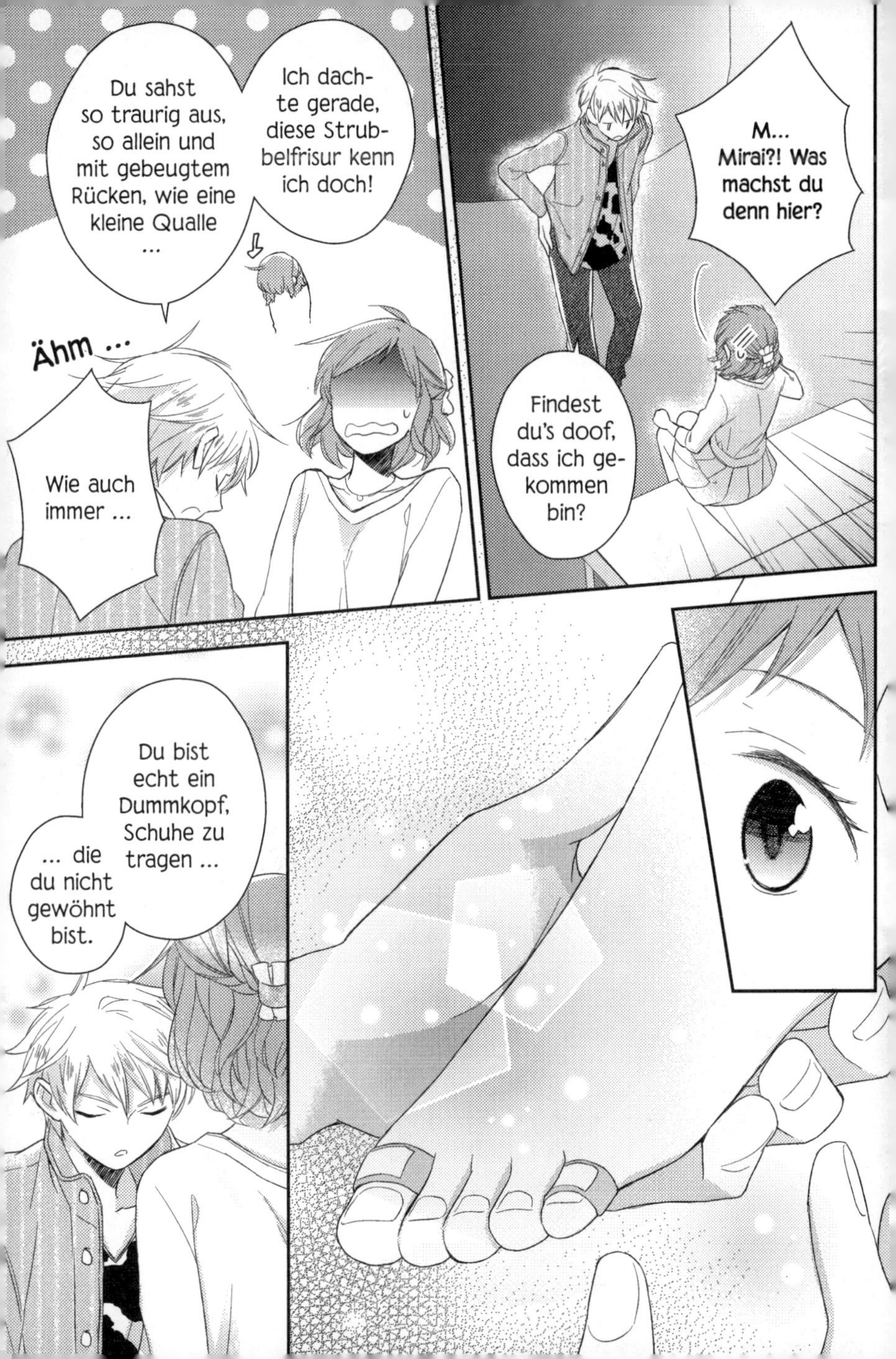
M... Mirai?! Was machst du denn hier?
Findest du's doof, dass ich gekommen bin?
Ich dachte gerade, diese Strubbelfrisur kenn ich doch!
Du sahst so traurig aus, so allein und mit gebeugtem Rücken, wie eine kleine Qualle ...
Ähm ...
Wie auch immer ...
Du bist echt ein Dummkopf, Schuhe zu tragen ...
... die du nicht gewöhnt bist.

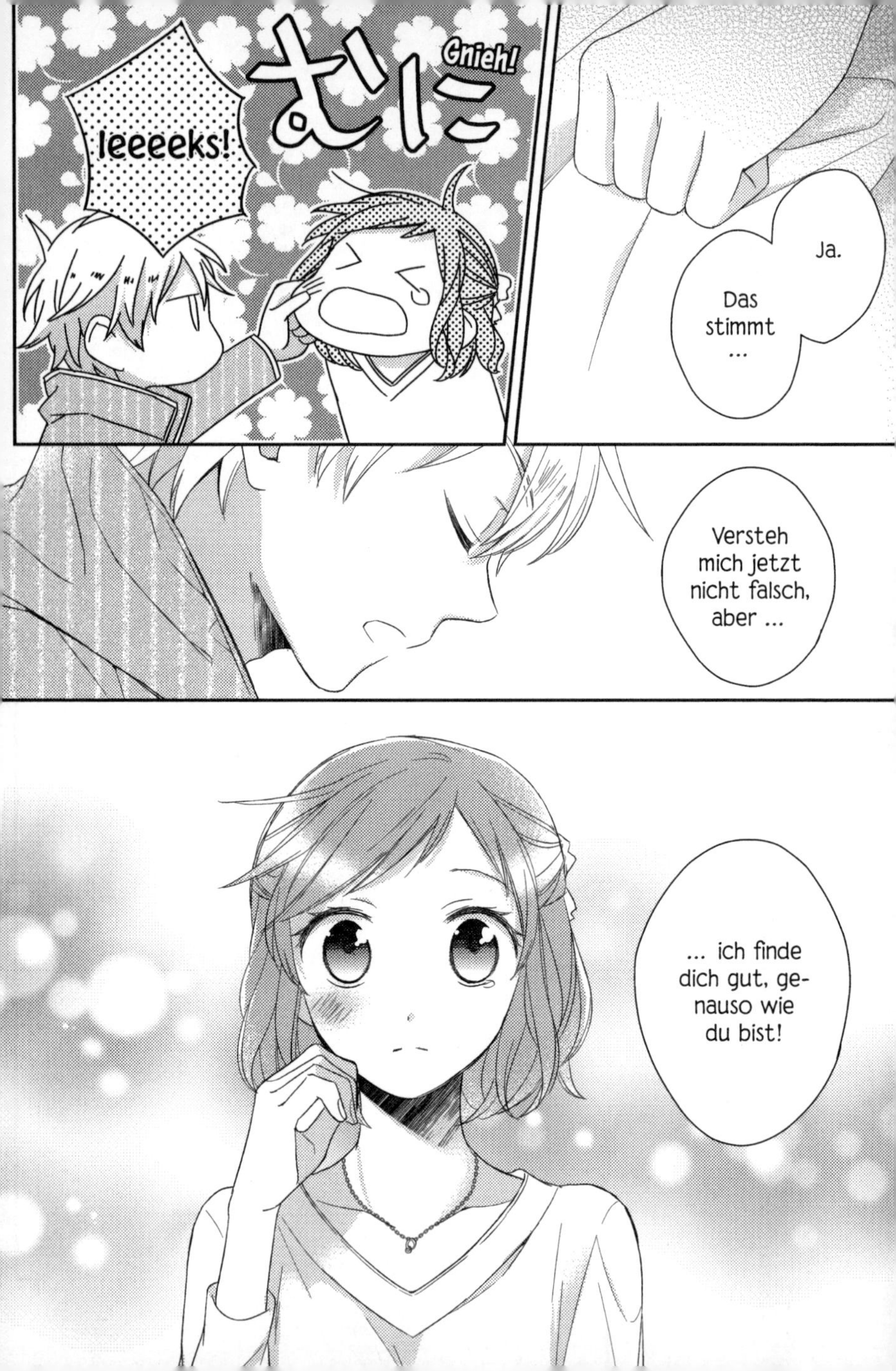
Ja.
Das stimmt ...
Ieeeeks!
むに
Gnieh!
Versteh mich jetzt nicht falsch, aber ...
... ich finde dich gut, ge-
nauso wie du bist!

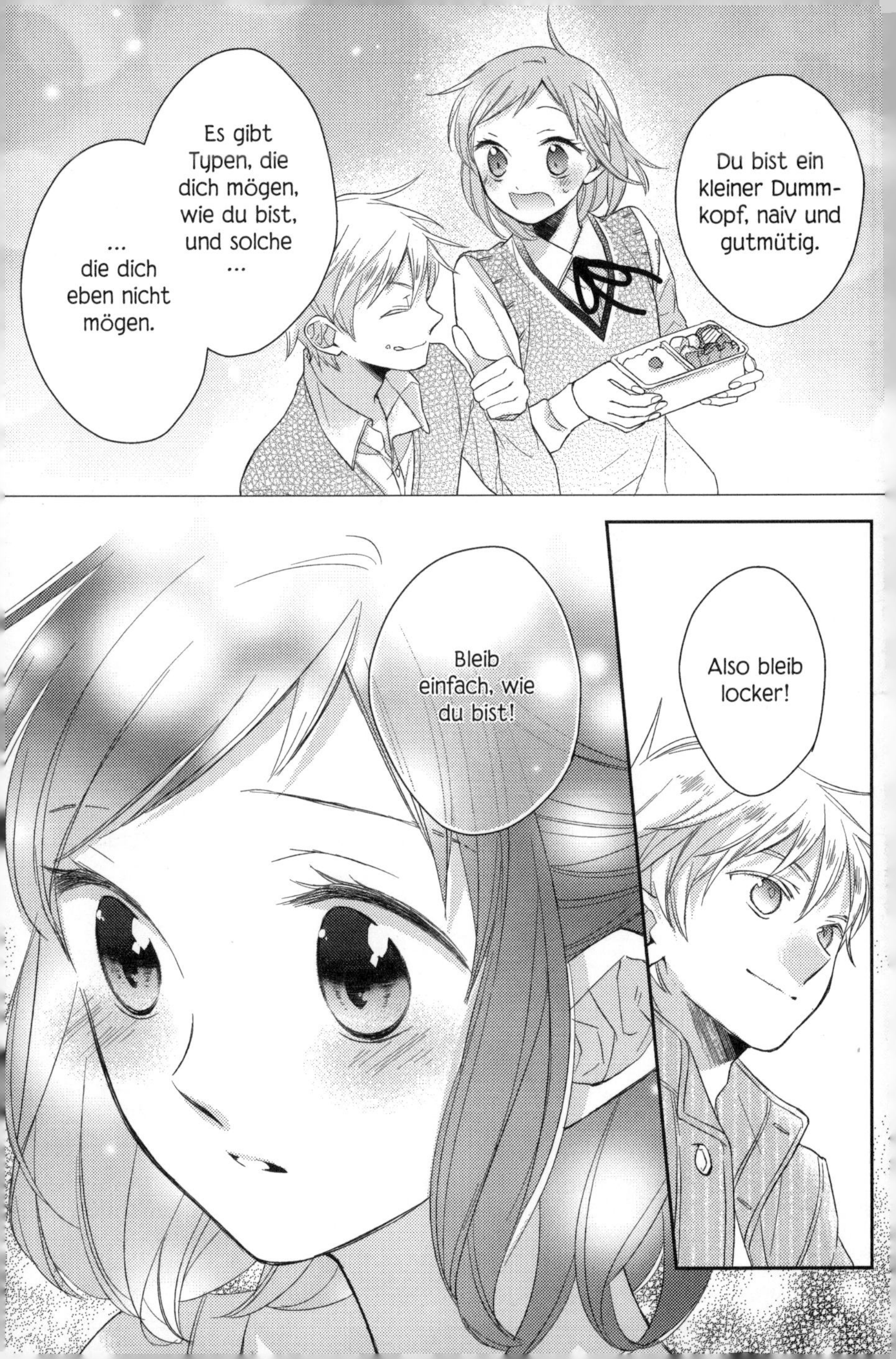
Du bist ein kleiner Dumm-kopf, naiv und gutmütig.
Es gibt Typen, die dich mögen, wie du bist, und solche ...
... die dich eben nicht mögen.
Also bleib locker!
Bleib einfach, wie du bist!

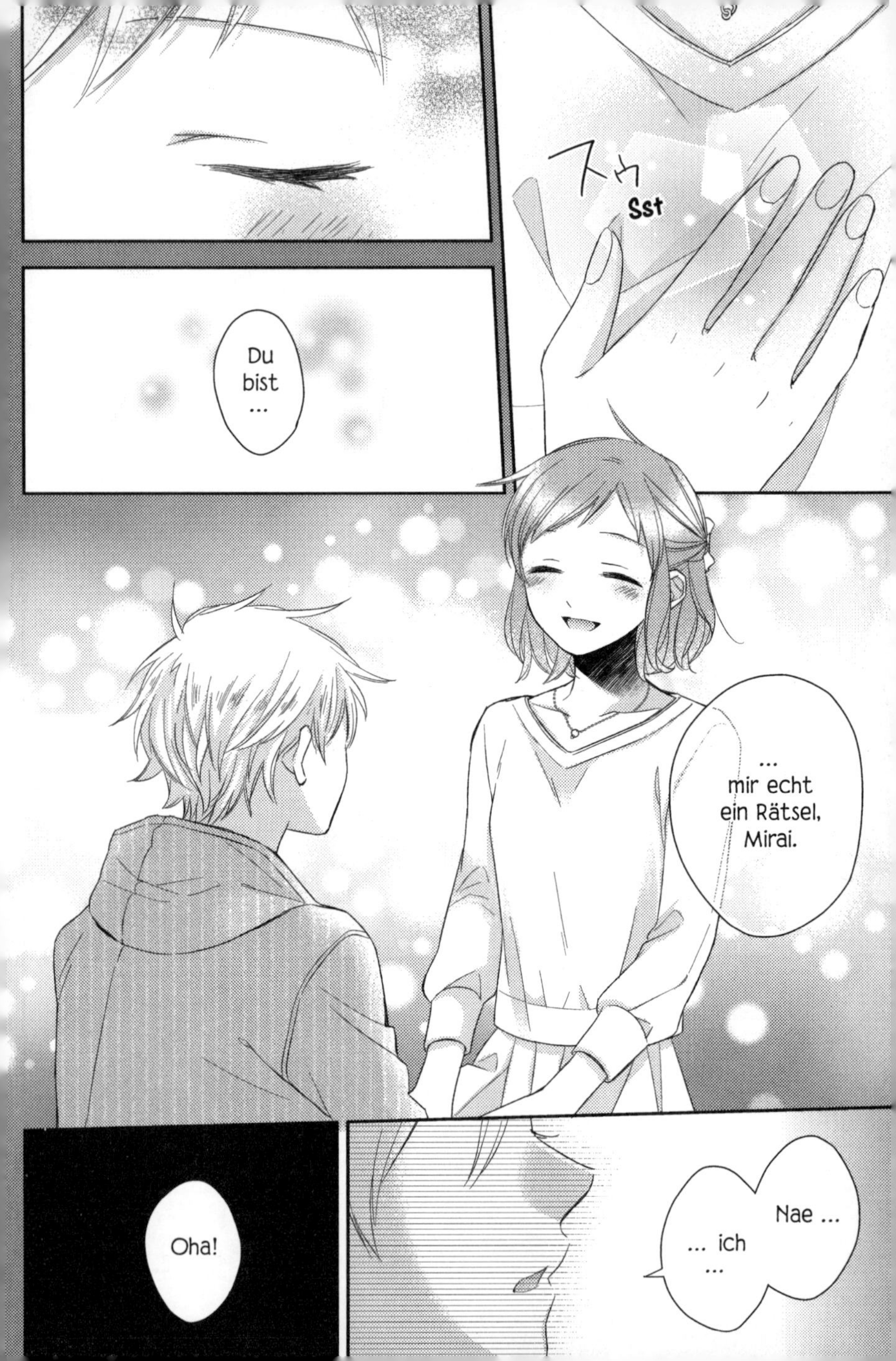
スゥ
Sst
Du bist ...
... mir echt ein Rätsel, Mirai.
Nae ... ... ich ...
Oha!

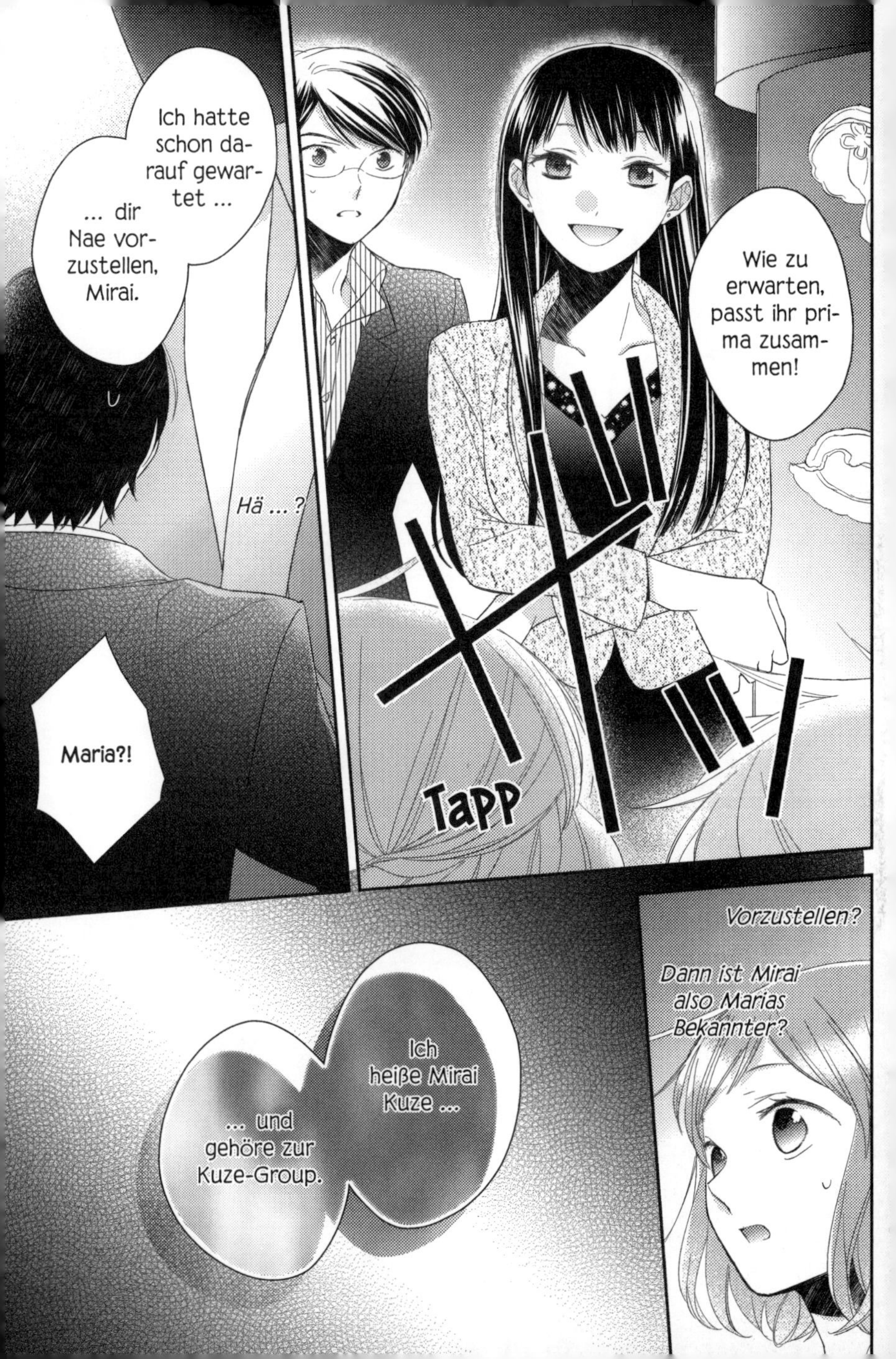
Wie zu erwarten, passt ihr prima zusammen!
Ich hatte schon darauf gewartet ...
... dir Nae vorzustellen, Mirai.
Hä ... ?
Tapp
Maria?!
Vorzustellen?
Dann ist Mirai also Marias Bekannter?
Ich heiße Mirai Kuze ...
... und gehöre zur Kuze-Group.

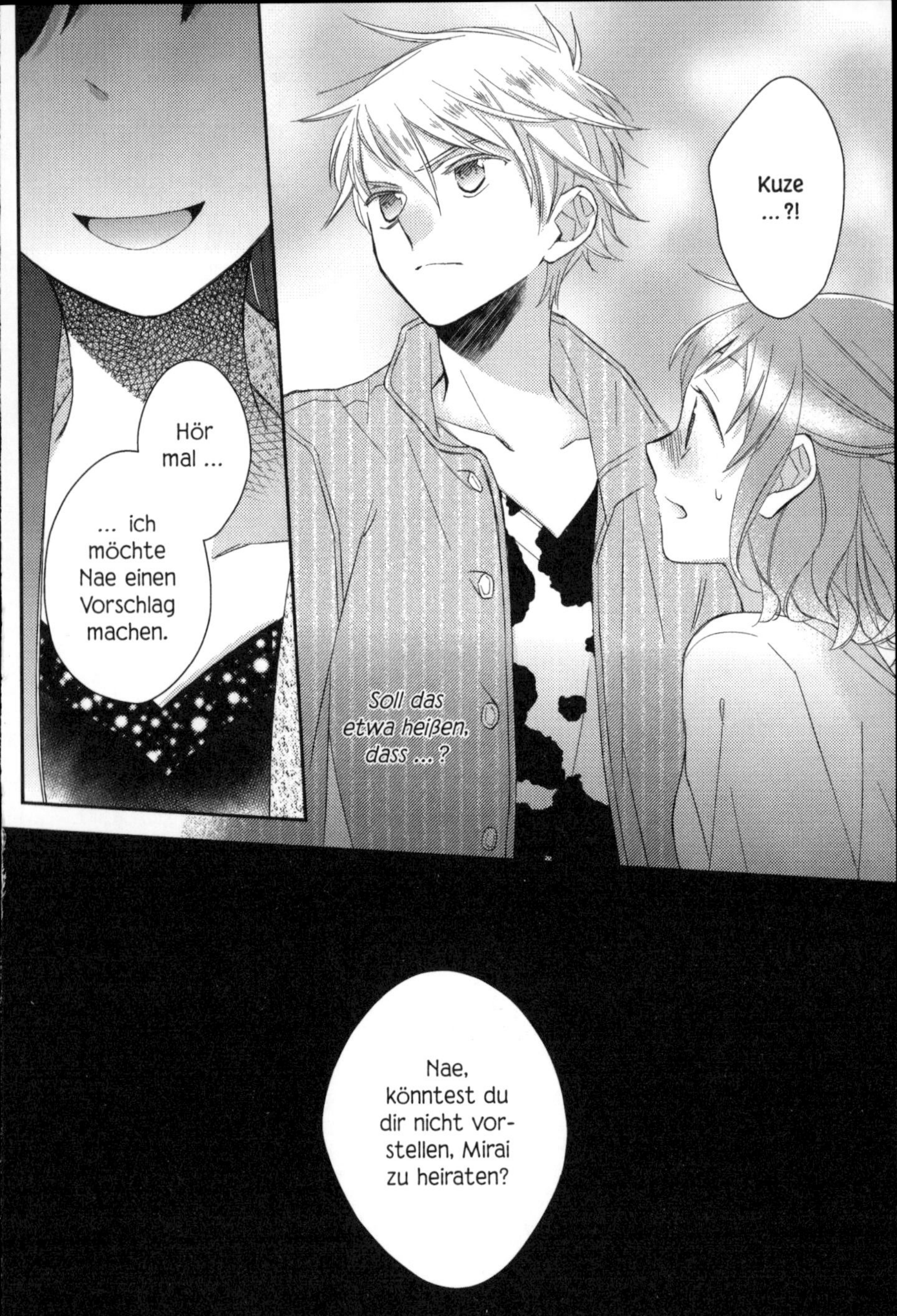
Kuze ...?!
Hör mal ...
... ich möchte Nae einen Vorschlag machen.
Soll das etwa heißen, dass ...?
Nae, könntest du dir nicht vorstellen, Mirai zu heiraten?

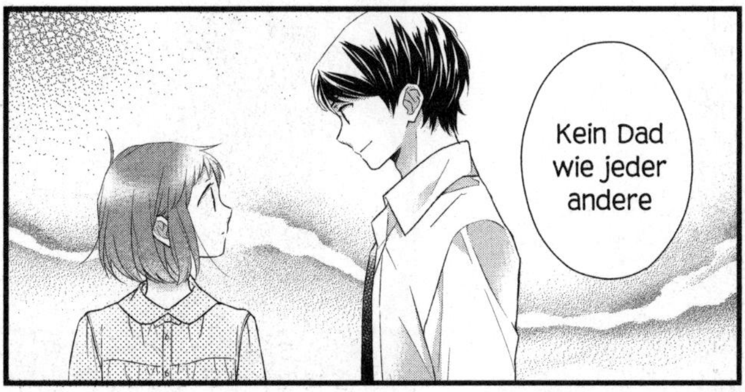
Kein Dad wie jeder andere

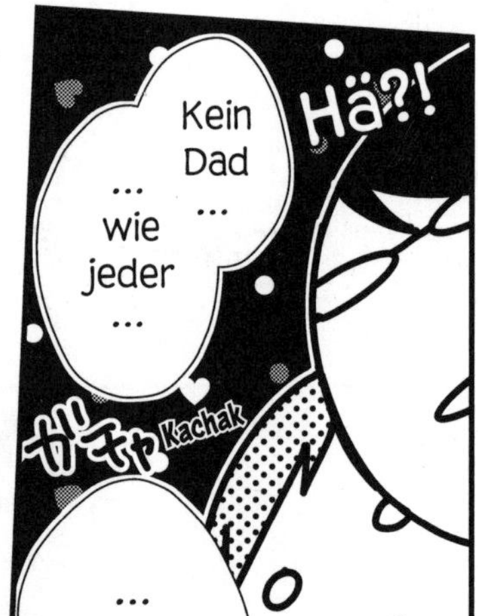
Hä?!
Kein Dad ...
... wie jeder ...
ガチャ Kachak
... andere

Kapitel 11

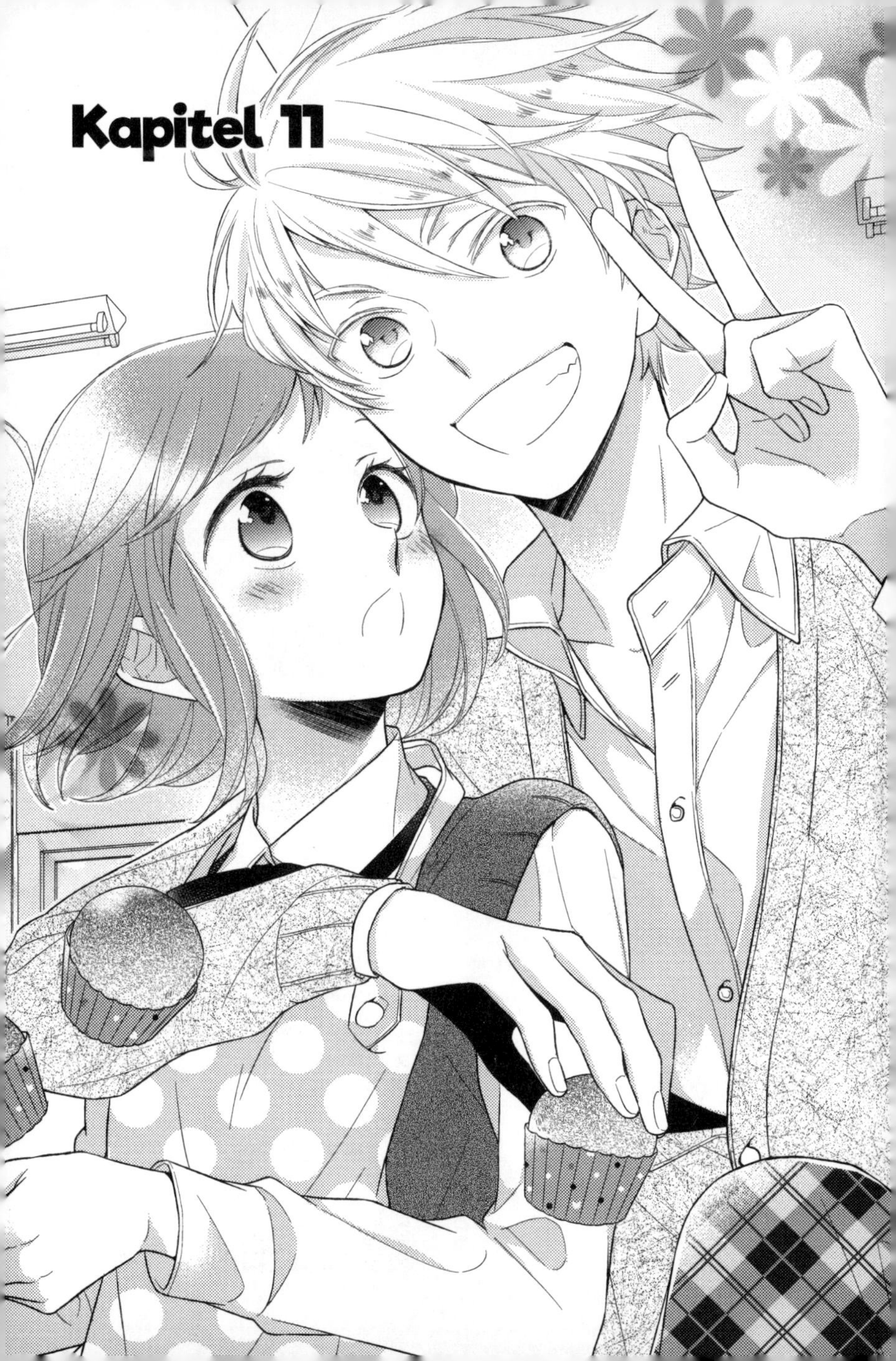

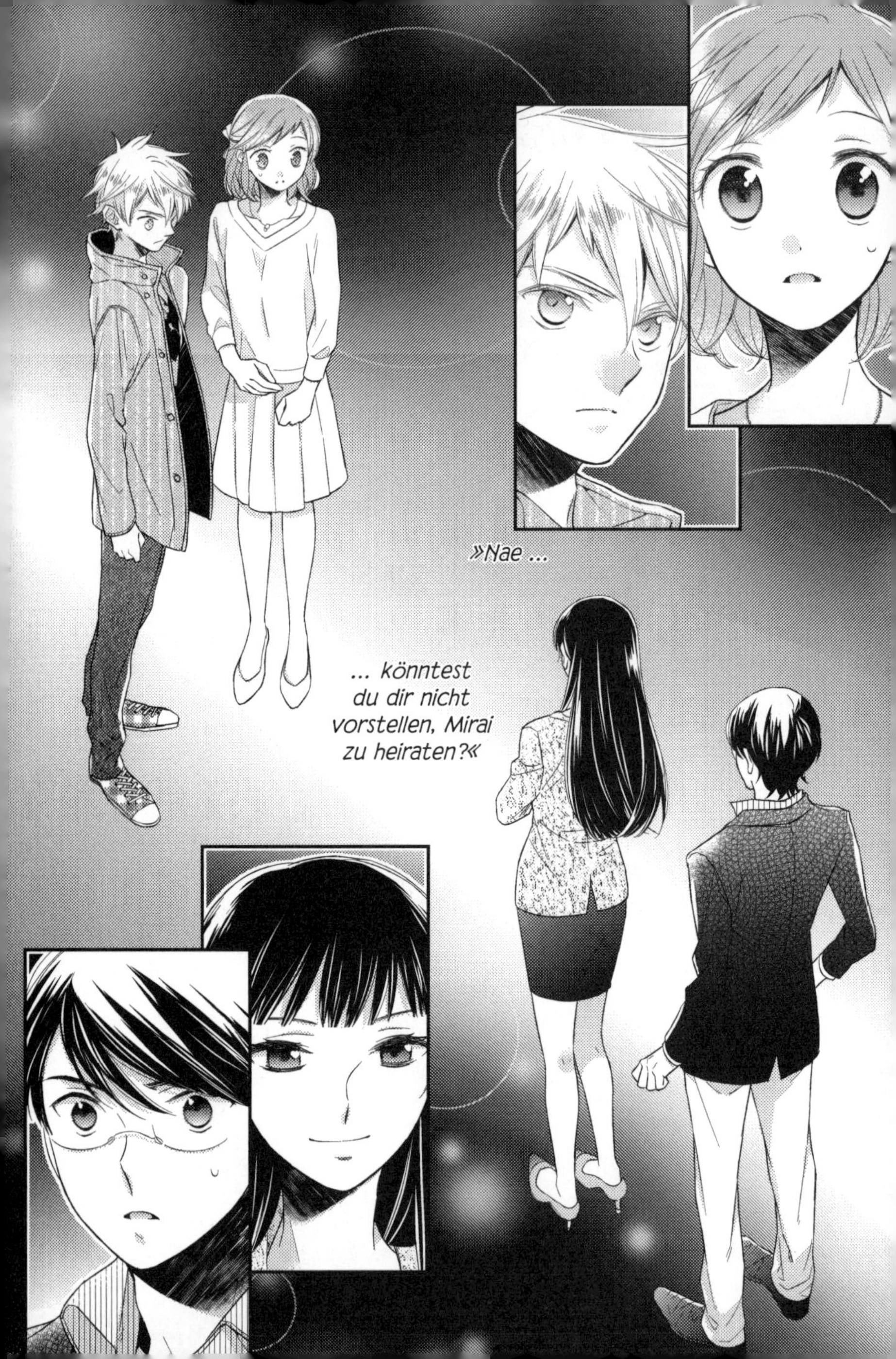
»Nae …
… könntest du dir nicht vorstellen, Mirai zu heiraten?«

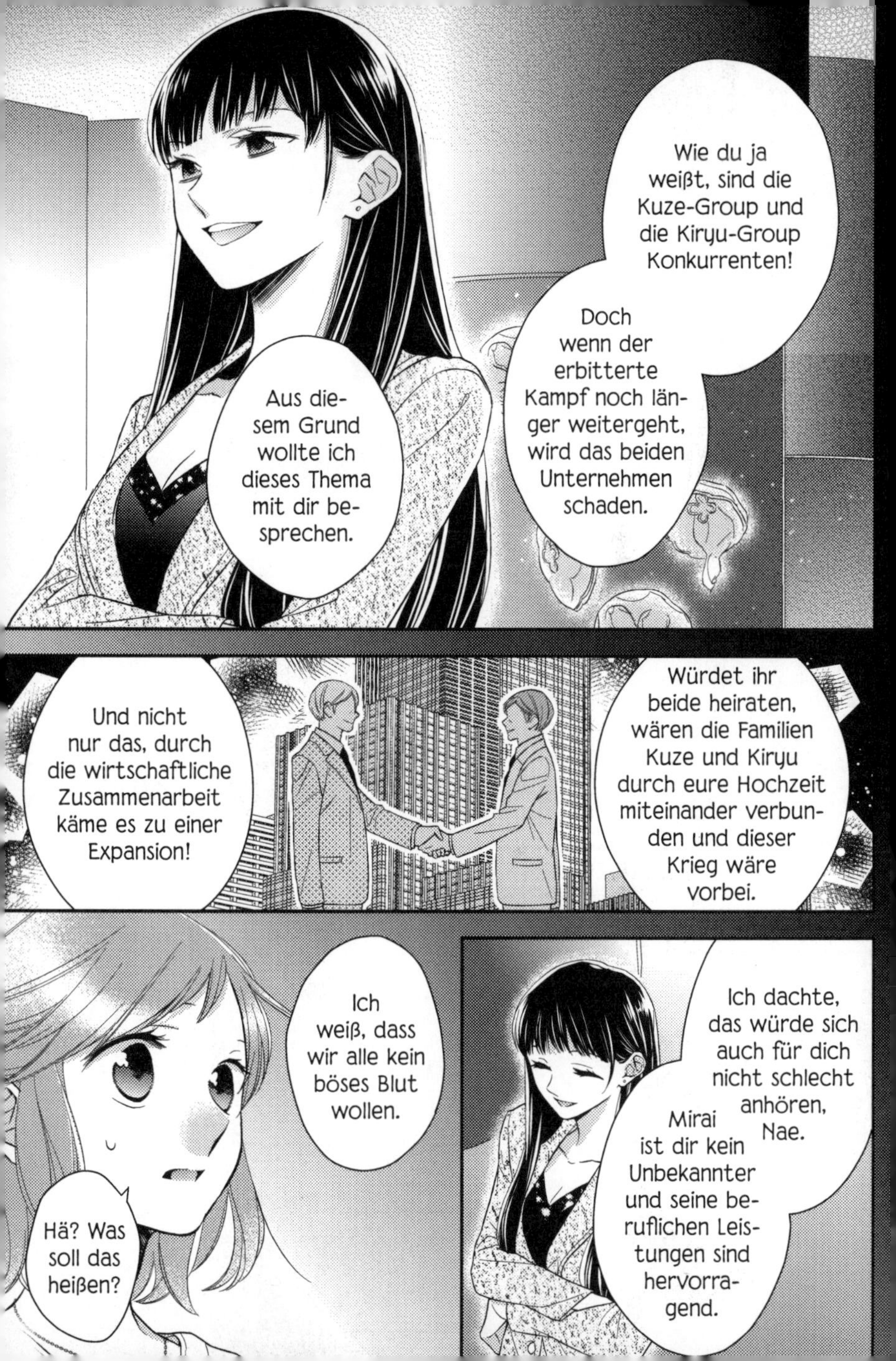
Wie du ja weißt, sind die Kuze-Group und die Kiryu-Group Konkurrenten!
Doch wenn der erbitterte Kampf noch länger weitergeht, wird das beiden Unternehmen schaden.
Aus diesem Grund wollte ich dieses Thema mit dir besprechen.
Würdet ihr beide heiraten, wären die Familien Kuze und Kiryu durch eure Hochzeit miteinander verbunden und dieser Krieg wäre vorbei.
Und nicht nur das, durch die wirtschaftliche Zusammenarbeit käme es zu einer Expansion!
Ich dachte, das würde sich auch für dich nicht schlecht anhören, Nae.
Mirai ist dir kein Unbekannter und seine beruflichen Leistungen sind hervorragend.
Ich weiß, dass wir alle kein böses Blut wollen.
Hä? Was soll das heißen?

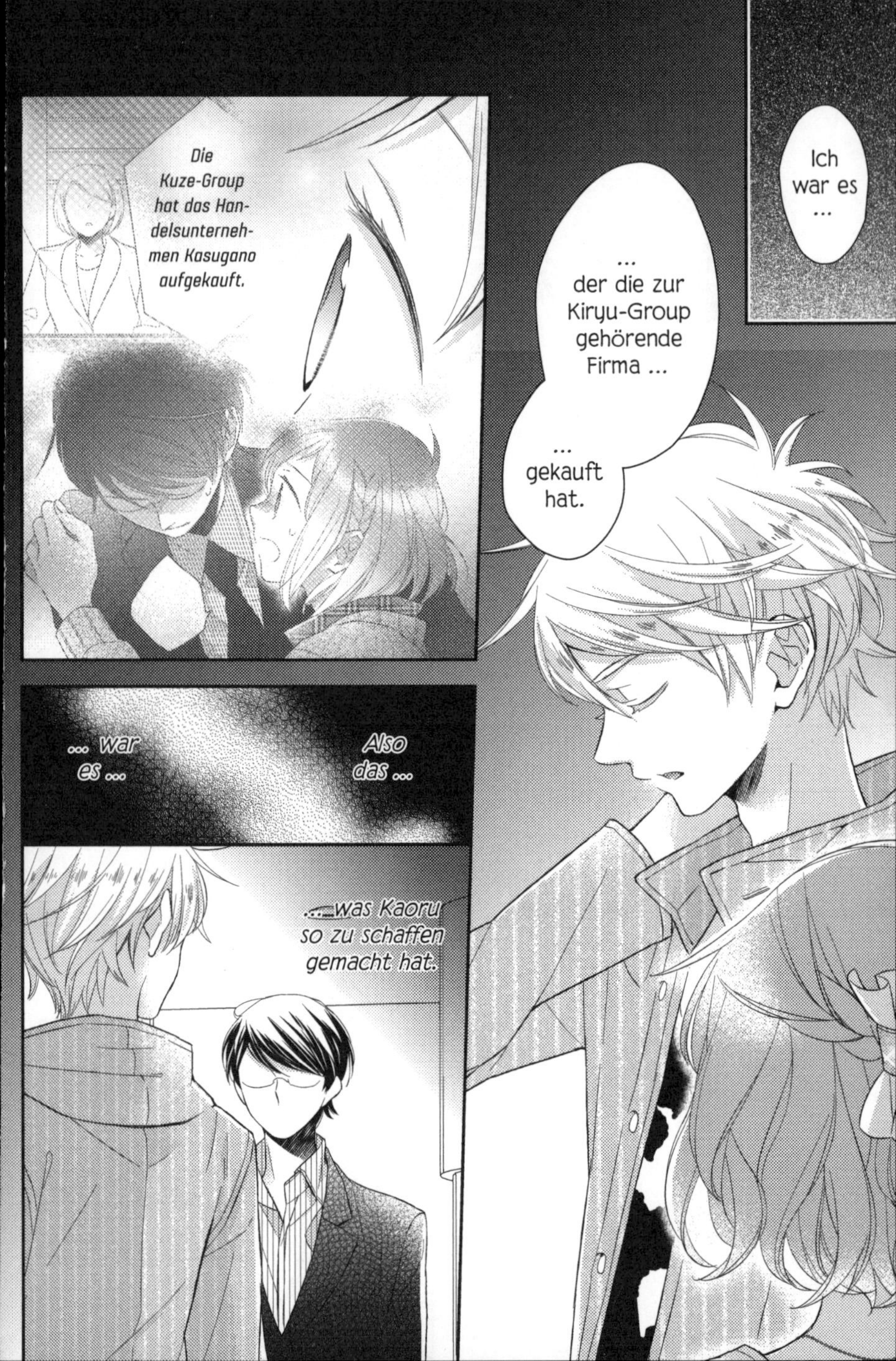
Ich war es ...
... der die zur Kiryu-Group gehörende Firma ...
... gekauft hat.
Die Kuze-Group hat das Handelsunternehmen Kasugano aufgekauft.
Also das ...
... war es ...
... was Kaoru so zu schaffen gemacht hat.

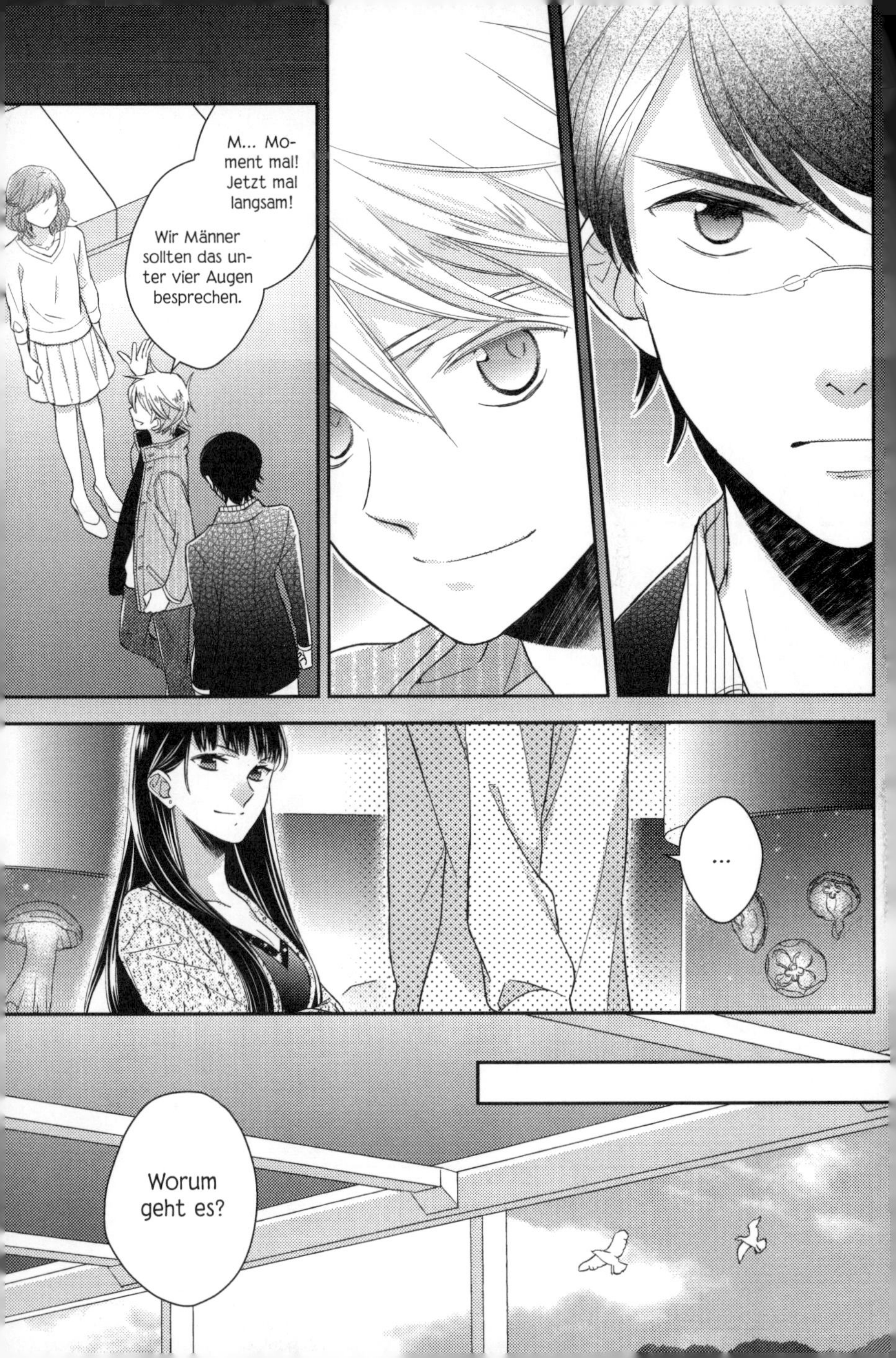
M... Moment mal! Jetzt mal langsam!
Wir Männer sollten das unter vier Augen besprechen.
...
Worum geht es?

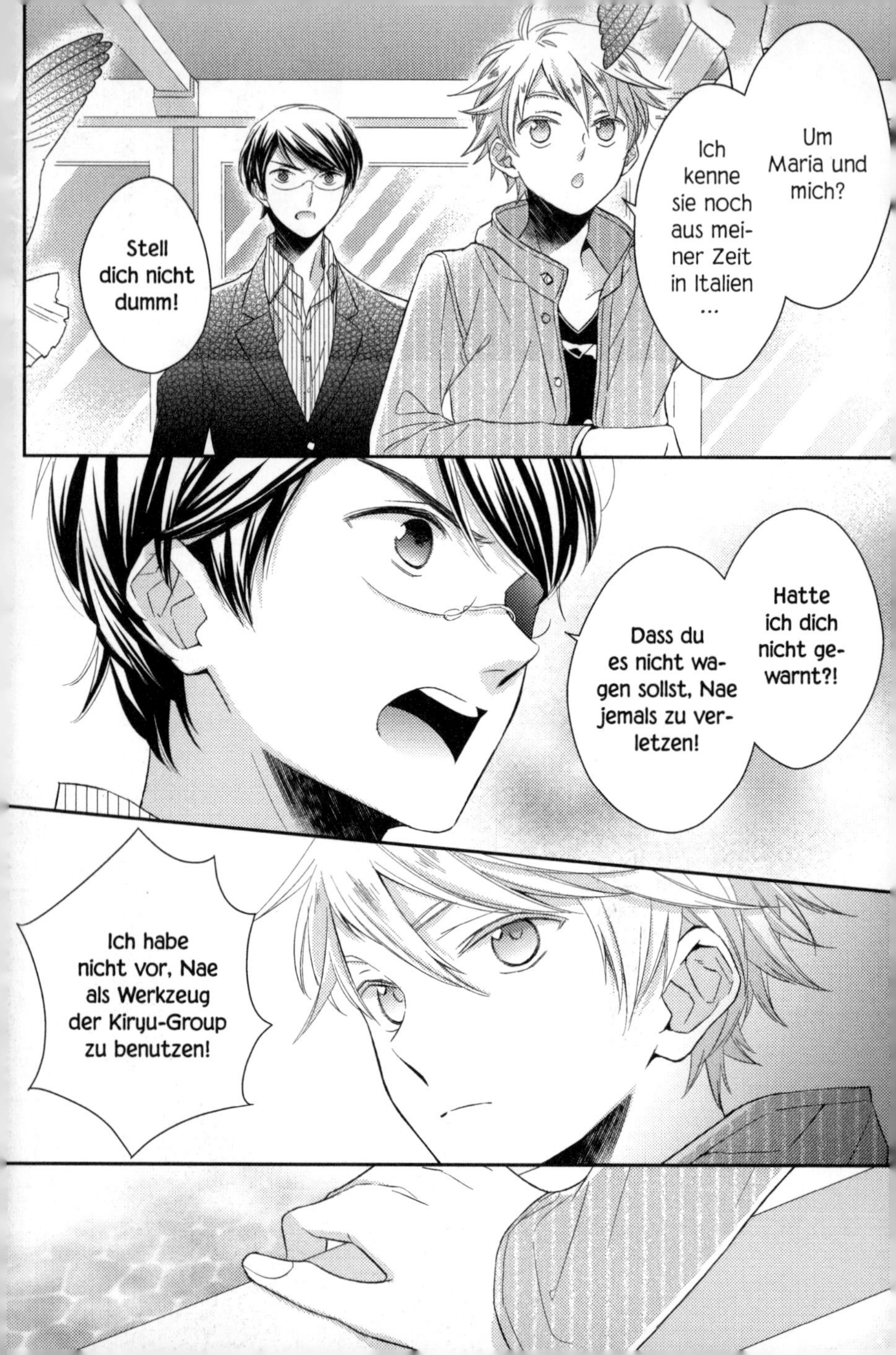
Um Maria und mich?
Ich kenne sie noch aus meiner Zeit in Italien ...
Stell dich nicht dumm!
Hatte ich dich nicht gewarnt?!
Dass du es nicht wagen sollst, Nae jemals zu verletzen!
Ich habe nicht vor, Nae als Werkzeug der Kiryu-Group zu benutzen!

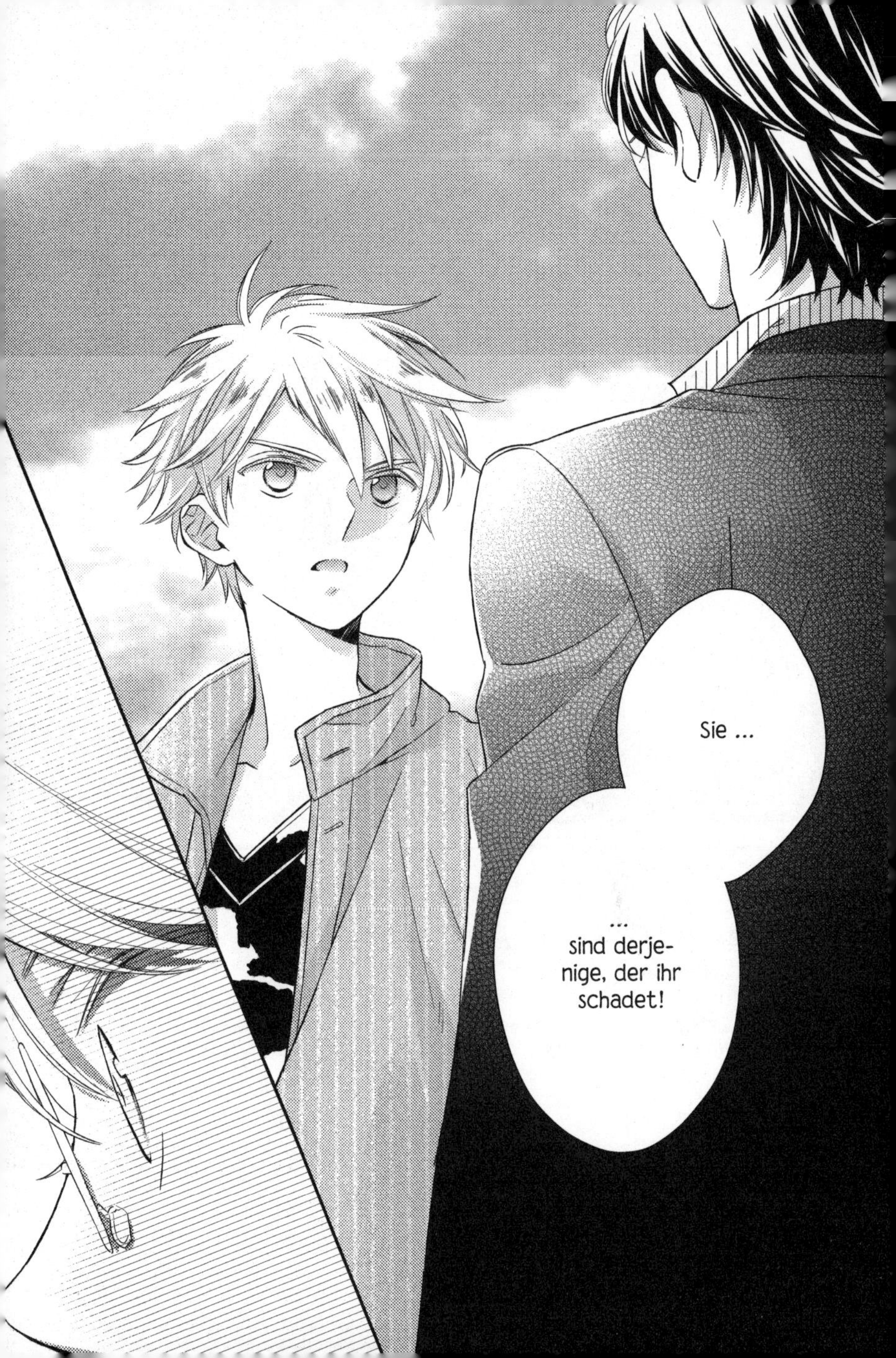
Sie ...
... sind derje-nige, der ihr schadet!

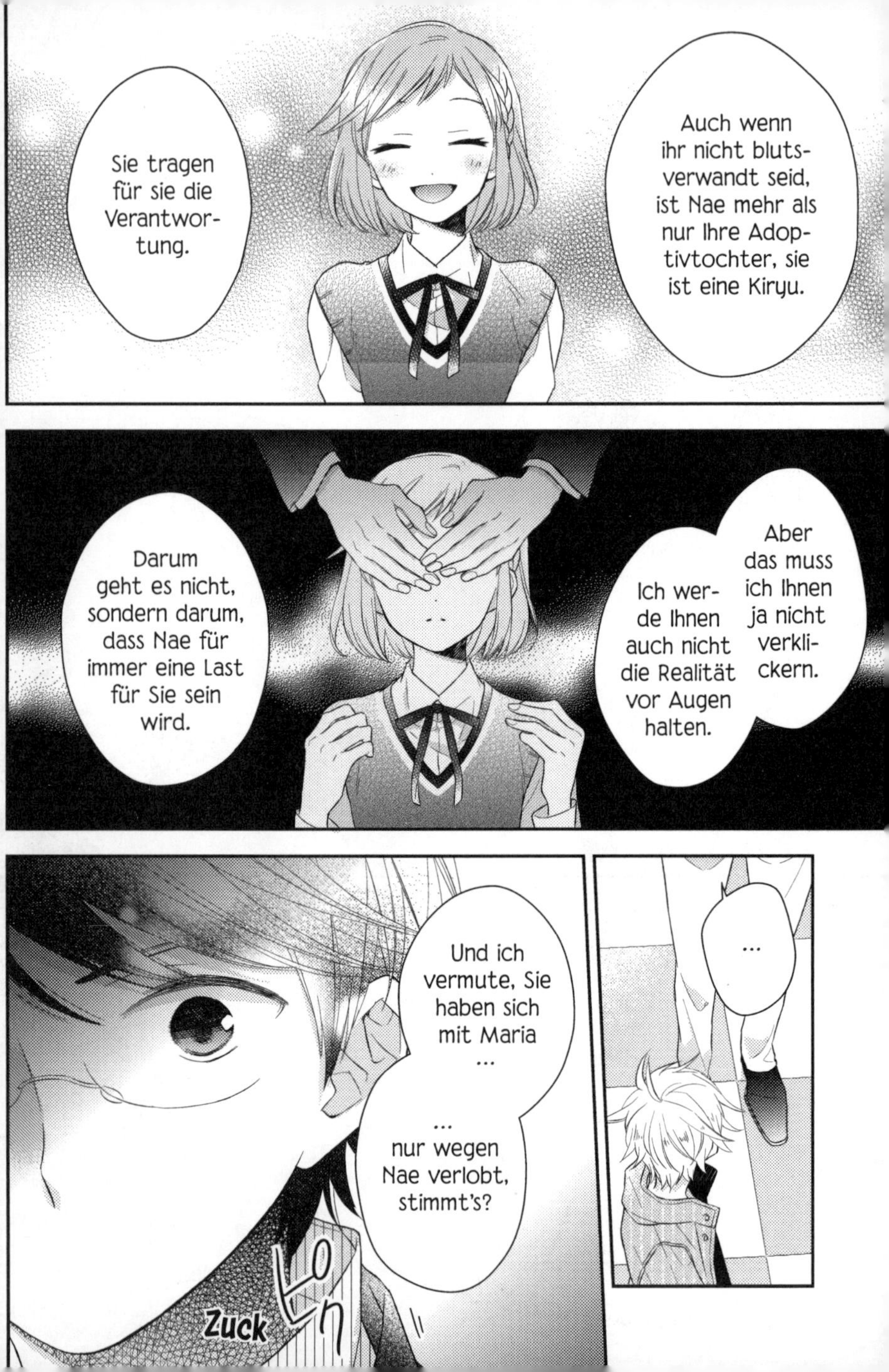
Auch wenn ihr nicht blutsverwandt seid, ist Nae mehr als nur Ihre Adoptivtochter, sie ist eine Kiryu.
Sie tragen für sie die Verantwortung.
Aber das muss ich Ihnen ja nicht verklickern.
Ich werde Ihnen auch nicht die Realität vor Augen halten.
Darum geht es nicht, sondern darum, dass Nae für immer eine Last für Sie sein wird.
...
Und ich vermute, Sie haben sich mit Maria ...
... nur wegen Nae verlobt, stimmt's?
Zuck

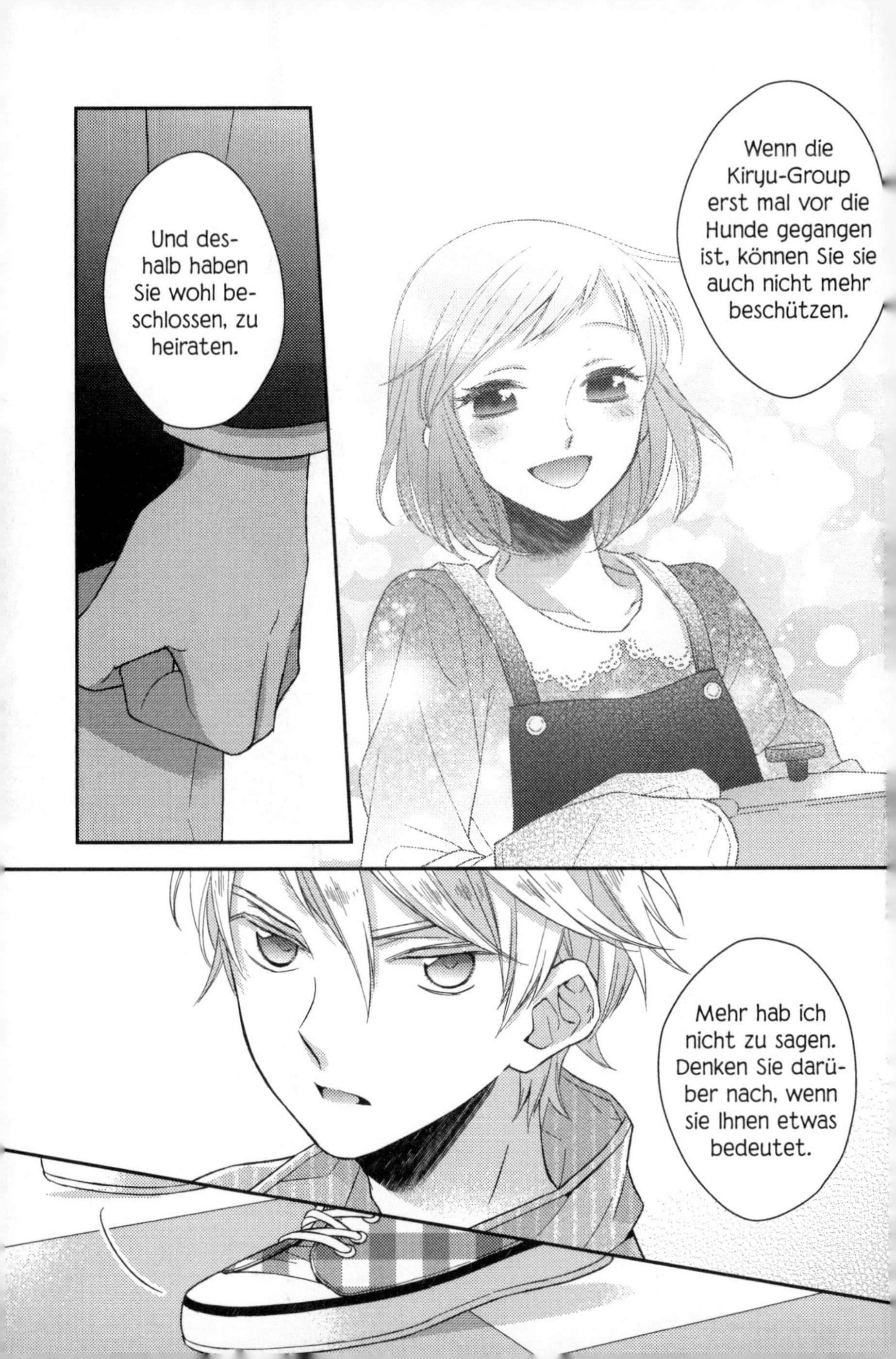
Wenn die Kiryu-Group erst mal vor die Hunde gegangen ist, können Sie sie auch nicht mehr beschützen.
Und des-halb haben Sie wohl be-schlossen, zu heiraten.
Mehr hab ich nicht zu sagen. Denken Sie darü-ber nach, wenn sie Ihnen etwas bedeutet.

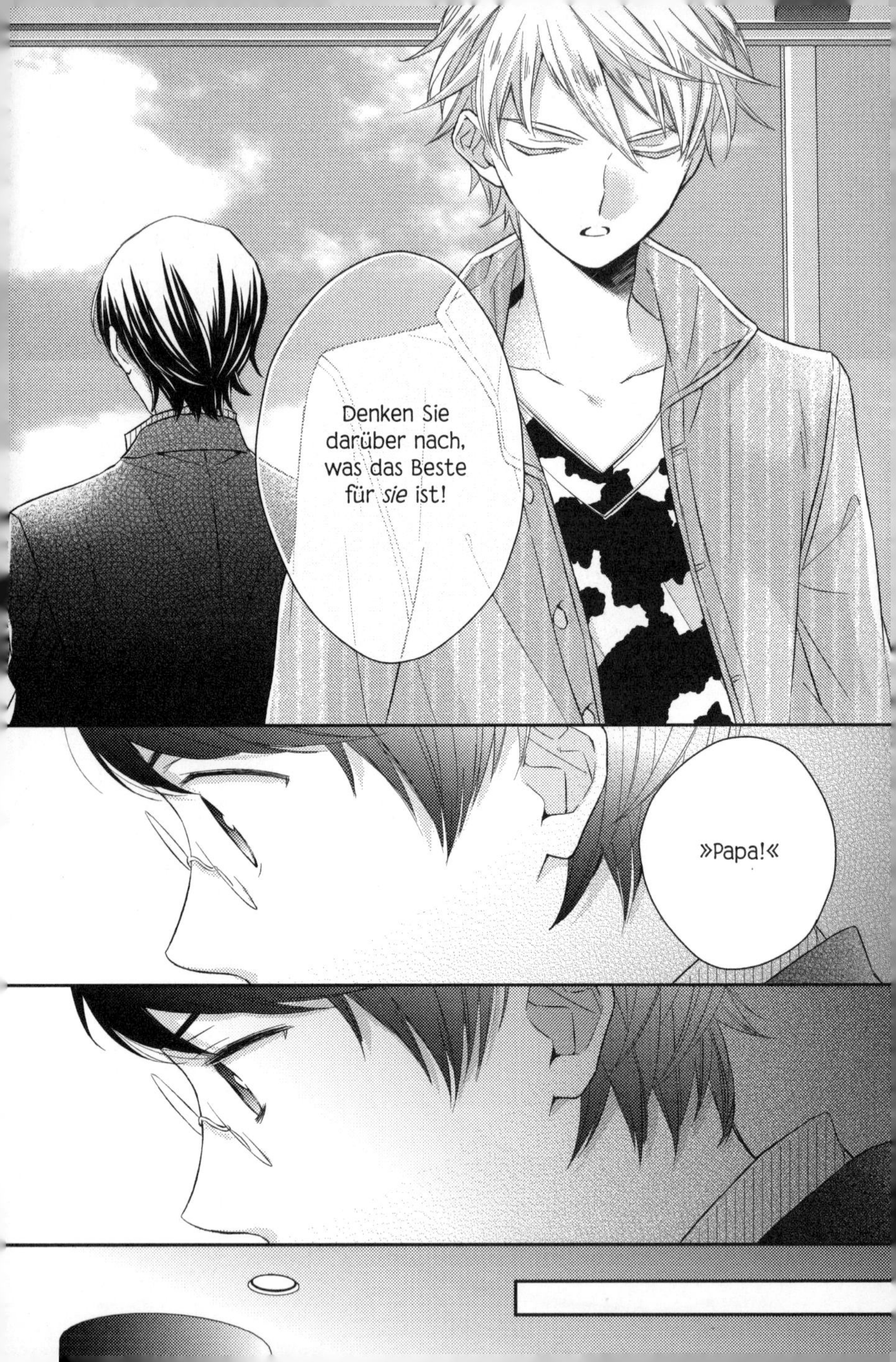
Denken Sie darüber nach, was das Beste für *sie* ist!
»Papa!«

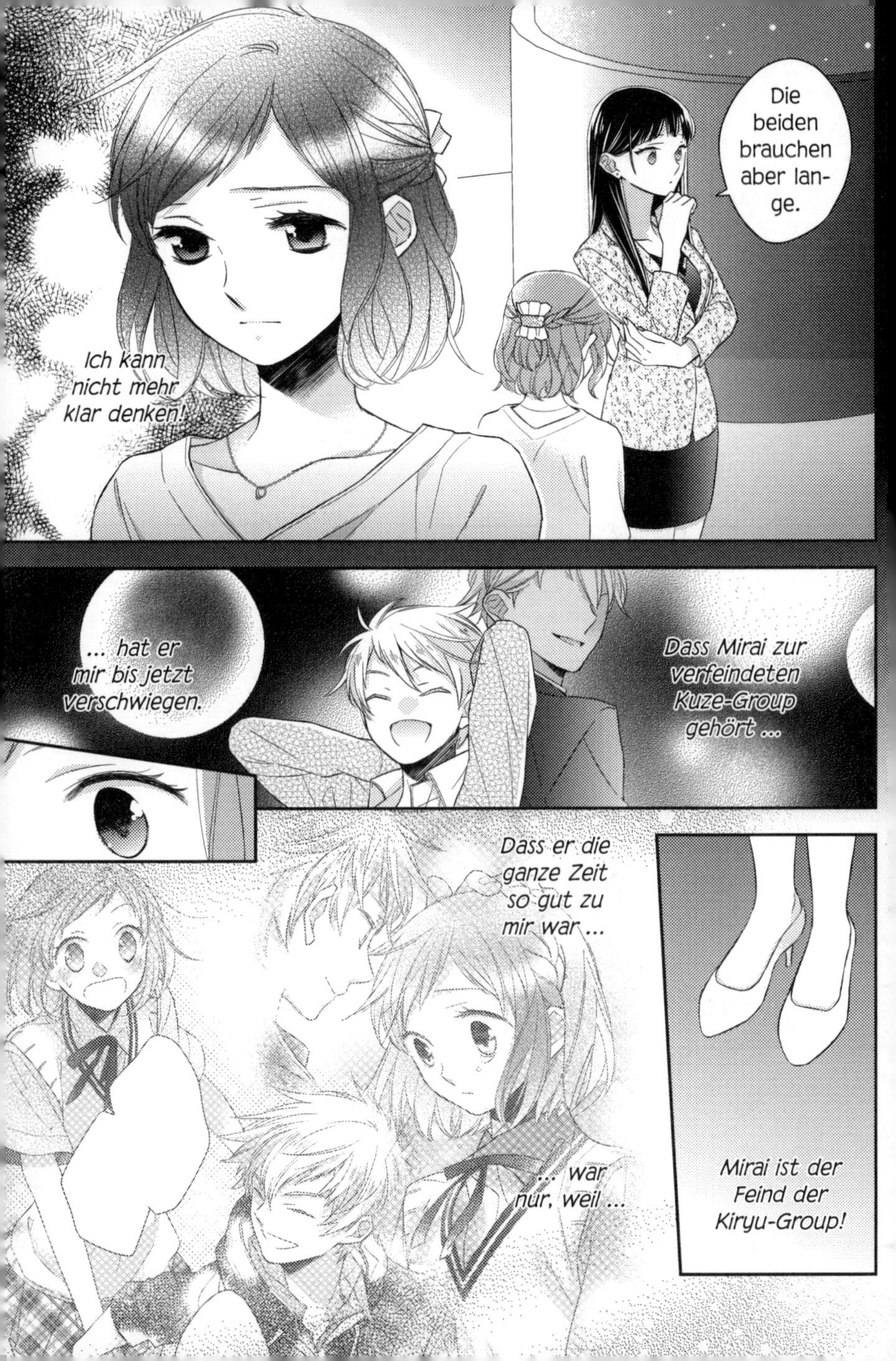

Die beiden brauchen aber lange.
Ich kann nicht mehr klar denken!
Dass Mirai zur verfeindeten Kuze-Group gehört ...
... hat er mir bis jetzt verschwiegen.
Mirai ist der Feind der Kiryu-Group!
Dass er die ganze Zeit so gut zu mir war ...
... war nur, weil ...

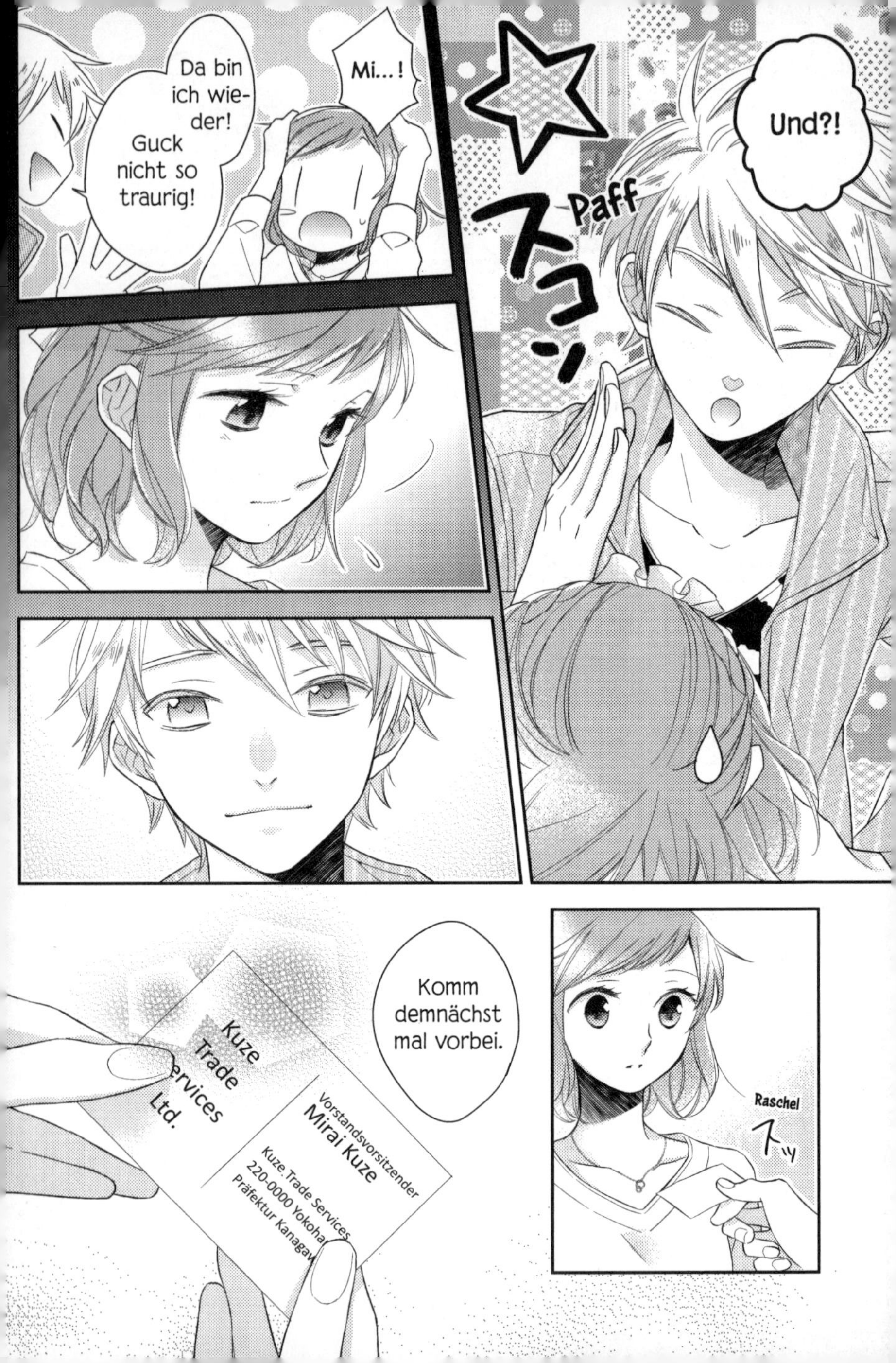
Mi...!
Da bin ich wieder! Guck nicht so traurig!
Und?!
Paff
Komm demnächst mal vorbei.
Raschel
Kuze Trade Services Ltd.
Vorstandsvorsitzender
Mirai Kuze
Kuze Trade Services
220-0000 Yokoha
Präfektur Kanagaw

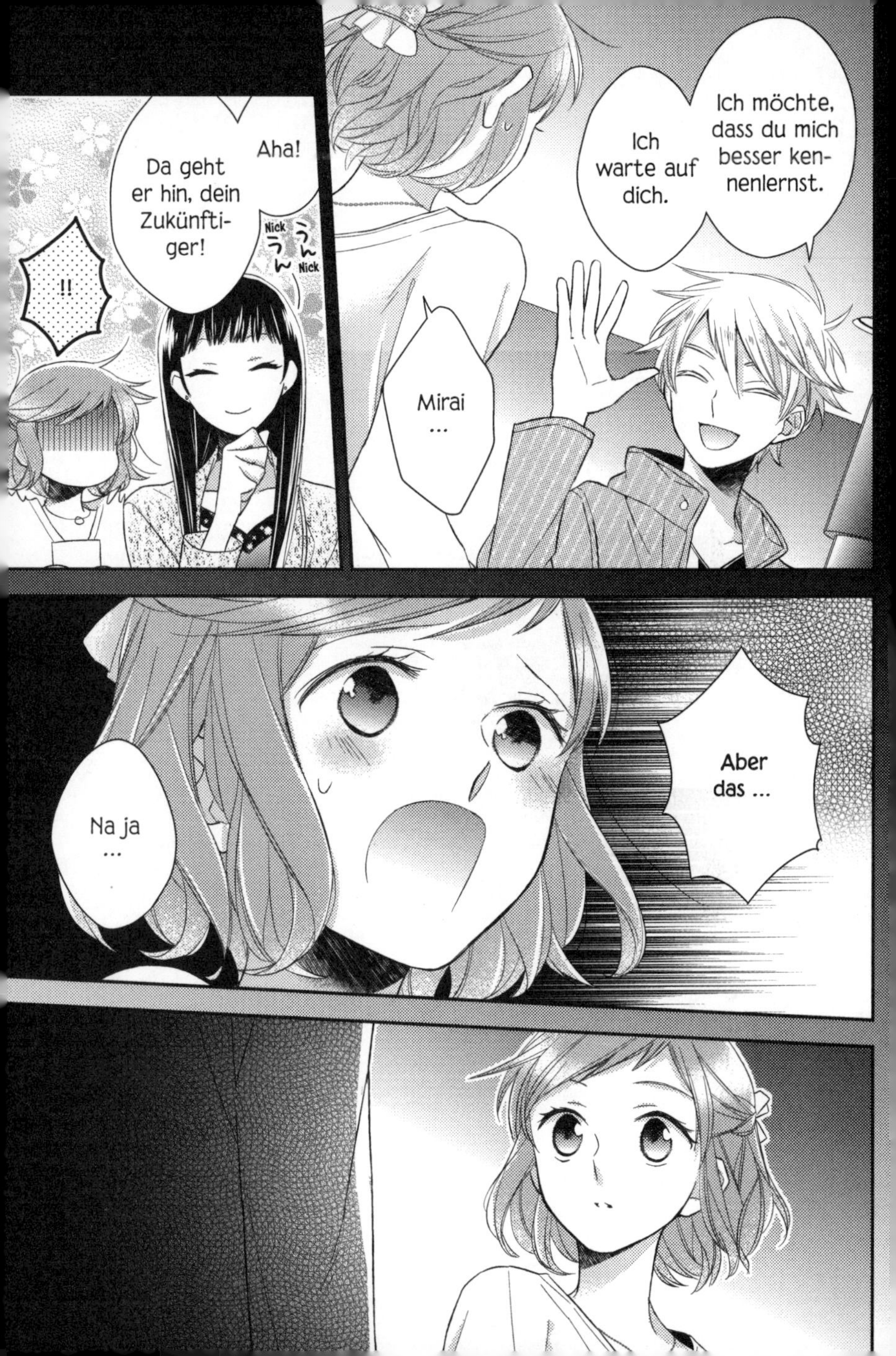
Ich möchte, dass du mich besser kennenlernst.
Ich warte auf dich.
Mirai ...
Aha!
Da geht er hin, dein Zukünftiger!
Nick うん Nick うん
!!
Aber das ...
Na ja ...

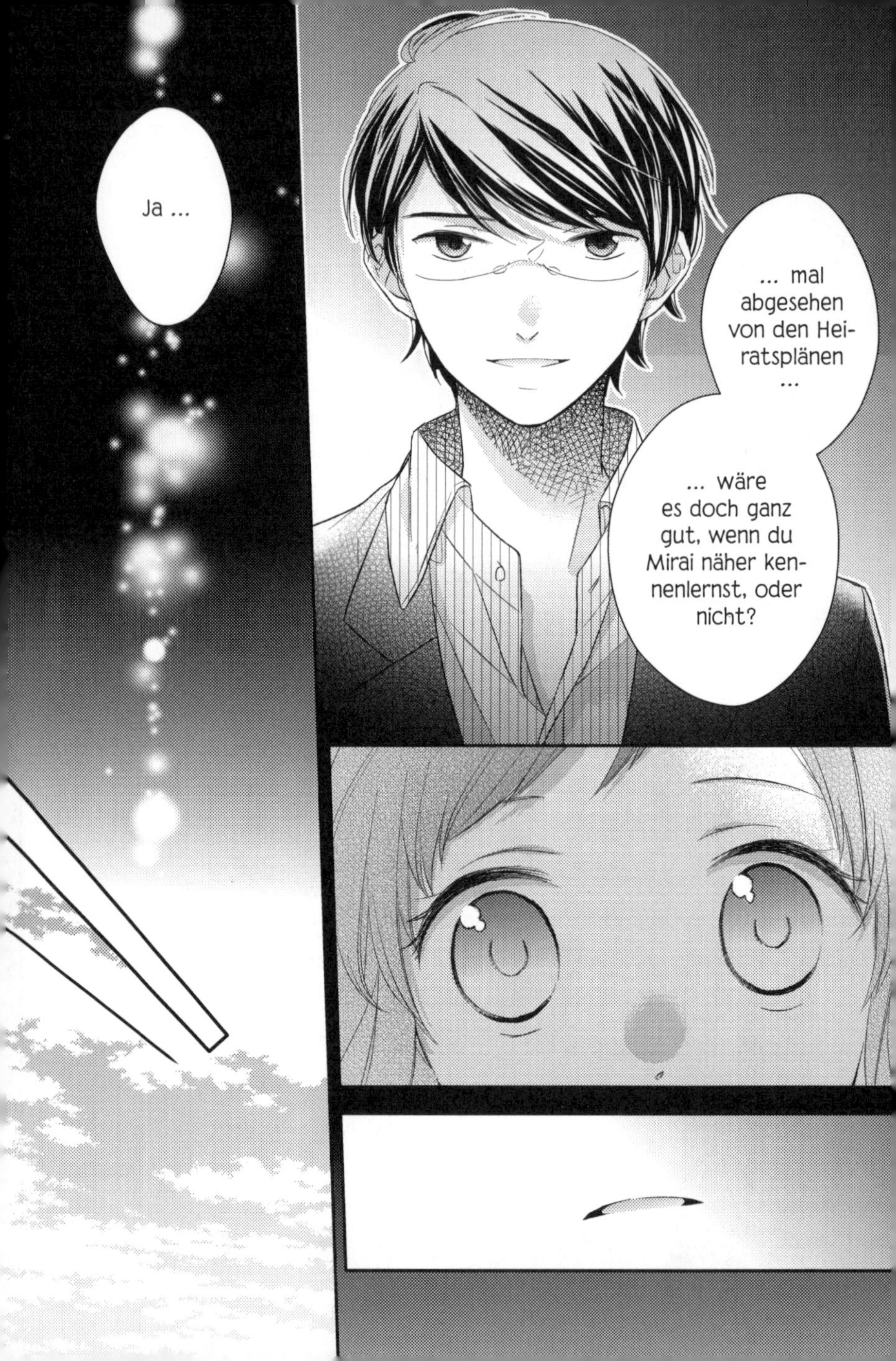

... mal abgesehen von den Heiratsplänen ...
... wäre es doch ganz gut, wenn du Mirai näher kennenlernst, oder nicht?
Ja ...

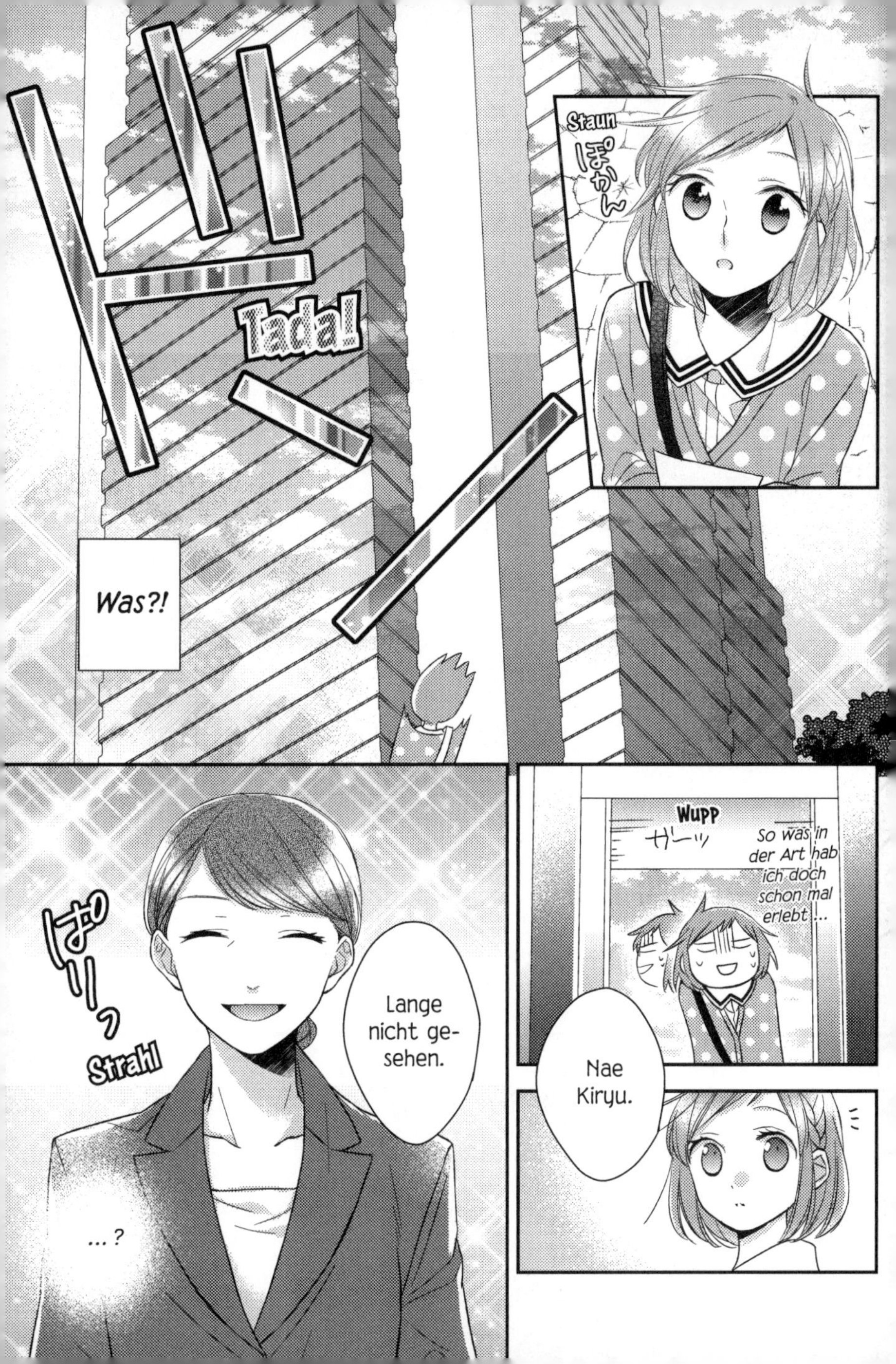

Staun
ぽかん
Tada!
Was?!
Wupp
ザーッ
So was in der Art hab ich doch schon mal erlebt ...
Nae Kiryu.
Lange nicht gesehen.
ぱーっ
Strahl
... ?

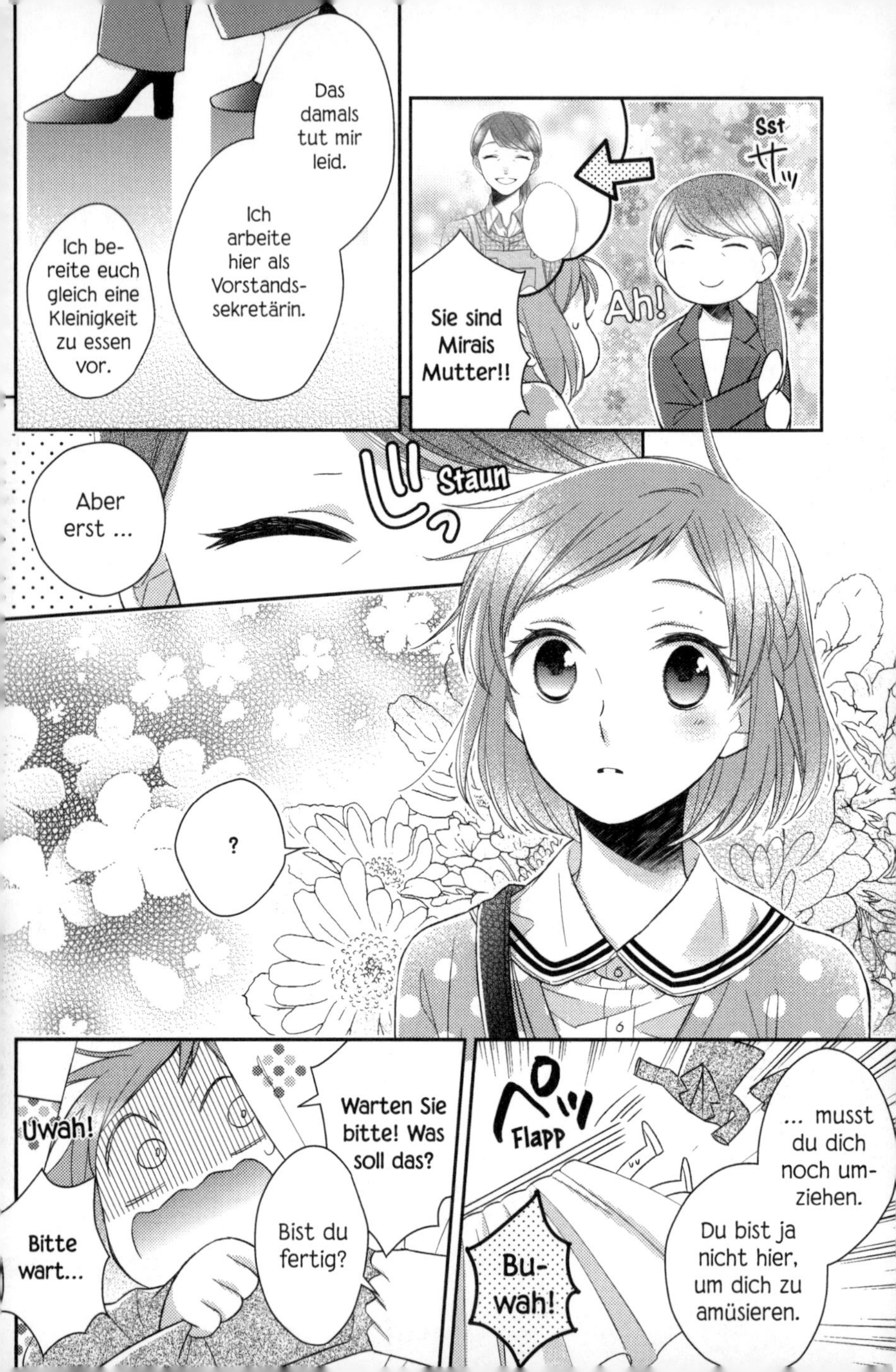
Sst
Ah!
Sie sind Mirais Mutter!!
Das damals tut mir leid.
Ich arbeite hier als Vorstands-sekretärin.
Ich be-reite euch gleich eine Kleinigkeit zu essen vor.
Staun
Aber erst ...
?
Flapp
... musst du dich noch um-ziehen.
Du bist ja nicht hier, um dich zu amüsieren.
Bu-wah!
Warten Sie bitte! Was soll das?
Bist du fertig?
Uwah!
Bitte wart...

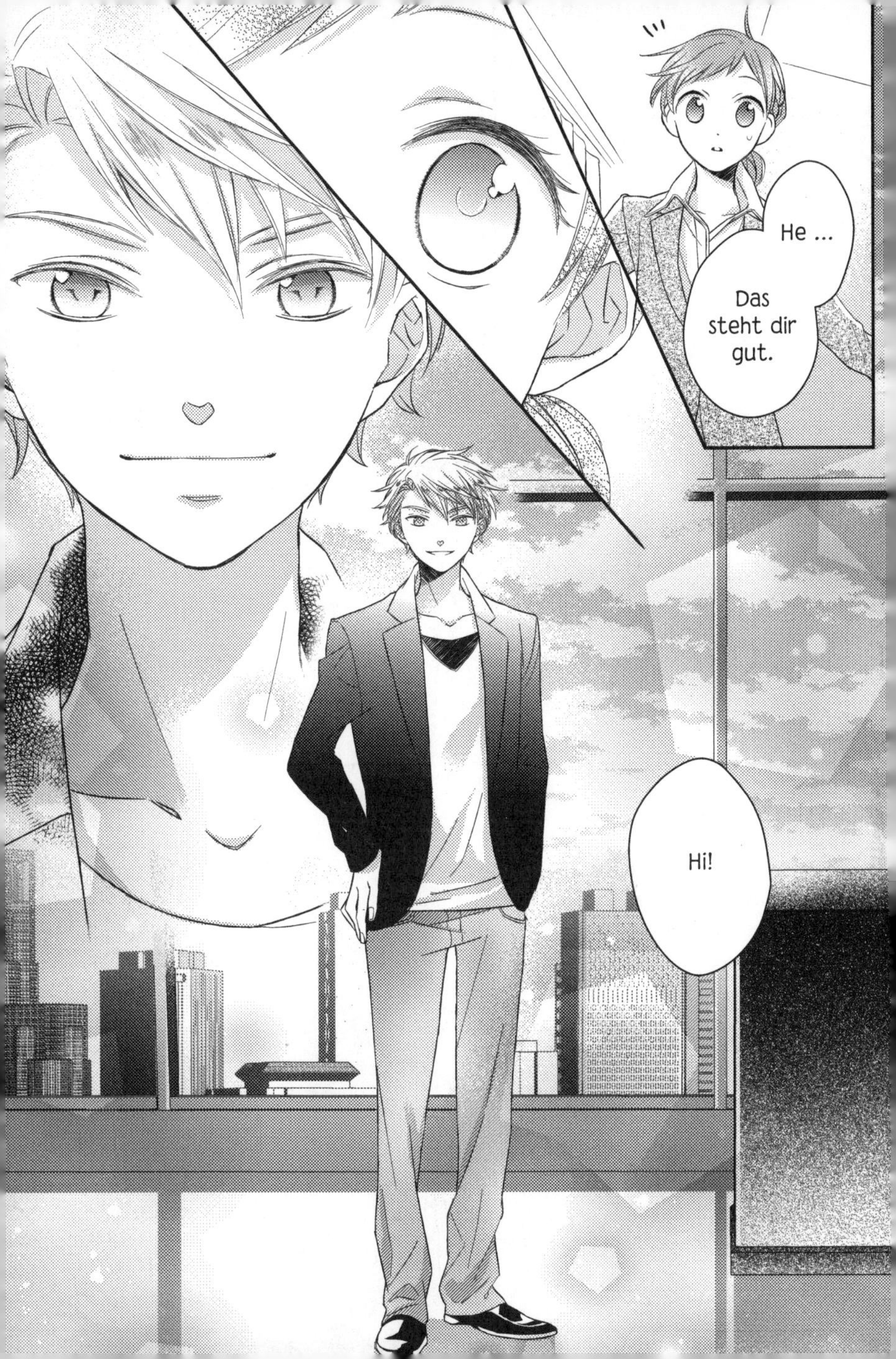
He ...
Das steht dir gut.
Hi!

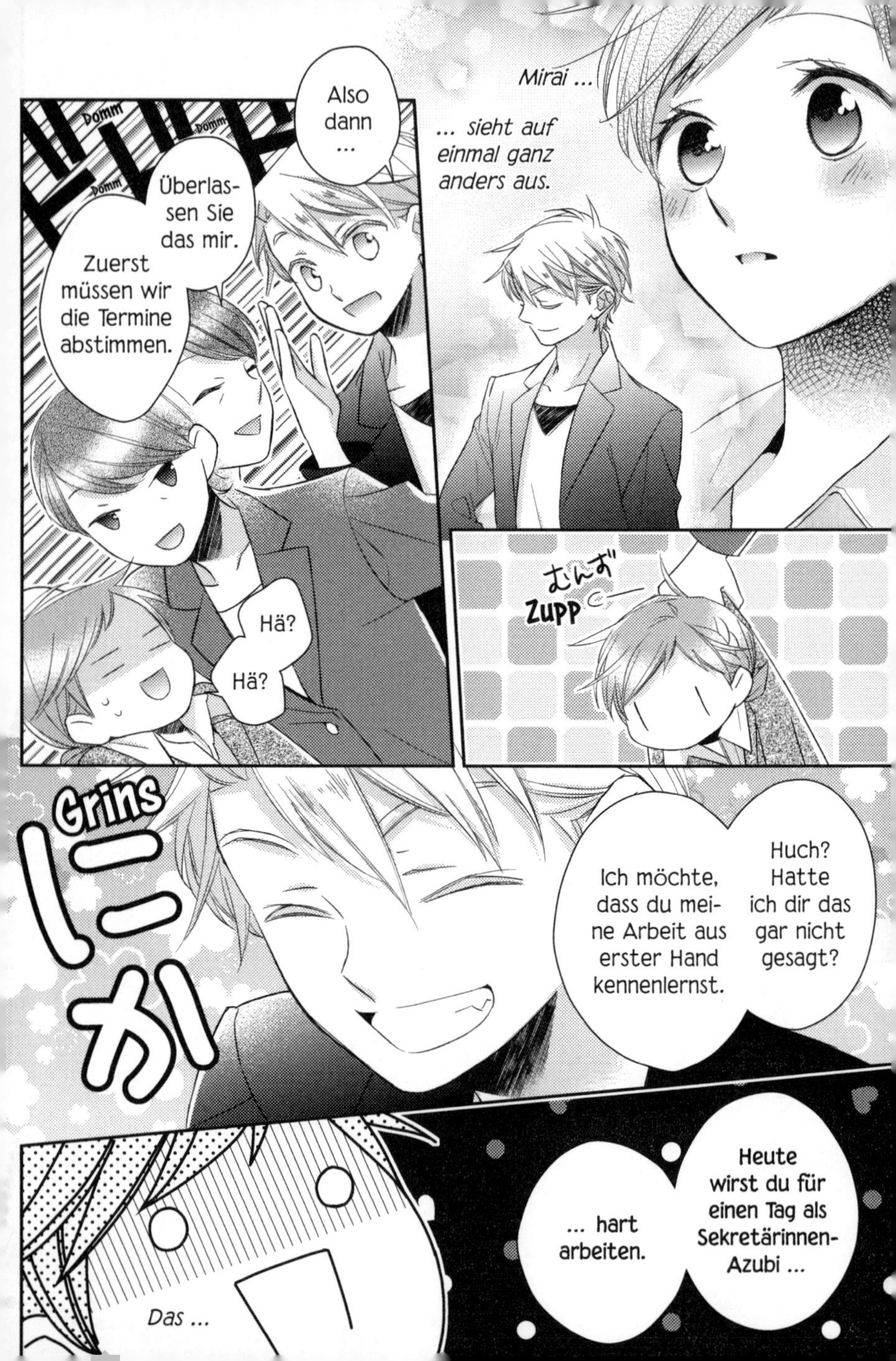
Mirai ...
... sieht auf einmal ganz anders aus.
Also dann ...
Domm
Domm
Domm
Überlassen Sie das mir.
Zuerst müssen wir die Termine abstimmen.
Hä?
Hä?
むんず
Zupp
Huch? Hatte ich dir das gar nicht gesagt?
Ich möchte, dass du meine Arbeit aus erster Hand kennenlernst.
Grins
Heute wirst du für einen Tag als Sekretärinnen-Azubi ...
... hart arbeiten.
Das ...

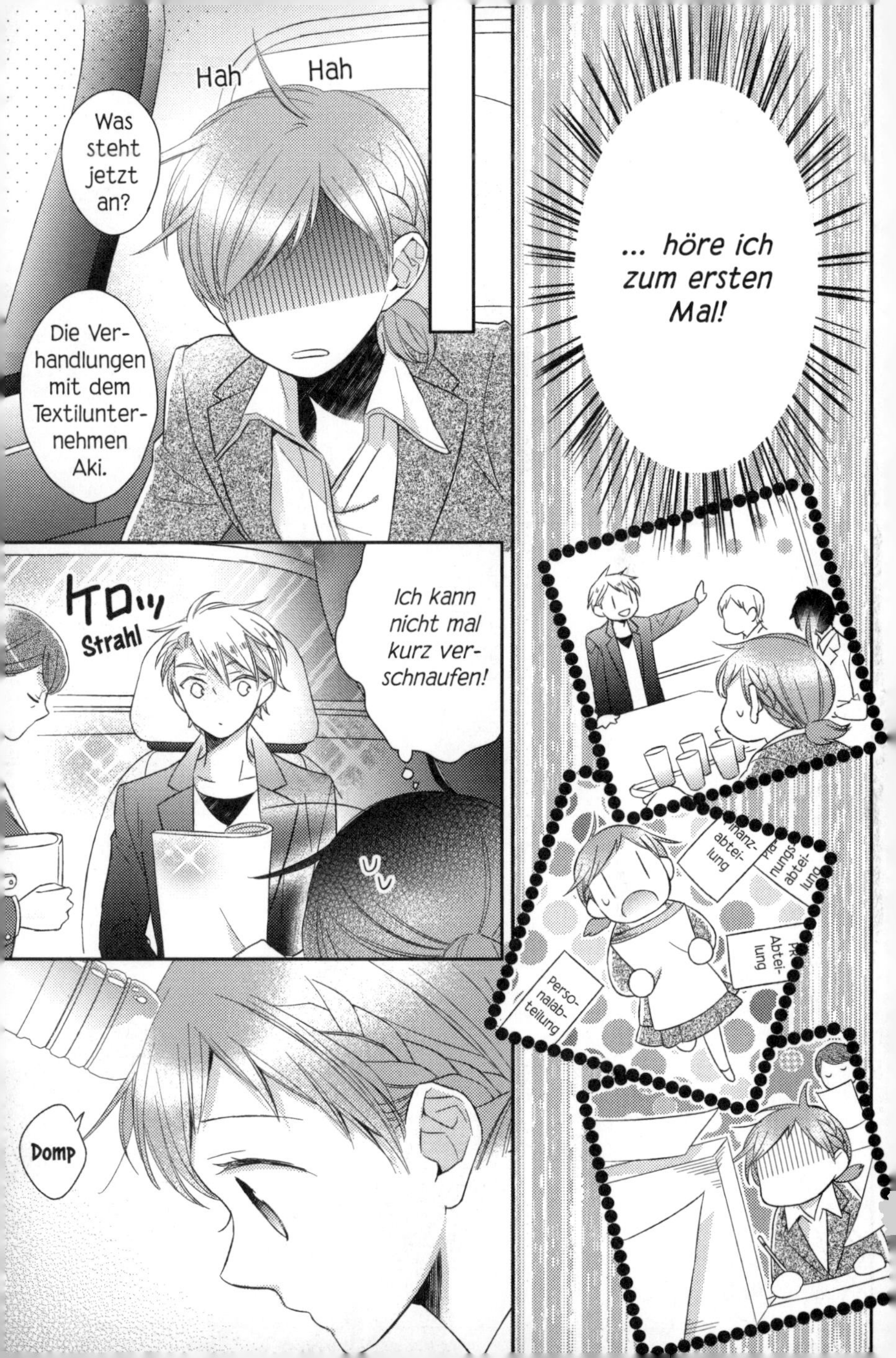

... höre ich zum ersten Mal!
inanz-
abtei-
lung
Pla
nungs
abtei-
lung
PR
Abtei-
lung
Perso-
nalab-
teilung
Hah Hah
Was steht jetzt an?
Die Verhandlungen mit dem Textilunternehmen Aki.
Strahl
Ich kann nicht mal kurz verschnaufen!
Domp

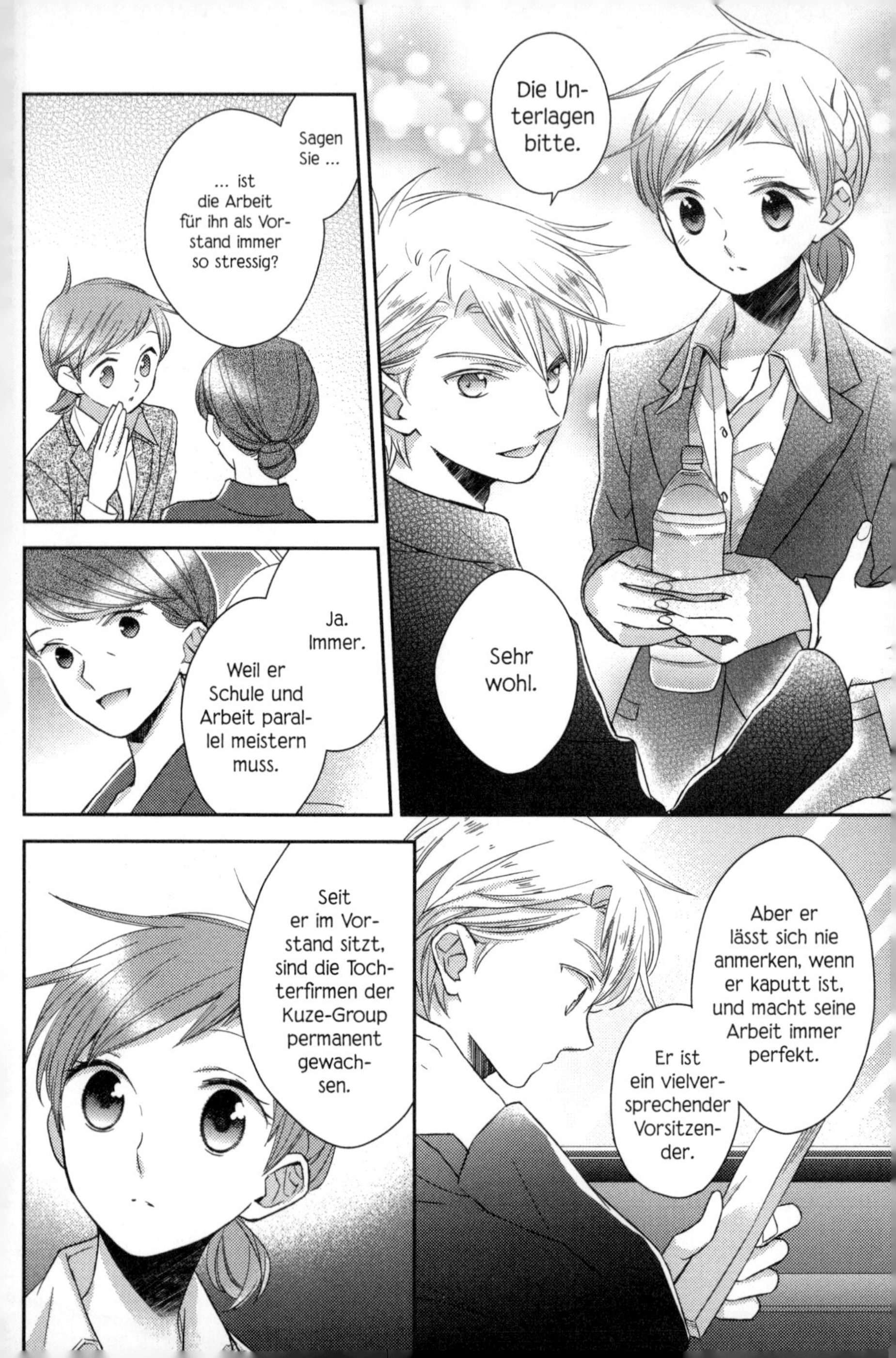
Die Unterlagen bitte.
Sehr wohl.
Sagen Sie ...
... ist die Arbeit für ihn als Vorstand immer so stressig?
Ja. Immer.
Weil er Schule und Arbeit parallel meistern muss.
Aber er lässt sich nie anmerken, wenn er kaputt ist, und macht seine Arbeit immer perfekt.
Er ist ein vielversprechender Vorsitzender.
Seit er im Vorstand sitzt, sind die Tochterfirmen der Kuze-Group permanent gewachsen.

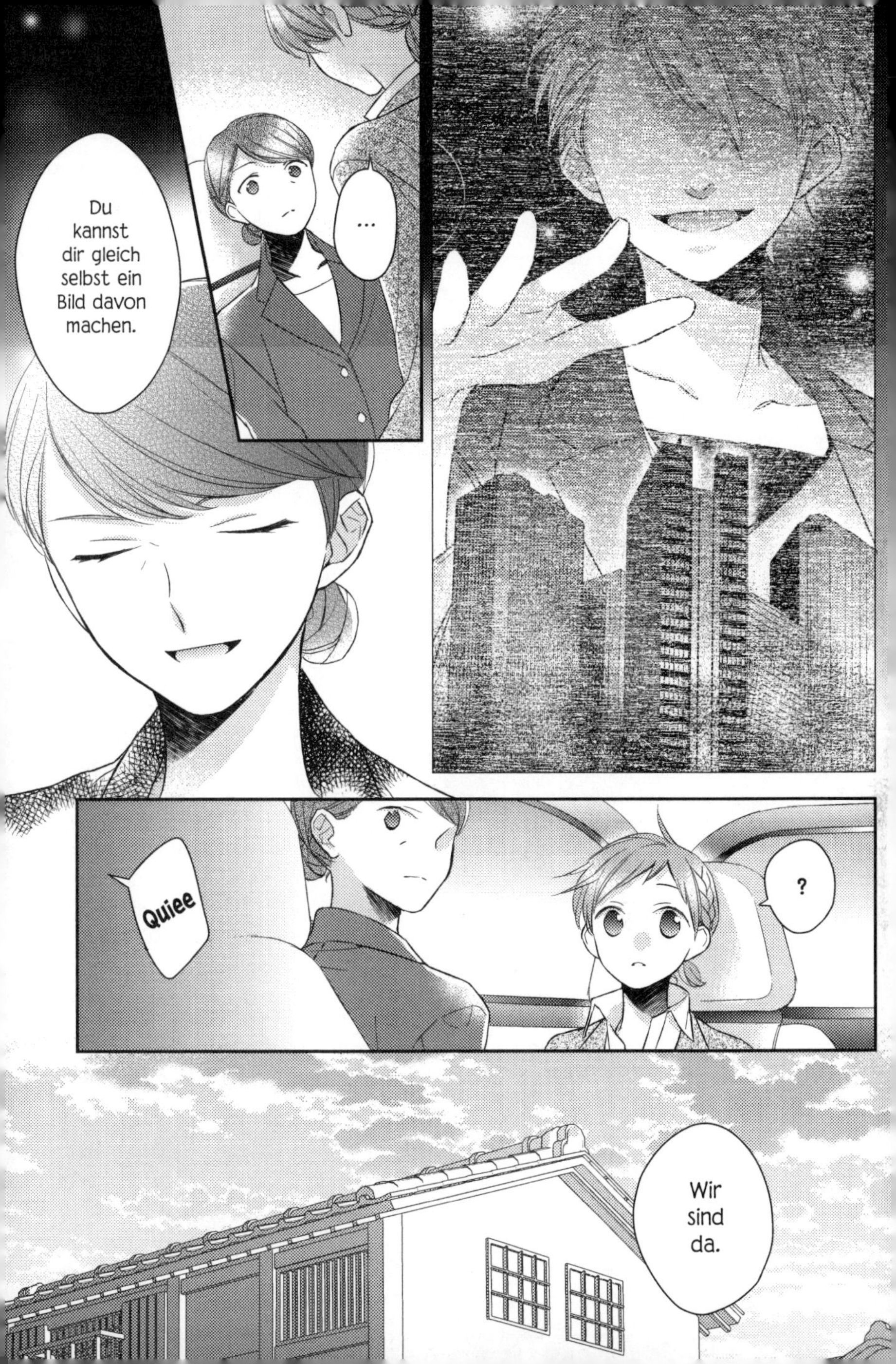
...
Du kannst dir gleich selbst ein Bild davon machen.
?
Quiee
Wir sind da.

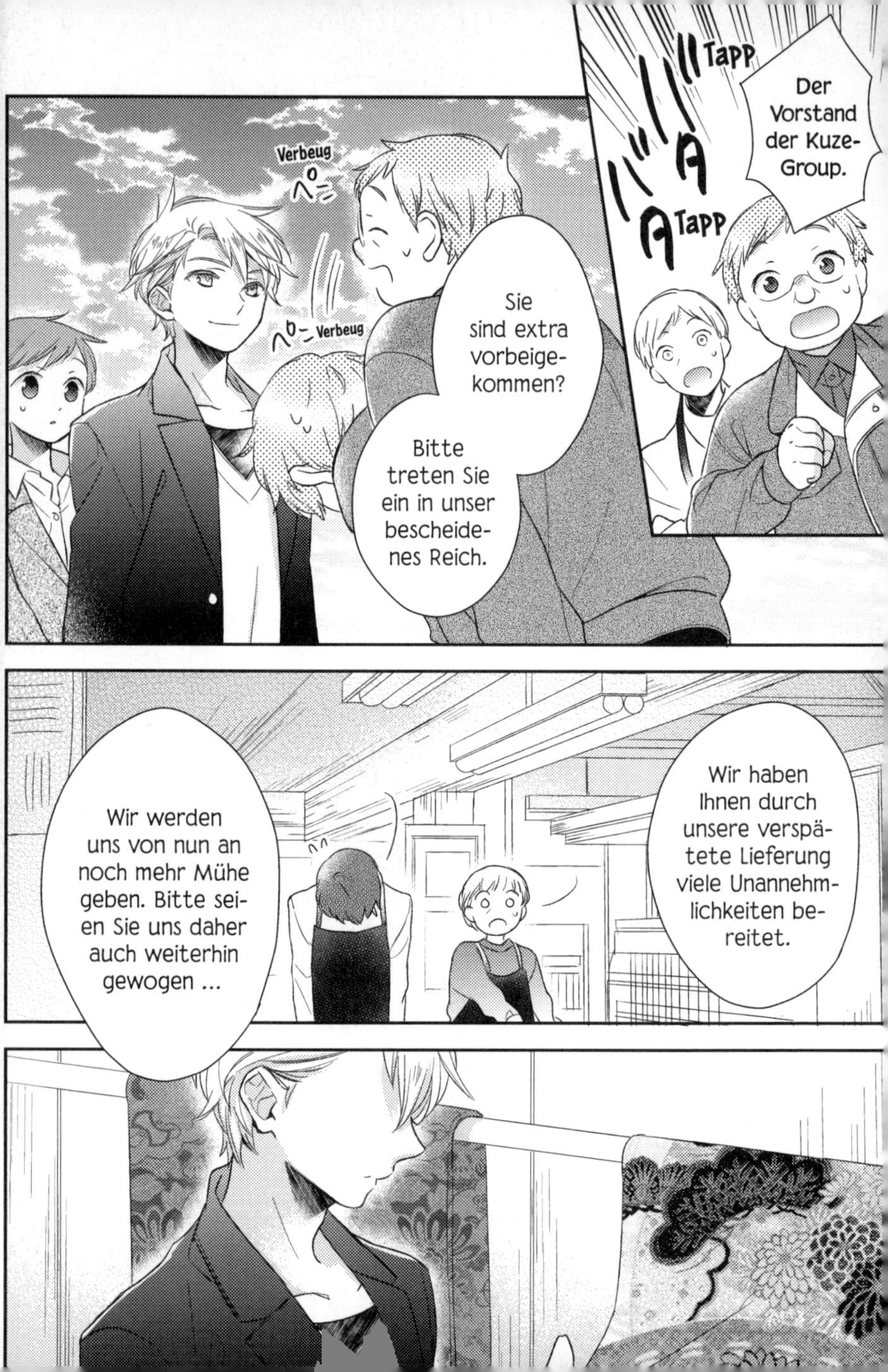
Tapp
Der Vorstand der Kuze-Group.
Tapp
Verbeug
Verbeug
Sie sind extra vorbeigekommen?
Bitte treten Sie ein in unser bescheidenes Reich.
Wir haben Ihnen durch unsere verspätete Lieferung viele Unannehmlichkeiten bereitet.
Wir werden uns von nun an noch mehr Mühe geben. Bitte seien Sie uns daher auch weiterhin gewogen ...

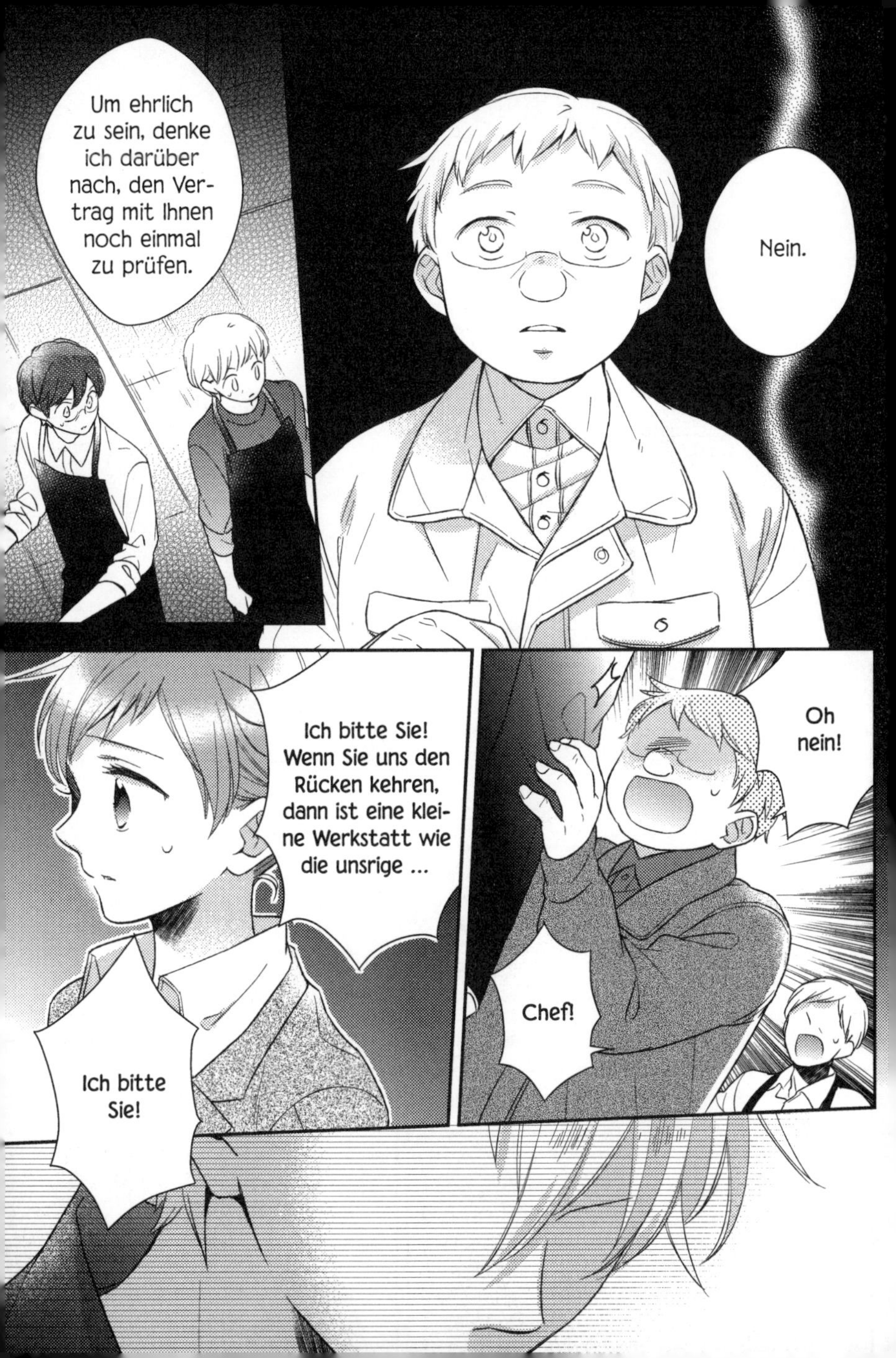
Nein.
Um ehrlich zu sein, denke ich darüber nach, den Vertrag mit Ihnen noch einmal zu prüfen.
Oh nein!
Chef!
Ich bitte Sie! Wenn Sie uns den Rücken kehren, dann ist eine kleine Werkstatt wie die unsrige ...
Ich bitte Sie!

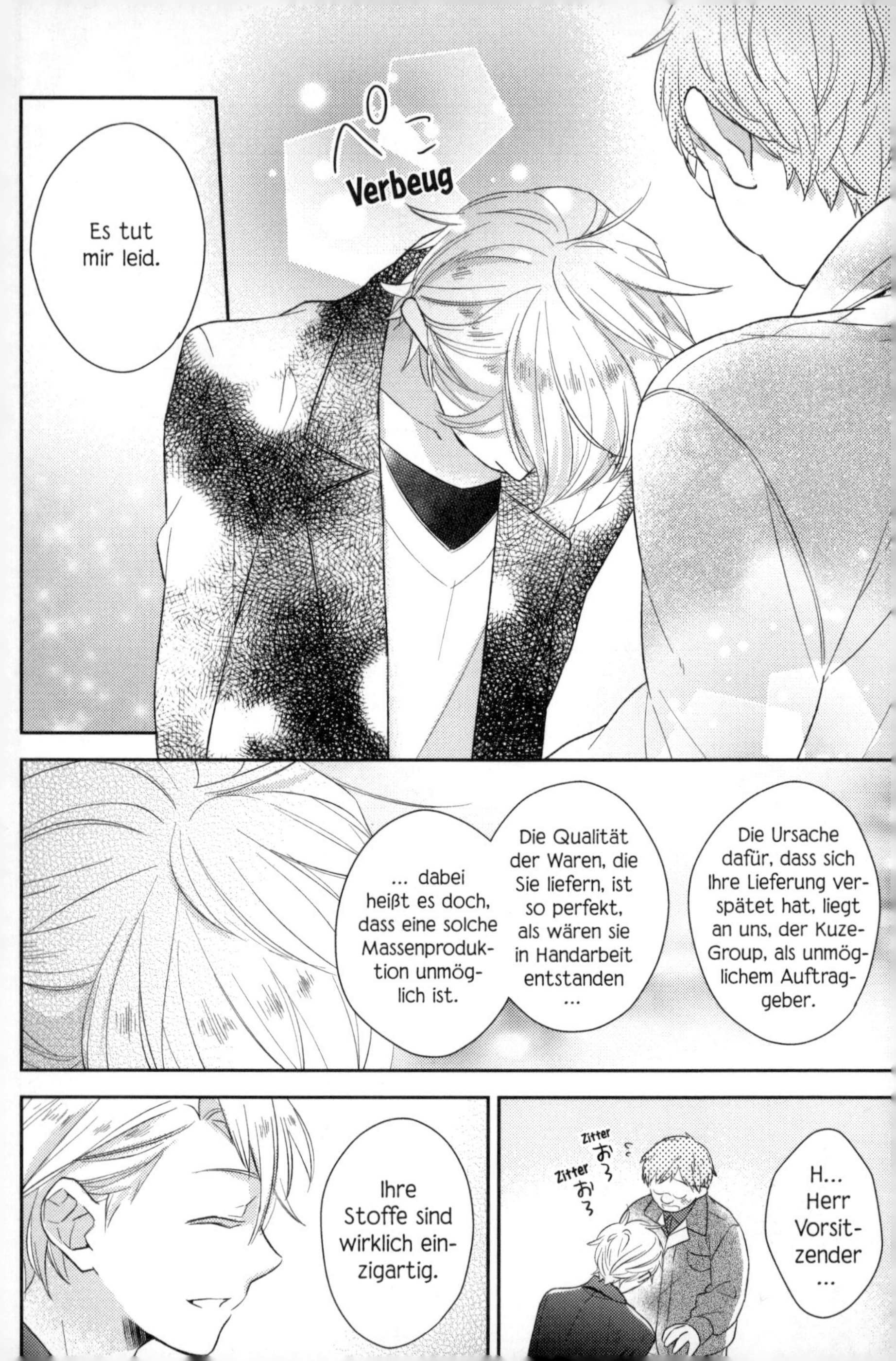
Verbeug
Es tut mir leid.
Die Ursache dafür, dass sich Ihre Lieferung verspätet hat, liegt an uns, der Kuze-Group, als unmöglichem Auftraggeber.
Die Qualität der Waren, die Sie liefern, ist so perfekt, als wären sie in Handarbeit entstanden …
… dabei heißt es doch, dass eine solche Massenproduktion unmöglich ist.
Zitter
Zitter
H… Herr Vorsitzender …
Ihre Stoffe sind wirklich einzigartig.

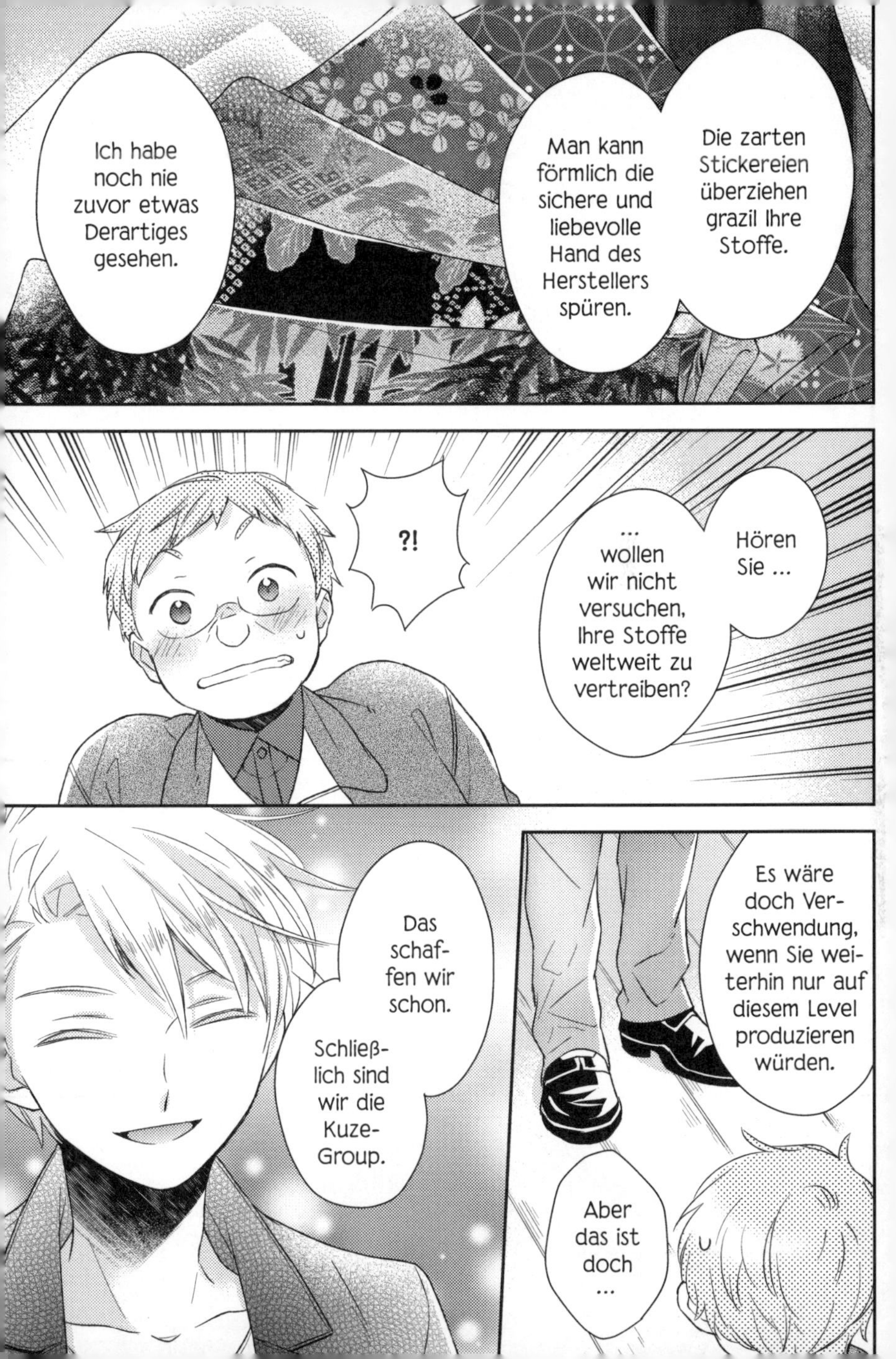
Die zarten Stickereien überziehen grazil Ihre Stoffe.
Man kann förmlich die sichere und liebevolle Hand des Herstellers spüren.
Ich habe noch nie zuvor etwas Derartiges gesehen.
Hören Sie ...
... wollen wir nicht versuchen, Ihre Stoffe weltweit zu vertreiben?
?!
Es wäre doch Verschwendung, wenn Sie weiterhin nur auf diesem Level produzieren würden.
Aber das ist doch ...
Das schaffen wir schon.
Schließlich sind wir die Kuze-Group.

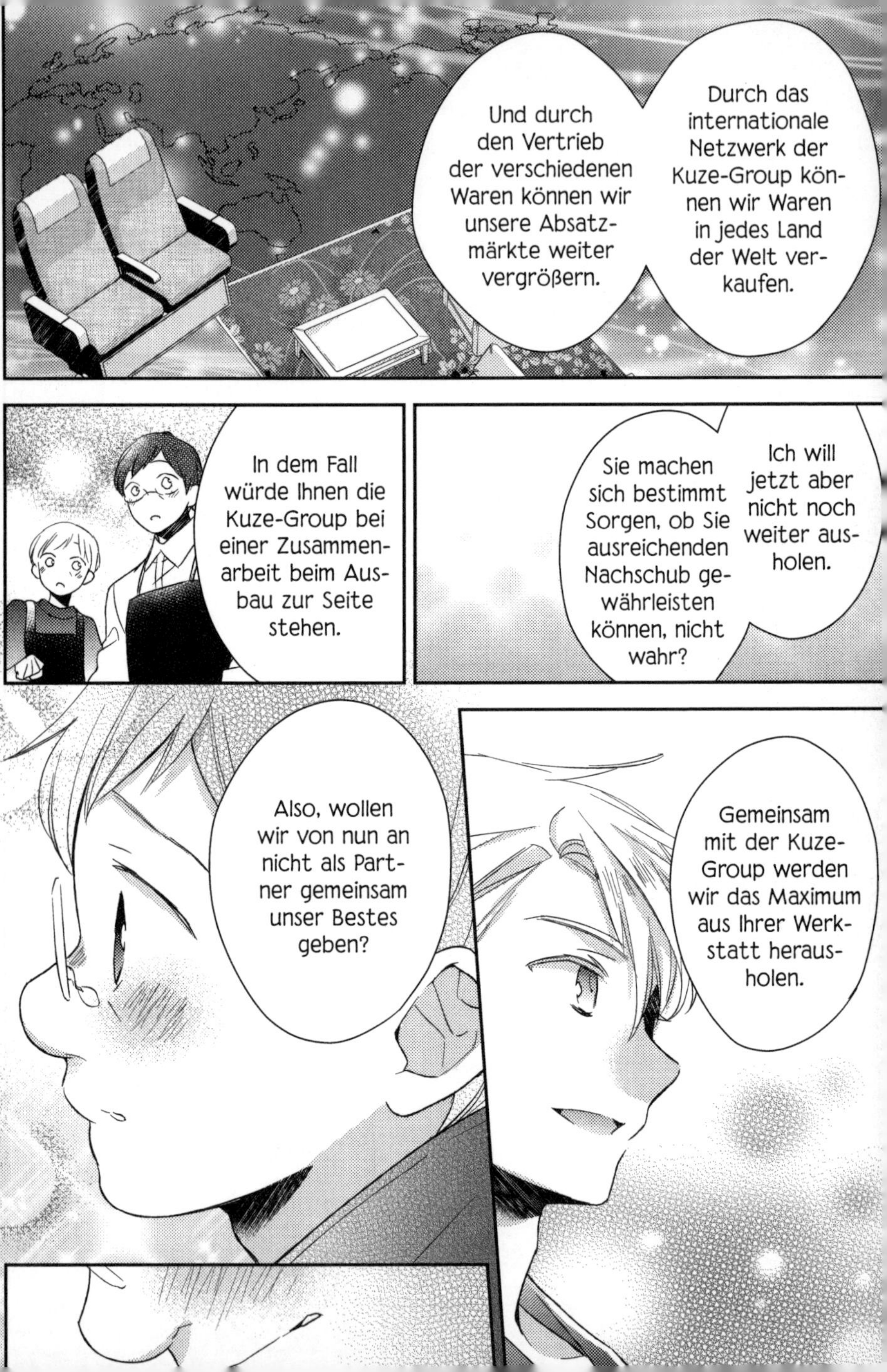
Durch das internationale Netzwerk der Kuze-Group können wir Waren in jedes Land der Welt verkaufen.
Und durch den Vertrieb der verschiedenen Waren können wir unsere Absatzmärkte weiter vergrößern.
Ich will jetzt aber nicht noch weiter ausholen.
Sie machen sich bestimmt Sorgen, ob Sie ausreichenden Nachschub gewährleisten können, nicht wahr?
In dem Fall würde Ihnen die Kuze-Group bei einer Zusammenarbeit beim Ausbau zur Seite stehen.
Gemeinsam mit der Kuze-Group werden wir das Maximum aus Ihrer Werkstatt herausholen.
Also, wollen wir von nun an nicht als Partner gemeinsam unser Bestes geben?

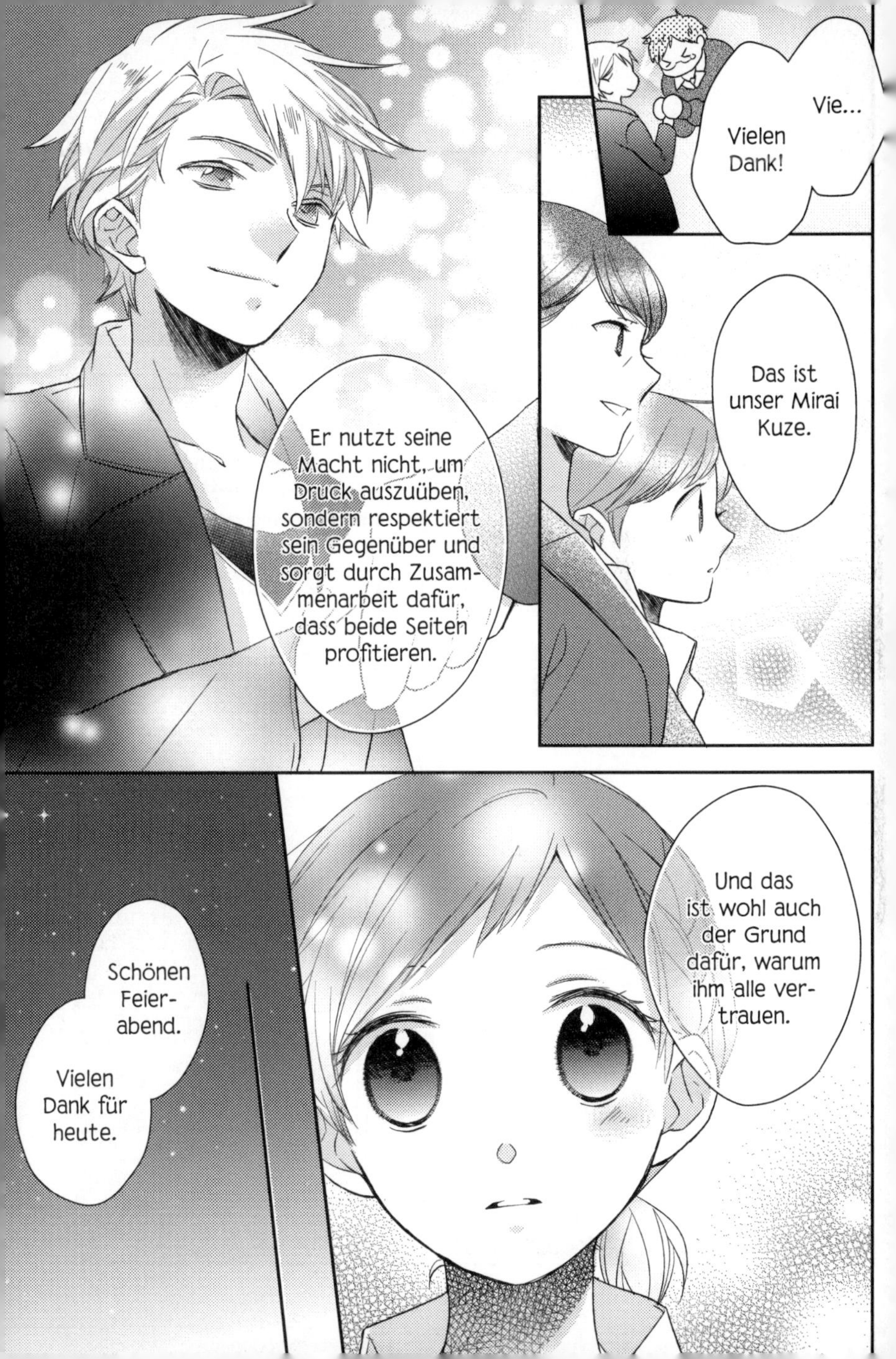
Vie... Vielen Dank!
Das ist unser Mirai Kuze.
Er nutzt seine Macht nicht, um Druck auszuüben, sondern respektiert sein Gegenüber und sorgt durch Zusammenarbeit dafür, dass beide Seiten profitieren.
Und das ist wohl auch der Grund dafür, warum ihm alle vertrauen.
Schönen Feierabend.
Vielen Dank für heute.

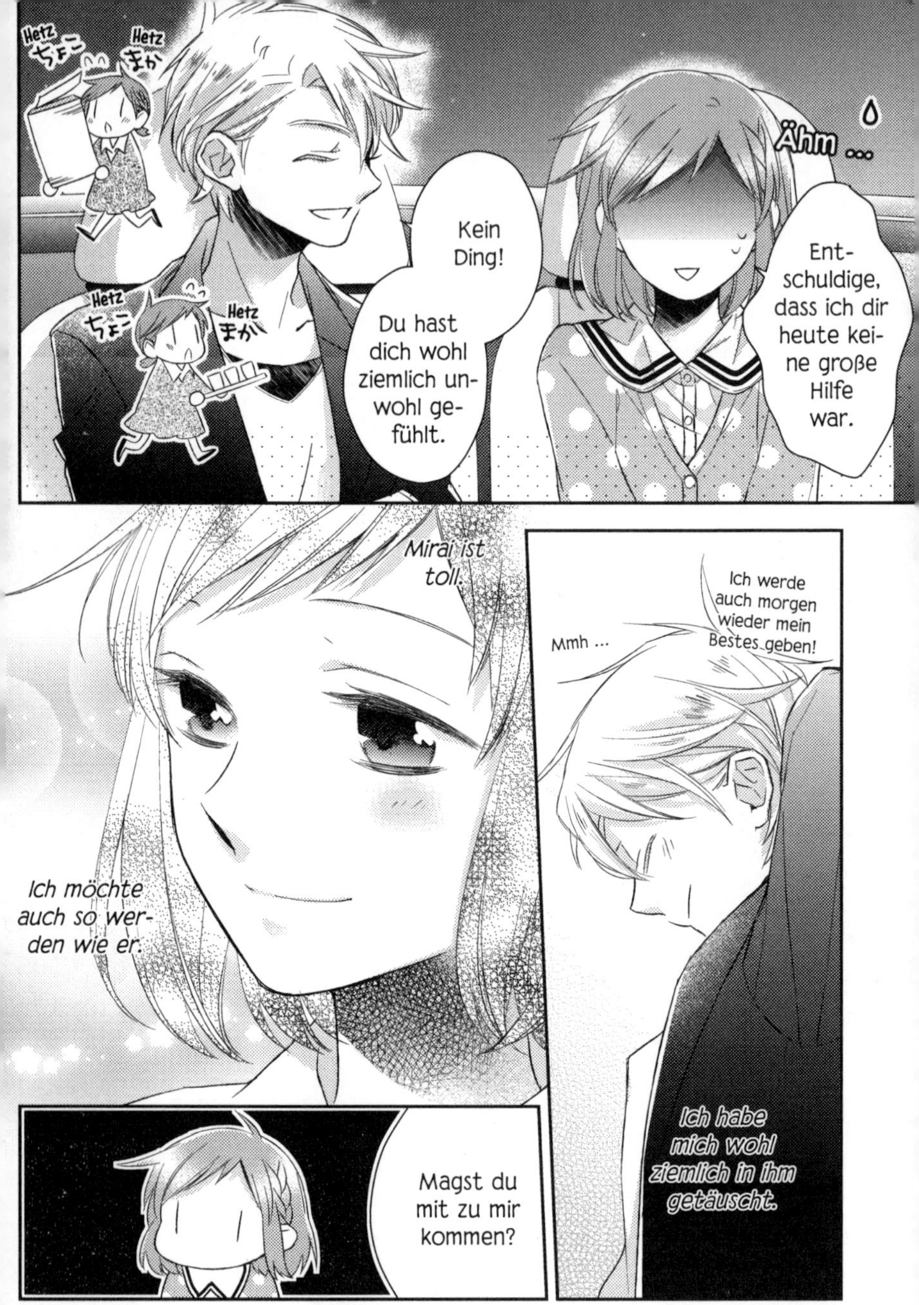
Ähm ...
Entschuldige, dass ich dir heute keine große Hilfe war.
Kein Ding!
Du hast dich wohl ziemlich unwohl gefühlt.
Hetz ちょこ
Hetz まか
Hetz ちょこ
Hetz まか
Ich werde auch morgen wieder mein Bestes geben!
Mmh ...
Ich habe mich wohl ziemlich in ihm getäuscht.
Mirai ist toll.
Ich möchte auch so werden wie er.
Magst du mit zu mir kommen?

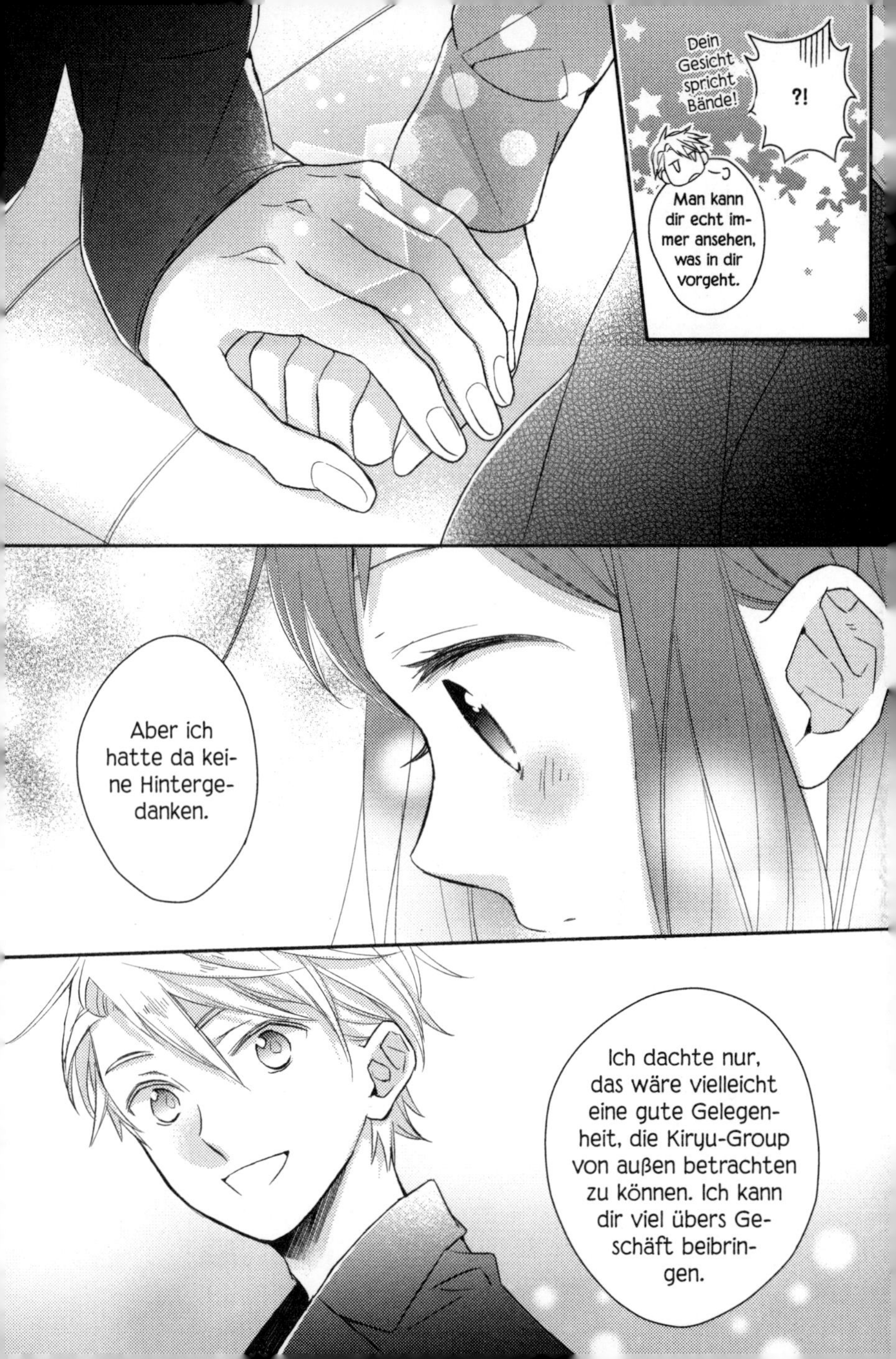

?!
Dein Gesicht spricht Bände!
Man kann dir echt immer ansehen, was in dir vorgeht.
Aber ich hatte da keine Hintergedanken.
Ich dachte nur, das wäre vielleicht eine gute Gelegenheit, die Kiryu-Group von außen betrachten zu können. Ich kann dir viel übers Geschäft beibringen.

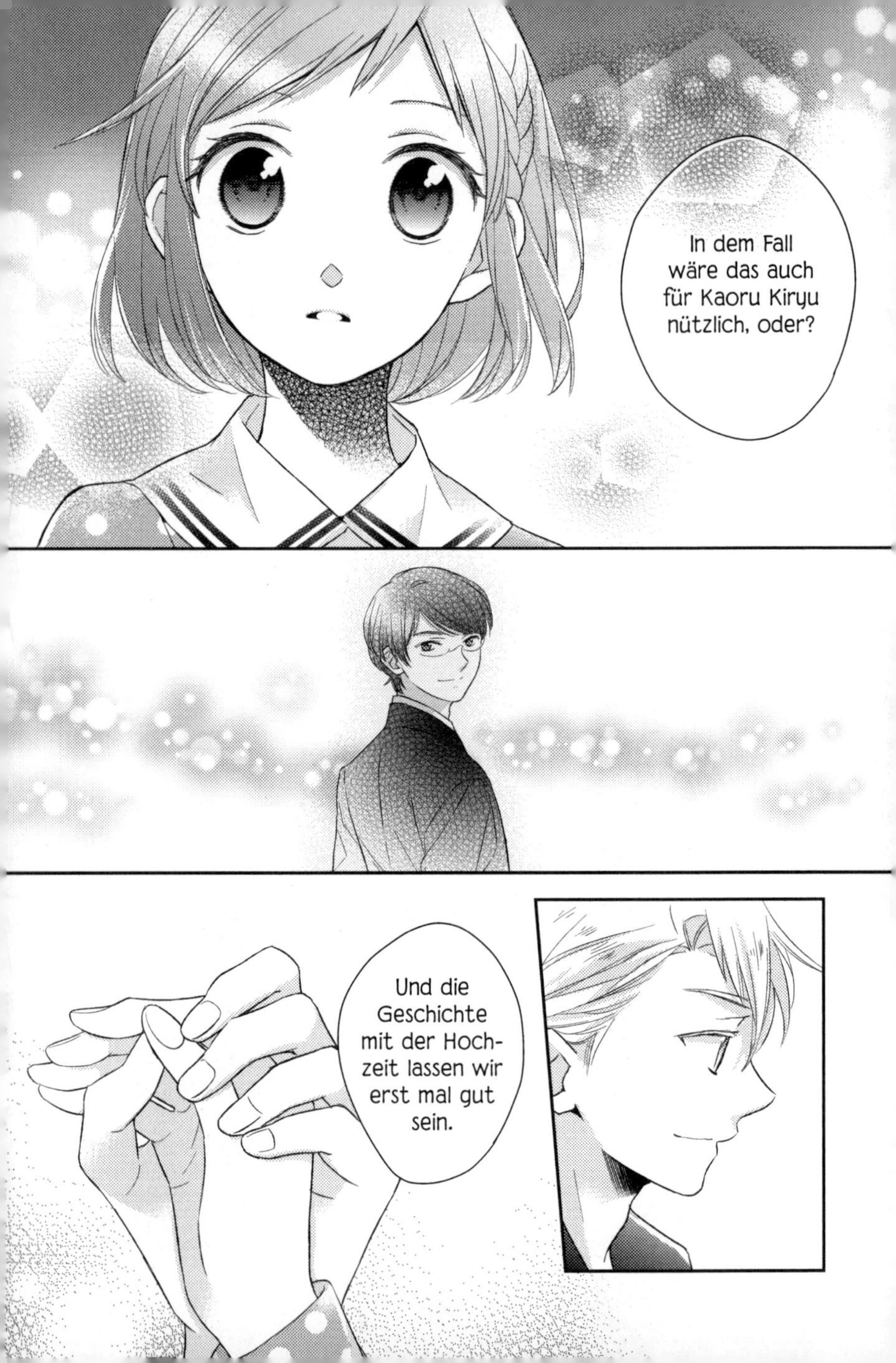
In dem Fall wäre das auch für Kaoru Kiryu nützlich, oder?
Und die Geschichte mit der Hochzeit lassen wir erst mal gut sein.

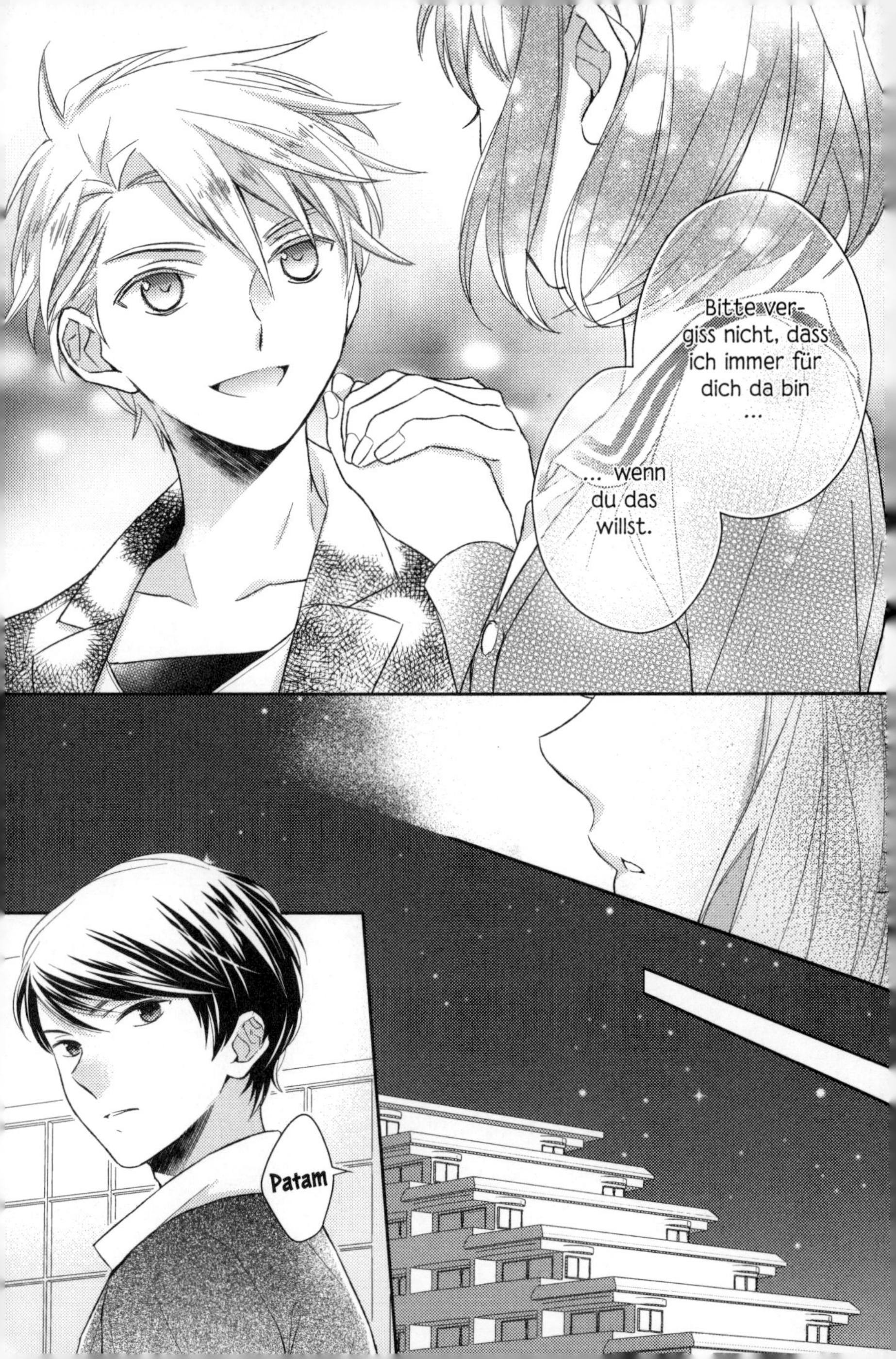
Bitte vergiss nicht, dass ich immer für dich da bin …
… wenn du das willst.
Patam

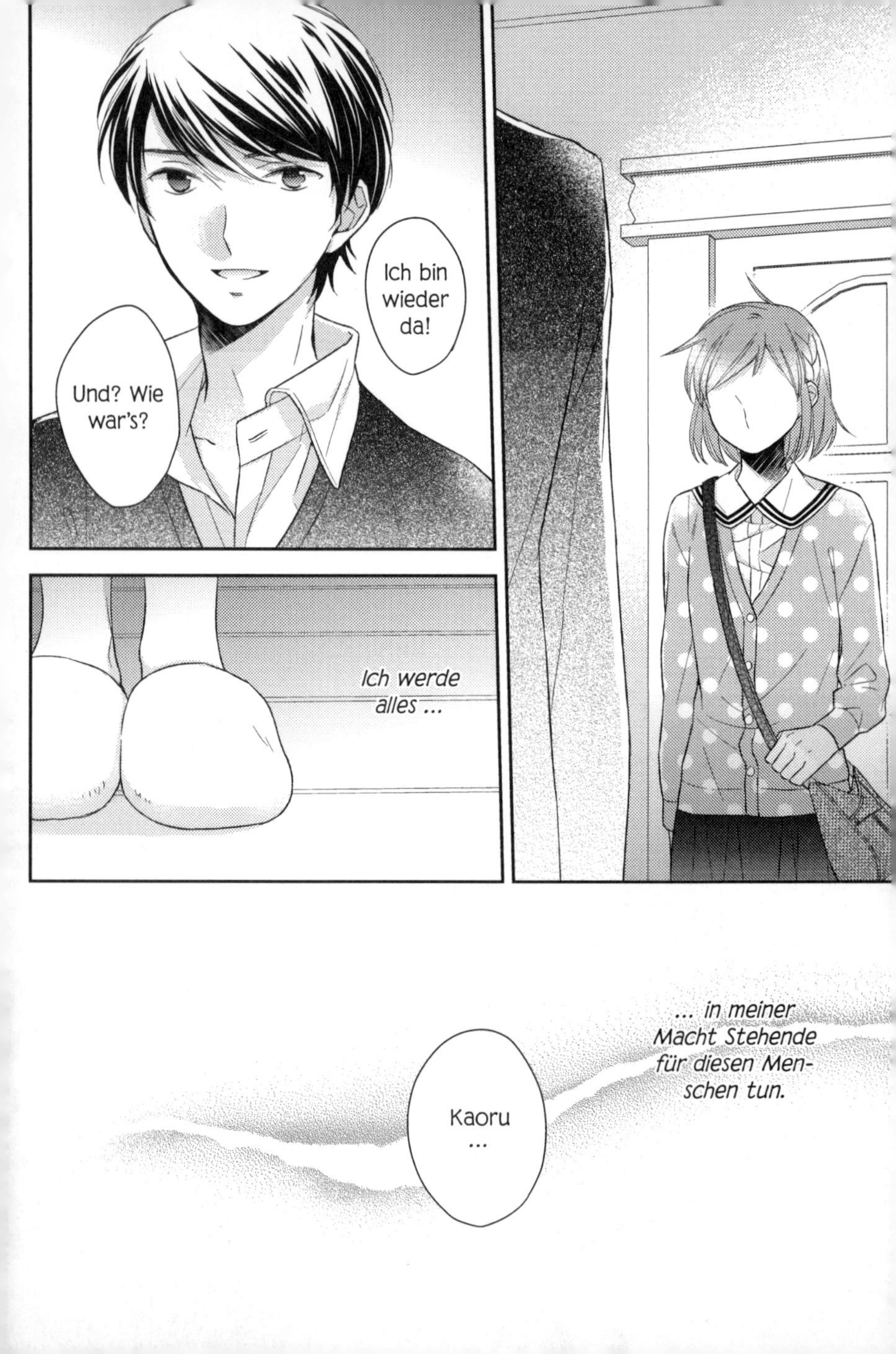
Ich bin wieder da!
Und? Wie war's?
Ich werde alles ...
... in meiner Macht Stehende für diesen Menschen tun.
Kaoru ...

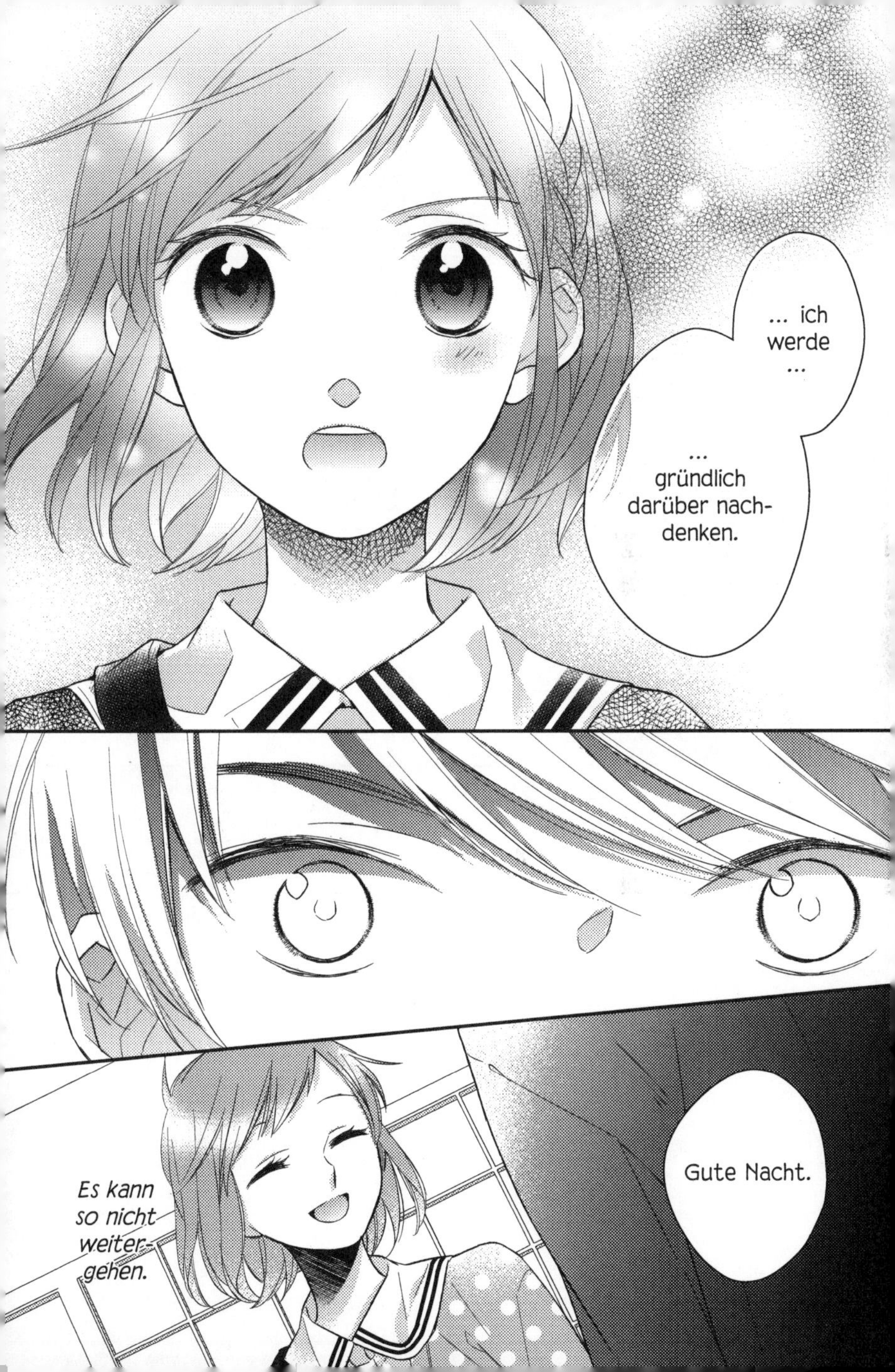
... ich werde ...
... gründlich darüber nach-denken.
Gute Nacht.
Es kann so nicht weiter-gehen.

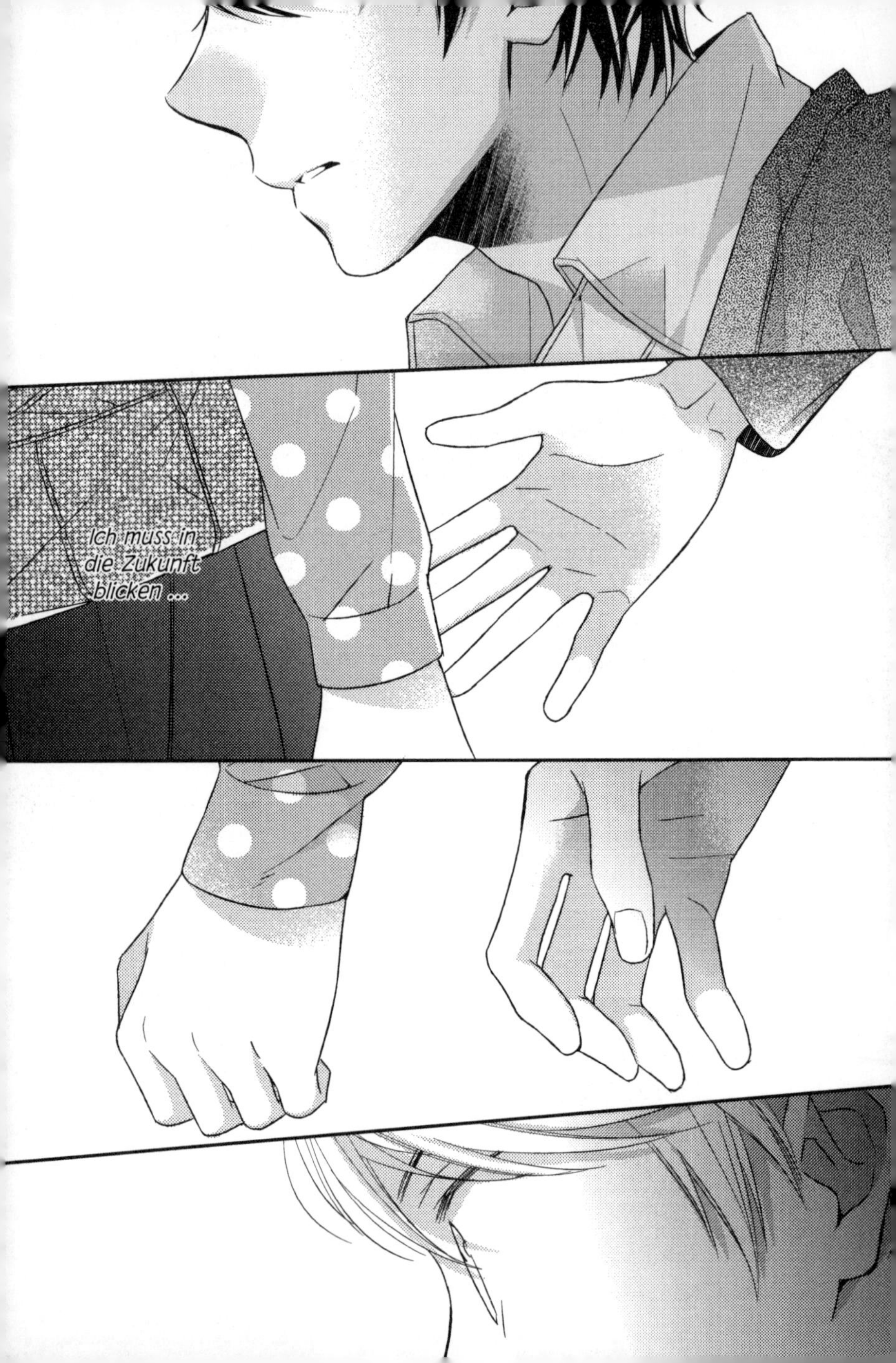
Ich muss in die Zukunft blicken ...

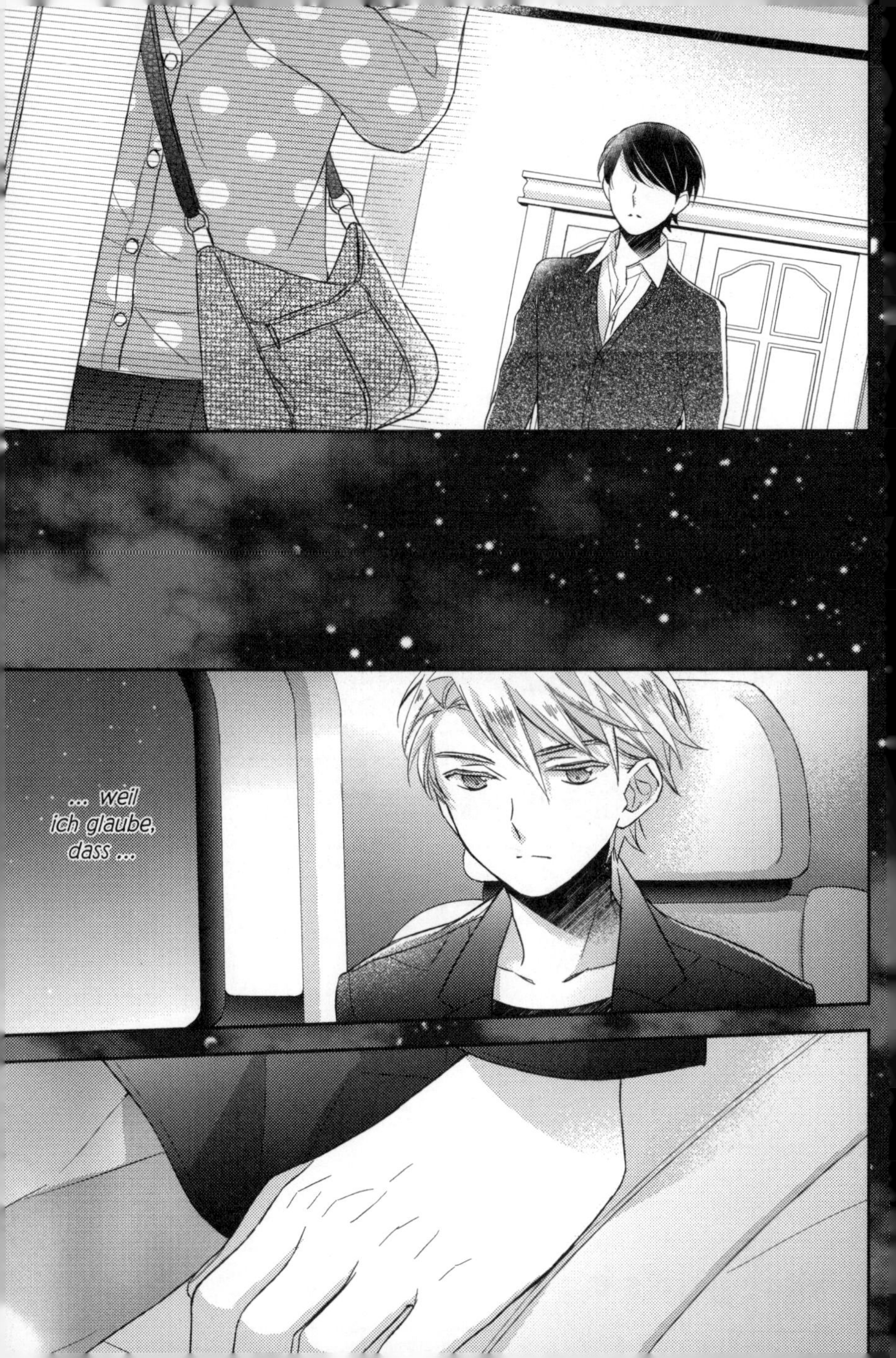
... weil ich glaube, dass ...

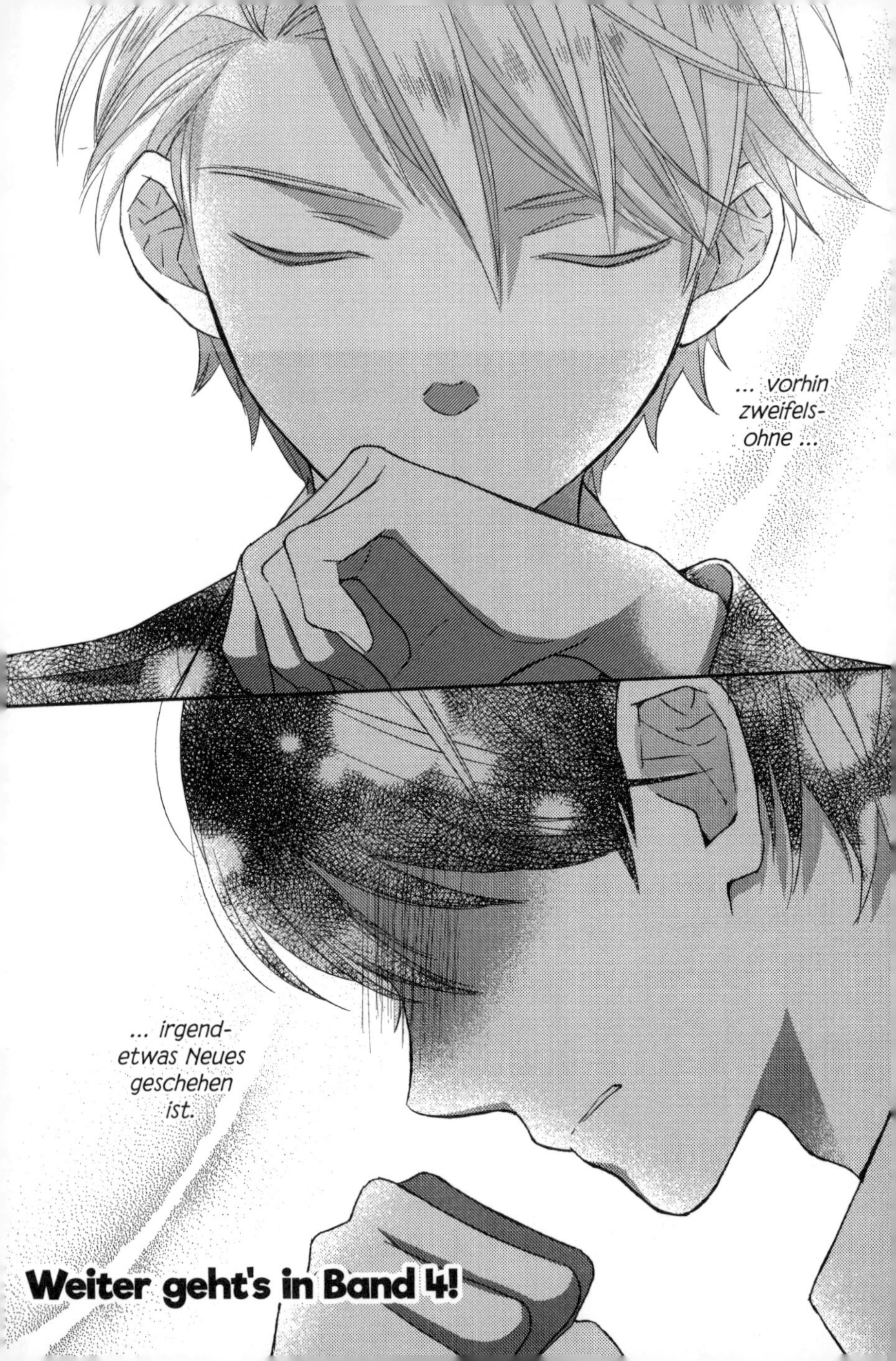
... vorhin zweifels-ohne ...
... irgend-etwas Neues geschehen ist.
Weiter geht's in Band 4!

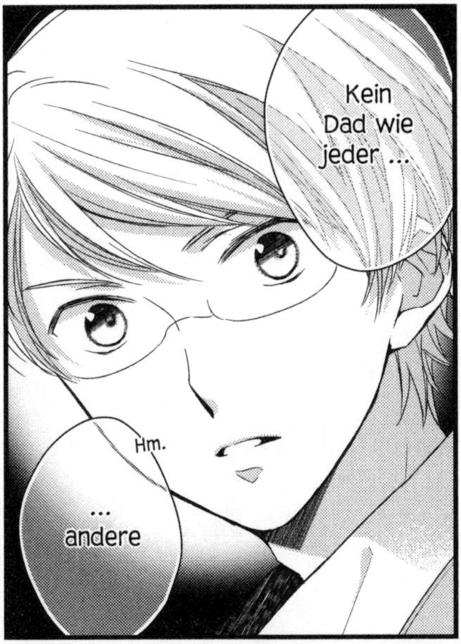
Kein Dad wie jeder ...
Hm.
... andere

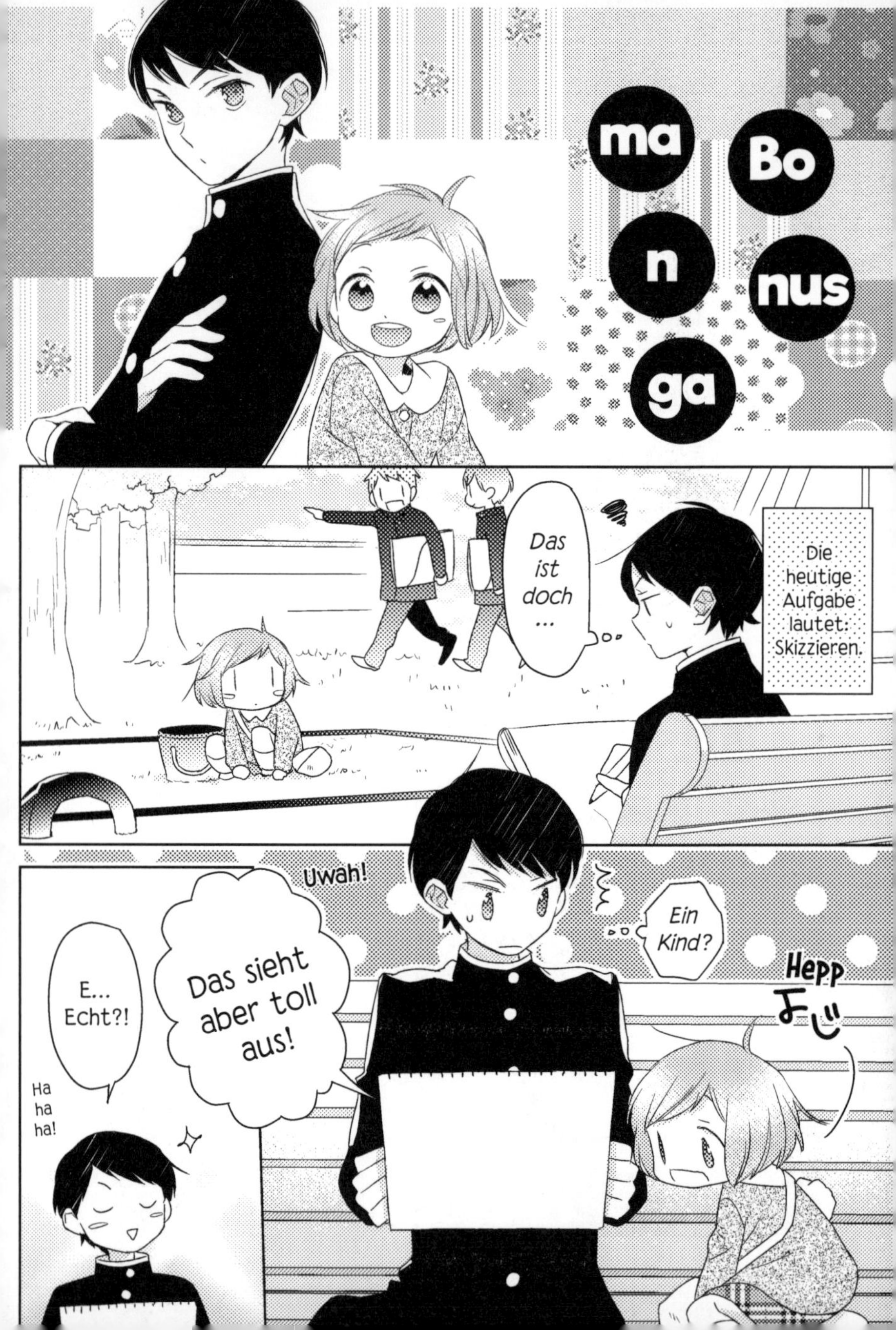

Bonus
manga
Die heutige Aufgabe lautet: Skizzieren.
Das ist doch ...
Ein Kind?
Hepp
よじ
Uwah!
Das sieht aber toll aus!
E... Echt?!
Ha ha ha!

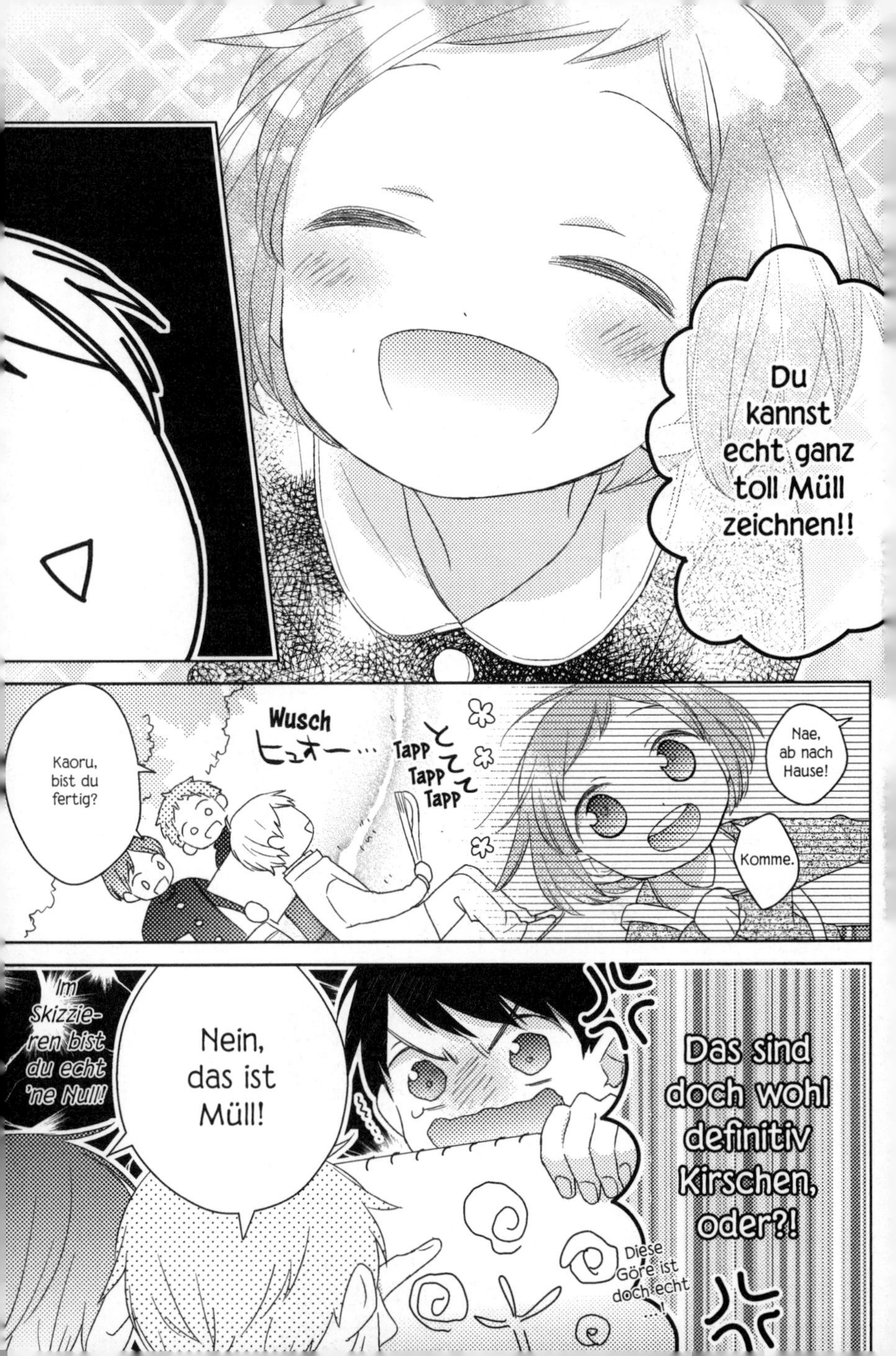
Du kannst echt ganz toll Müll zeichnen!!
Nae, ab nach Hause!
Komme.
Tapp Tapp Tapp
とてて
Wusch
ヒュオー…
Kaoru, bist du fertig?
Das sind doch wohl definitiv Kirschen, oder?!
Diese Göre ist doch echt …!
Nein, das ist Müll!
Im Skizzieren bist du echt 'ne Null!

Was nach dem Bonusmanga geschah ...

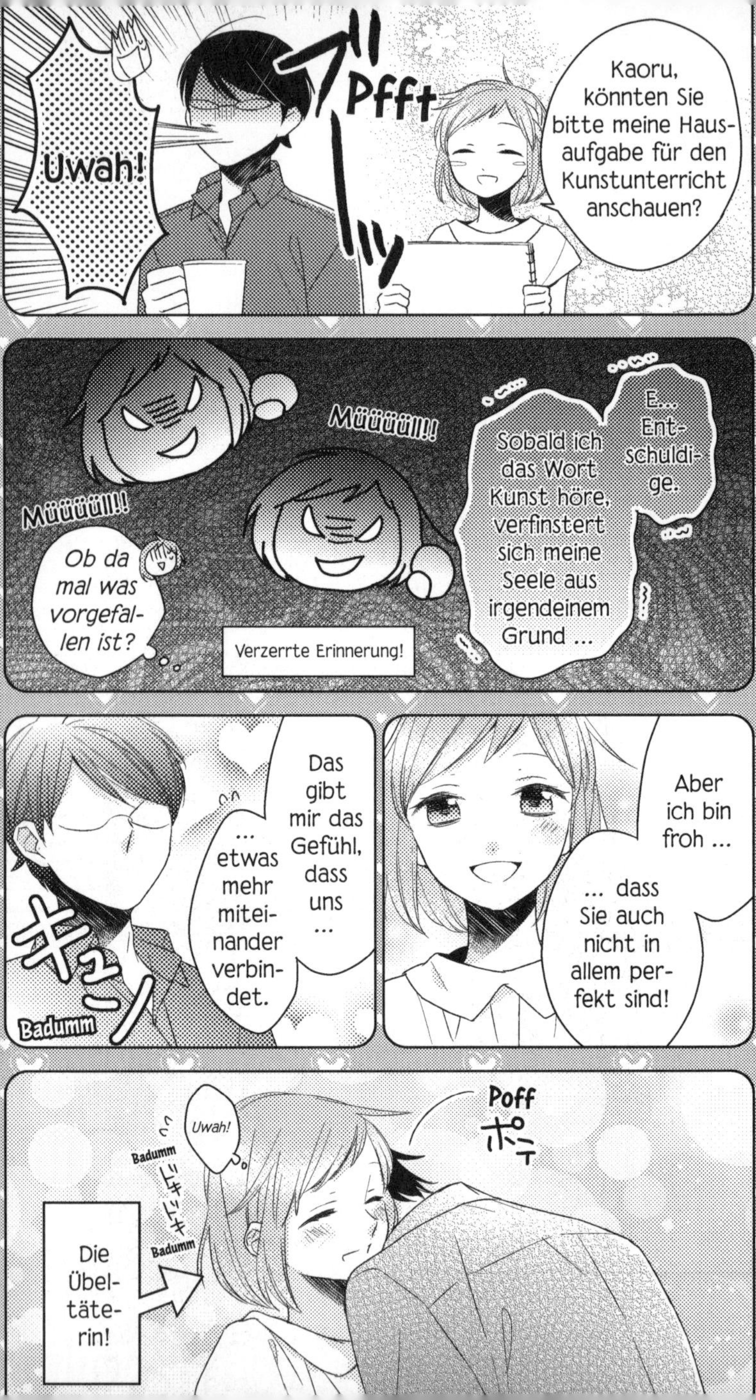

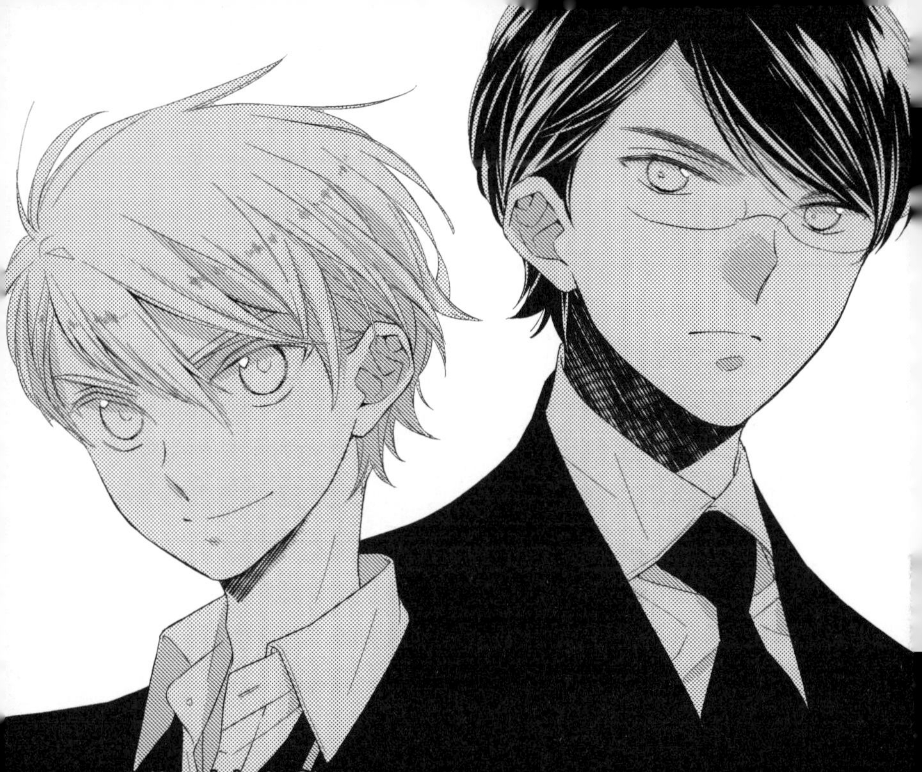

Hallo, ich heiße Chojin!
Vielen Dank, dass ihr Band 3 von Kein Dad wie jeder andere in Händen haltet!
Weil die Hauptstory in diesem Band so ernst ist, wollte ich den Bonusmanga lustig zeichnen. Leider ist der Unterschied zu groß geworden, so als wären es andere Figuren … Ich wäre glücklich, wenn Papa Kaoru bald wieder lachen könnte. Ich freue mich auf ein Wiedersehen mit euch!

22. August 2014, Chojin

altraverse

Deutsche Ausgabe / German Edition
Altraverse GmbH – Hamburg 2018
Aus dem Japanischen von Elke Benesch

FUTSUTSUKANA OYAKODEWA ARIMASUGA VOL. 3

First published in Japan in 2014 by KADOKAWA CORPORATION, Tokyo.
German translation rights arranged with KADOKAWA CORPORATION, Tokyo, through TUTTLE-MORI AGENCY, INC., Tokyo.

Redaktion: Katrin Aust
Herstellung: Nils Bornemann
Lettering: Vibrant Publishing Studio

Druck: CPI books GmbH, Leck
Printed in Germany

MIX
Papier
FSC FSC® C083411

ISBN 978-3-96358-081-9
1. Auflage 2018

www.altraverse.de